clv

Russell T. Hitt

Der Dschungelflieger

Nate Saint – sein Leben und sein Zeugnis

CLV

Christliche
Literatur-Verbreitung e. V.
Postfach 11 01 35 · 33661 Bielefeld

Die Originalausgabe erschien unter dem Titel »Jungle Pilot, Life and Witness of Nate Saint« bei Harper & Brothers, New York

Christliche Literatur-Verbreitung
Postfach 11 01 35 · 33661 Bielefeld
Internet: www.clv.de

Übersetzung: Hans-Georg Noack
Umschlag: typtop, Andreas Fett, Meinerzhagen
Satz: CLV
Druck: CPI – Ebner & Spiegel, Ulm

ISBN 978-3-86699-217-7

Vorwort

Niemand weiß besser als der Autor, dass dieses Buch die Arbeit vieler gewesen ist.

Von Anfang an, als mich der Auftrag des Verlages Harper & Brothers und der Familie Saint erreichte, war es klar, dass Nates eigene Aufzeichnungen den Hauptanteil des Buches ausmachen sollten. Denn zusätzlich zu seinen vielen anderen Begabungen war er auch ein außerordentlich begabter Schriftsteller. Der Leser wird erregende Abschnitte finden, die unverändert von ihm übernommen wurden.

Als Nate Saint im Jahre 1948 zum ersten Mal nach Ecuador ging, schrieb er in einem Brief an Charles Mellis von der Mission Aviation Fellowship[1]: »Ich will kein großer Schriftsteller sein, aber ich möchte mich gern gut ausdrücken, so wie ich mich oft danach gesehnt habe, vor einer großen Orgel zu sitzen und das zu sagen, was mich bewegt.

---

1 international und überkonfessionell tätige, auch *Missionsflugdienst* genannte Organisation, die Missionare in entlegenen sowie schwer zugänglichen Gebieten durch Versorgungsflüge unterstützt

Ich möchte gern die Geschichten erzählen, die sich um uns her zutragen. Es werden nur Versuche sein können, gewiss. Aber Versuche und hilfreiche Kritik anderer werden vielleicht Geschichten ergeben, die jene Würze haben, die nur aus der Augenzeugenschaft entstehen kann.«

»Tacasta!«

Eine kleine Gruppe von Indianern und ein einsamer weißer Mann schwangen Äxte und Buschmesser, rodeten den verschlungenen und verfilzten Wald, fällten Bäume, zerschnitten die lianenartigen Luftwurzeln der Bejuka-Bäume und rissen die Chirichiri aus der schwarzen verrotteten Erde. Allmählich türmten sich beiderseits des unvollendeten Landestreifens übermannshohe Haufen aus dem üppigen Teppich von Dschungelgewächsen.

Der einsame weiße Mann – ein großer, hagerer, hohläugiger junger Missionar – grub Stümpfe aus. Er hatte sich die kleineren vorgenommen und versuchte, nicht an den einen großen zu denken, der wie der Fels von Gibraltar genau dort stand, wo die Räder des Flugzeugs aufsetzen sollten.

Immer öfter legten der Weiße und mit ihm die Indianer Pausen ein. Sie lehnten sich auf die Werkzeuge, um den westlichen Himmel mit den Blicken abzusuchen und auf das leise Brummen zu lauschen, das die Ankunft Nate Saints in dem kleinen gelben Flugzeug ankündigen würde.

Der unfertige Landestreifen wirkte wie eine vereinzelte

Narbe im östlichen Dschungel von Ecuador. Wo er endete, lag ein Eingeborenendorf, das vom großen, strohgedeckten Gemeinschaftshaus beherrscht wurde, etwa vier Tagereisen südostwärts der Missionsstation Macuma, wenn man das Kanu und Dschungelpfade nutzte. Von dort war Roger Youderian gekommen, um den Indianern bei der Fertigstellung des Landestreifens zu helfen.

Als Roger, sein Missionsmitarbeiter Frank Drown und Nate Saint, der Dschungelpilot, den Plan gefasst hatten, bei dem Dorf der Achuara-Indianer ein Rollfeld zu roden, schien das eine ganz alltägliche Sache.

Zwar hatten die Achuaras jahrelang Missionare von ihrem Gebiet ferngehalten und jeden, der ihre Grenzen zu überschreiten suchte, mit dem Tod bedroht; aber eines Tages war Santiaku, ihr Häuptling, zur Missionsstation gekommen, um Medizin zu erbitten, die ihn von einer schrecklichen und entstellenden Dschungelkrankheit heilen sollte. Nach seiner Genesung lud Santiaku Roger und Frank zu sich ein.

Bei ihrem ersten Besuch brachten die Missionare Werkzeuge mit und überredeten die Achuaras, einen Landestreifen anzulegen. Kein Landestreifen – keine Medizin. So einfach war das. Roger und Frank blieben drei Tage, in denen sie die Kranken des Stammes behandelten und so das Misstrauen der Indianer überwanden. Anschließend kehrten sie auf ihre Missionsstation zurück.

In den folgenden Monaten flog Nate Saint regelmäßig herüber, um die Fortschritte am neuen Landestreifen zu beobachten. Schließlich wurde klar, dass die Indianer Hilfe brauchten, und so beschloss Roger, sich ihnen anzuschließen, um die Arbeit voranzutreiben.

Auf der Missionsstation ahnte niemand, dass unvorhergesehene Schwierigkeiten aufgetreten waren. Als Roger in Santiakus Haus ankam, musste er feststellen, dass sich viele Dorfbewohner bei durchziehenden Soldaten mit Grippe angesteckt hatten. Es war ein tödliches Virus, dem die Indianer niemals zuvor ausgesetzt gewesen waren. Sie hatten ihm keinen Widerstand leisten können, und Roger wusste, dass sie vielleicht wie die Fliegen sterben würden. Das konnte die Missionsarbeit unter diesem Indianerstamm auf Jahre hinaus unmöglich machen.

Es war bezeichnend für Roger Youderian, den ehemaligen Fallschirmjäger, dass er sofort zur Tat schritt. Mit dem Penizillinvorrat, den er bei sich hatte, behandelte er die schwersten Fälle und hoffte, die Epidemie eindämmen zu können. In den nächsten Tagen erholten sich die Kranken ein wenig, und es schien, als sollten keine weiteren Fälle mehr auftreten. Aber es war Roger völlig klar, dass ein sicheres und festes Verhältnis zu den Achuaras nur geschaffen werden konnte, wenn bald ein Arzt und weitere Hilfe eingeflogen wurden. Nate und das gelbe Flugzeug mussten so bald wie möglich auf dieser entlegenen Rodung landen.

Die Luft war jetzt wärmer. Wolken von schwarzen Mücken wurden von den zuschlagenden Macheten aufgejagt und schwärmten über Rogers schweißnassen Körper, während er mit den Indianern am Landestreifen arbeitete. Mit vor Erschöpfung hängenden Schultern hob der große junge Missionar den Zipfel seines zerfetzten und schmutzigen Hemds und wischte den Schweiß vom Gesicht und aus den schwarzen Bartstoppeln. Er betrachtete die dünne Schicht des Morgennebels, der wie ein Leichentuch über diesem entlegenen Teil des großen Waldes lag. Dann senkte er den Kopf und schloss die Augen. »Gott, lass diesen Nebel verschwinden und schicke Nate recht bald«, betete er in englischer Sprache. Die Achuaras, diese unergründlichen Mörder des Urwalds, sahen einander verwundert an.

Doch noch konnte das Flugzeug nicht landen. Roger wusste es. Aber er wusste auch, dass Nate, wenn er erst über ihren Köpfen kreiste, sein einzigartiges Bord-Boden-Telefon im Eimer herunterlassen würde, das gerade für solche Fälle entwickelt worden war. »Tacasta!« (Los jetzt!), rief Roger, und hielt die Indianer wieder zur Arbeit an.

Nach einiger Zeit begann der Nebel zu zerreißen, und die Morgensonne warf Muster von Licht und Schatten auf die nahe gelegenen Yuccafelder, wo die Frauen arbeiteten. In den gerodeten Wurzellöchern spielten die Kinder; sie hielten sich lieber bei den Männern auf.

Roger ging hinüber, um den großen Stumpf zu untersuchen. Er grub ein wenig um die mächtigen Hauptwurzeln herum. Widerspenstig ... hartnäckig ... unnachgiebig ... herausfordernd – solche Wörter schossen durch Rogers müdes Hirn. Fast schien es, als sei der Stumpf nur da, um seine Willenskraft auf die Probe zu stellen. Gerade hatte Roger begonnen, ernsthaft zu graben, als ein Ausruf alle Arbeit auf dem Landestreifen stocken ließ.

Warusch, der jüngste der Achuara-Männer, deutete aufgeregt mit seiner Machete Richtung Himmel: »Ich höre, ich höre!« Und einige Sekunden später sahen sie die Sonne auf den Tragflächen eines Flugzeugs glitzern. Nate flog geraden Kurs, ein wenig südlich an ihnen vorbei – aber nein! Plötzlich wurde der Motor abgestellt, das Flugzeug wendete scharf und kam genau auf die Lichtung zu, während es schnell an Höhe verlor.

Als Nate über die Schneise brummte, kam Santiaku aus seinem Haus und stand still beobachtend abseits. Sein glänzendes, federngeschmücktes Kopfband und sein bemaltes Gesicht stachen von seinem langen, schwarzen, in Flechten herabhängenden Haar ab.

Nate wendete und flog die Schneise nochmals mit völlig gedrosselter Maschine an. Seine Stimme drang zu den Männern herab, als er dicht über ihren Köpfen war: »Landestreifen frei für Abwurf!« Roger rief die Indianer zusammen und drängte sie vom Streifen zurück. In vier Überflügen warf Nate Ballen mit Nahrung, Äxten und Kleidung für die Indianer ab.

Während diese sich um die verstreuten Pakete balgten, stand Roger und wartete auf das, was er als Nächstes erhoffte. Das Flugzeug kreiste nun ständig in engen Kurven. Roger beobachtete die Maschine und sah, wie sich ein winziger schwarzer Punkt von ihr löste und hinter ihr zurückblieb. Bald war der kleine Punkt weit hinter dem Flugzeug zurückgeblieben und folgte dessen Kreisen. Nach zwei oder drei Runden glitt er auf die Kreismitte zu und näherte sich der Erde. Der Punkt wurde zu einem Leinwandeimer, und nun waren auch die beiden Kordelleitungen zu erkennen, die ihn mit dem Flugzeug verbanden. Der Eimer hing fast unbewegt vom Luftwirbel an der Spitze des von der Leitung gebildeten umgekehrten Kegels dicht über den Baumwipfeln. Er schwankte ein wenig, dann fiel er langsam fast in Rogers Hände – und wurde plötzlich wieder hochgerissen. Roger verstand, dass die Nebelfetzen Nate Schwierigkeiten bereiteten. Wenn Nate nicht mehr beobachten konnte, was mit dem Eimer geschah, zog er ihn über die Bäume hoch, bis er ihn wieder sehen konnte. Bei der nächsten Runde fiel der Behälter zu Boden, holperte wohl 30 m weit, schlug gegen einen Baumstumpf und wurde dort festgehalten, bis Roger herbeigeeilt war und ihn greifen konnte.

Im Eimer fand Roger das in dicke Schutzpolster gehüllte Telefon. Er riss die Hüllen ab und sprach einen Augenblick später mit Frank Drown, der neben Nate im Flugzeug saß.

»Hallo, Roj! Hallo, Roj!« Franks Stimme kam schwach, aber klar verständlich durch die gewundene Leitung. »Wie geht's dort unten?«

»Ich bin vielleicht froh, dass ihr gekommen seid«, antwortete Roger. »Hier ist alles so weit in Ordnung. Aber ihr hättet diesen Platz vor vier Tagen sehen sollen! Als ich ankam, hatte die halbe Bevölkerung die Grippe.«

»Hattest du genug Penizillin?«, fragte Frank.

»Alles verbraucht«, gab Roger zurück. »Aber ich denke, im Moment geht's. Was machen Barb und die Kinder?«

»Wir sollen dir ausrichten, dass es allen gut geht. Sie freut sich schon auf deine Rückkehr. Wie steht's mit deinem Arbeitsplan?«

Roger sah einen Augenblick den Landestreifen hinunter auf den großen Stumpf. »Sag Nate, dass wir am Freitag zur ersten

Landung fertig sein werden. Und dass er unbedingt Penizillin mitbringen muss.«

»Vielleicht solltest du uns lieber schon morgen Penizillin abwerfen lassen«, meinte Frank. »Du könntest es vor Freitag benötigen.«

Roger zögerte. Er wusste, dass die üblichen Rundflüge Nate vom frühen Morgen bis zur Dunkelheit in Bewegung hielten, wenn das Wetter das Fliegen erlaubte. »Ein besonderer Flug ist nicht nötig«, entschied er schließlich. »Sag ihm nur, er soll es mitbringen, wenn er am Freitag kommt.«

Eine große Schleife der Telefonleitung schlängelte sich auf der Erde und machte die Bewegungen des Flugzeugs mit. Einer der Indianer hob das Kabel begeistert auf und zerrte daran wie ein Junge, der einen Drachen steigen lässt.

Wieder kam Franks Stimme: »Nate sagt, du sollst daran denken, dass dein Leben keinen Pfennig wert ist, wenn ein paar von diesen Burschen vor Freitag Rückfälle haben und sterben. Er will dir doch lieber gleich etwas Penizillin bringen, außer wenn du ganz sicher bist, dass hier alles in Ordnung geht.«

»Nein«, sagte Roger. »Wir werden dafür sorgen, dass bis Freitag alles in Ordnung ist. Freitag ist schon richtig. Sag Nate, so Gott will, werden wir ihn am Freitag sehen.«

Sie sprachen noch einige Minuten, während das Flugzeug kreiste. Dann zog Nate ein wenig an der Leitung. Roger ließ den Eimer los, und er schwebte über die Lichtung empor. Nate winkte mit den Tragflächen, und die Maschine flog in Richtung Macuma davon.

Die vom Himmel gefallenen Geschenke und die Begeisterung über das Erlebte verliehen Santiakus Männern sichtlich Mut und frische Kräfte. Trotzdem ging die Arbeit nur langsam vorwärts. Roger verschob den Angriff auf den großen Baumstumpf, weil er sich für Mittwoch mehr Erfolg erhoffte. Aber am Dienstagabend hatte einer der Indianer einen ernstlichen Rückfall, und am Mittwochnachmittag traten drei frische Grippefälle im Dorf auf. Roger war von diesem Schlag wie betäubt. Hätte er doch nur auf den Rat der Kameraden gehört! Jetzt gab es keine Möglichkeit, das notwendige Penizillin herbeizurufen. Er betete zu Gott, der ihn in dieses Dorf gesandt hatte; er betete, dass niemand sterben möge, bevor am Freitag das Penizillin käme.

Am Mittwoch bezweifelte Roger, dass die Schneise bis zum Freitag fertiggestellt würde. Die Indianer waren willig, aber nur eine Handvoll blieb arbeitsfähig, und davon waren zwei oder drei zu schwach für die schwere Aufgabe. Roger selbst war einem Zusammenbruch nahe. Noch einmal verschob er die Beseitigung des großen Stumpfes.

Am Donnerstag früh legten sich jedoch zwei weitere Männer mit Grippe nieder. Einige der Indianer murrten, weil Rogers Nadel keine Medizin mehr enthielt. Bei Tagesende stand der Stumpf noch immer. Sie hatten ihn ringsum freigelegt und einige der dicksten Wurzeln abgehauen. Am Freitag würde es keine Landung geben, aber wenigstens würde Nate das Penizillin abwerfen können. In dieser Nacht schlief Roger den Schlaf der Erschöpfung.

Gegen Morgen hatte das Wetter umgeschlagen. Tief liegende Wolken und strömender Regen machten das Fliegen unmöglich. Den ganzen Tag über arbeitete Roger mit wilder Verzweiflung. Er wusste, dass er seine Körperkräfte in gefährlicher Weise überbeanspruchte. Doch der Landestreifen musste fertig werden, denn er fühlte genau, dass ihm nicht genug Kräfte blieben, um den geistlichen Dienst im Dorf zu verrichten, auch dann nicht, wenn erst das Penizillin da sein würde. Es gab nur eine Lösung. Der Stumpf musste fortgeschafft werden, damit das Flugzeug ihn abholen und andere herbeischaffen konnte.

Im letzten verblassenden Licht des Tages überblickte Roger das Rollfeld. Der Stumpf war noch da, aber sie hatten die große alte Säge hervorgeholt, die Roger mitgebracht hatte, und das mächtige Ding in der Mitte zersägt, sodass die beiden Hälften lose waren und sicher der ersten Anstrengung am Morgen nachgeben würden. Die Schneise war kurz, und die Bäume standen hoch und dicht zu beiden Seiten. Aber Nate würde es schaffen, entschied Roger. Er war oft mit Nate geflogen und hatte bewundernd zugesehen, wie virtuos er sein kleines Flugzeug bediente. Nate würde es schaffen – wenn nur erst der Stumpf aus dem Weg war.

Am Samstagmorgen hatten sich die niedrigen Wolken verzogen. Roger holte alle arbeitsfähigen Männer an die Pfähle und Hebel, die er rund um den großen Stumpf eingerammt hatte. Er hatte versprochen, dass sie Medizin bekämen, sobald der gelbe Vogel da sein würde. Die von den Yuccafeldern her an schwere Arbeit gewöhnten Frauen kamen zu Hilfe – endlich gab der Stumpf nach. Sie schleiften ihn an den Waldrand, dann wurde das Loch aufgefüllt, fest gestampft und geglättet. Zum Schluss kennzeichnete Roger das Landegebiet durch weiße Tuchstreifen.

Sie hatten das Menschenmögliche getan, nun waren ihre Herzen nur noch auf den Himmel, auf das gelbe Flugzeug und den Dschungelpiloten gerichtet, der wie vieler seiner Kollegen eine so entscheidende Rolle für das Leben der Missionare und Indianer in diesem einsamen Gebiet am Oberlauf des Amazonas spielte.

Je mehr der Tag sich hinzog, desto größer wurde Rogers Sorge. Es wurde 4 Uhr nachmittags, und er begann, den Mut zu verlieren. Es war schon so spät. Dann endlich hörten sie es kommen – und sie hörten es wenden und wieder davonfliegen. Roger rutschte das Herz in die Knie. Man kann sich gut vorstellen, dass er völlig »geliefert« und am Ende seiner Kräfte war.

Eine halbe Stunde später hörten sie wieder Motorengeräusch. Ganz nah kam es diesmal – und dann ebbte es ab. Sie rannten zum Yuccafeld, und als sie gerade zu einem freien Raum zwischen den Bäumen kamen, sahen sie das Flugzeug in der Ferne verschwinden. Roger stand vor einem Rätsel. Warum fiel es Nate diesmal so schwer, den Landestreifen zu finden?

Roger war überzeugt, dass die letzte Chance dahin war, und rief die Indianer zusammen. Dort draußen in der Einsamkeit, umgeben von Sorgen und einsetzender Dämmerung, hielt

Roger eine Andacht. Sie wurde unterbrochen. Das Flugzeug kam zurück.

Diesmal flog die gelbe Maschine im Gleitflug direkt auf die Lichtung zu. Als sie dicht über ihnen war, sahen sie alle, wie sich Nates eckige Gestalt weit hinausbeugte, um jede Einzelheit des Landestreifens in sich aufzunehmen. Dann nahm der Pilot genauen Kurs auf den Streifen, schwang noch einmal weit aus und glitt dicht über Santiakus großes strohgedecktes Haus hinweg. Zum Landen hatte Nate viel zu viel Fahrt, offensichtlich wollte er noch nicht herunterkommen. Mit donnerndem Motor brauste er kaum zwölf Meter über die kleine Gruppe am Ende des Rollfeldes hinweg. Die Kinder retteten sich in den Wald, die Frauen warfen sich zu Boden, aber die Achuara-Männer standen unbeweglich, und nur ihre Augen verrieten für die Dauer von Sekunden ihre Furcht. Nate winkte mit der Hand und zog die Maschine in steiler Aufwärtsbewegung über die Lichtung hinweg, und für ein paar Minuten hatte es den Anschein, als beschriebe er sinnlose Kreise. Dann merkte Roger, dass der Flug doch einen deutlichen Zweck verfolgte. Sorgfältig brachte Nate die Maschine, diesmal ganz langsam fliegend, in die Richtung des Streifens. Die Landeklappen waren ausgefahren. Roger hielt die Luft an, als das Flugzeug kaum fünf Meter über dem First des großen Hauses seitwärts abrutschte, sodass es drei Sekunden lang nach einem unvermeidlichen Absturz aussah. Dann fing Nate die Maschine ab, als sei das eine Spielerei, und federleicht setzten die Räder nur eine Flugzeuglänge jenseits der weißen Anfangsmarkierungen auf.

Während die Maschine noch ausrollte, stellte Nate den Motor ab, hob seine lange Gestalt aus dem Pilotensitz, um sofort auf den Boden zu springen, als die Räder stillstanden: groß und hager, mit sandfarbenem, kurz geschnittenem Haar und das Gesicht von einem jungenhaften Lächeln überzogen – einem Lächeln, das sofort verblasste, als Roger hinzugelaufen kam.

»Was ist los, Roj, alter Junge?«, begann Nate. »Ich dachte mir schon, dass du erschöpft wärest, aber ich glaubte nicht …«

Die tief liegenden Augen in Rogers abgezehrtem Gesicht blickten auf Nate: »Hast du die Medizin mitgebracht?«, unterbrach er ihn. Nate gab ihm das für einen Luftabwurf vorbereitete Paket. Roger riss es auf, legte die Spritze auf dem Flugzeugsitz bereit und rief den Indianern über die Schulter hinweg Anweisungen zu.

Nate folgte mit den Ampullen, während Roger reihum ging und fast jedem, der ihm in den Weg kam, Penizillin einspritzte. Schließlich war die Medizin verbraucht. Jeder, der es brauchte, hatte den Einstich von Rogers Nadel gespürt. Roger lächelte. Dann war er mit seinen Kräften am Ende, und von nun an sorgte Nate für alles. Sie machten die Runde, um *Auf Wiedersehen* zu sagen. Santiaku, der mit hängenden Schultern als von der Krankheit Gezeichneter in voller Kriegsbemalung auf einem Holzklotz saß, gab sich alle Mühe, wie ein Häuptling auszusehen. Nate, der den Dialekt der Achuaras nicht beherrschte, sagte seinen Abschied auf Englisch. Seine ausdrucksvollen blauen Augen und sein zahnblitzendes Lächeln ließen den Häuptling die Worte verstehen.

Nate Saint schrieb in sein Tagebuch über die Ereignisse dieses Tages:

»Ich schaute auf die Uhr und sagte: ›Weißt du, Roj, wir haben es noch nicht ganz geschafft. Wir haben noch allerhand vor, mein Lieber.‹ Die Sonne sank schnell. An den Bäumen krochen die Schatten hinauf. Die Luft wurde mit jeder Minute kühler.

Roger begann, seine Sachen zusammenzukramen. Ich sagte: ›Nein, Roj, wir können kein überflüssiges Pfund gebrauchen.‹ Seine Injektionsspritze und seine Kamera ließ ich ihn mitnehmen. Alles andere stopften wir in einen Sack und deponierten ihn beim Häuptling, bis wir wiederkommen würden.

Dann gingen wir zum Flugzeug, warfen den Motor an, kontrollierten alles genau und rollten an. Nach ungefähr 50 m warf uns ein Stoß in die Höhe, noch einmal berührten wir den Boden, dann trug uns die Luft.«

Nate erklärte Roger, er habe gerade noch so viel Treibstoff im Tank, dass er Wambimi erreichen könne, einen Ort, an dem Bohrtrupps der Shell Oil Company vor einigen Jahren ein paar Baracken sowie einen Start- und Landestreifen zurückgelassen hatten. Das Rollfeld von Wambimi lag im äußersten Zipfel des Achuara-Gebiets, auf der halben Strecke nach Macuma. Roger und Barbara hatten es in Ordnung gebracht und waren einige Zeit in Wambimi gewesen, um unter den Jivaros zu arbeiten.

»Frank wartet in Wambimi auf uns«, sagte Nate. »Wir haben dort ein bisschen Treibstoff in einem Kanister zurückgelassen. Für die Landung auf Santiakus Streifen konnte ich kein Übergewicht gebrauchen.«

»Du wirst dir nie vorstellen können, wie schwer wir gearbeitet haben«, sagte Roger.

»Du brauchst kein Wort zu sagen, Bruder«, antwortete Nate. »Dein Gesicht erzählt mehr, als Worte ausdrücken können.«

»Eine Zeit lang habe ich geglaubt, du würdest nicht landen«, bekannte Roger. »Du würdest die Medizin abwerfen und wieder nach Hause fliegen. Bei dem Gedanken wäre ich fast gestorben. Ich weiß nicht, ob ich es noch einen Tag ausgehalten hätte.«

»Beinahe hätte ich euch verfehlt«, gestand Nate. »Das Ding entspricht noch nicht dem, was man unter einem Landestreifen versteht. Aber ich wusste, dass du dort unbedingt heraus musstest.«

Nates Bericht fährt fort:

»Roger saß zusammengesunken auf seinem Sitz, hielt die Augen geschlossen und kämpfte sichtlich gegen die Müdigkeit an. Dann schlug er die Augen wieder auf und fragte, warum es mir diesmal so große Schwierigkeiten bereitet habe, die Stelle zu finden. Ich erzählte ihm, dass mir dies anfangs selber unerklärlich gewesen sei. Ich dachte, ich hätte den Platz verfehlt. Aber dann kam mir in den Sinn, es konnte daran liegen, dass ich noch nie so spät nachmittags dort gewesen war. Die Schattenmuster waren um diese Tageszeit ganz andere.

Auf dem Weg nach Wambimi fuhr ich die Antenne aus, um

die gute Nachricht durchzugeben, und was stellte sich heraus – die Batterie des Empfängers war leer. Aber der Sender arbeitete, und so wiederholte ich mehrmals die Meldung, dass ich Roj bei mir habe und wir beide nach Wambimi unterwegs seien. Es war ein wunderbar klarer Abend, und so dachte ich, wir hätten reichlich Zeit, um zu landen, etwa 20 Liter Treibstoff nachzufüllen und noch vor Einbruch der Dunkelheit Macuma zu erreichen. Gedacht – getan. Ich landete schnell in Wambimi, stellte den Motor ab, kaum dass wir am Boden waren, und fuhr zu der Stelle, wo Frank wartete. Noch aus der rollenden Maschine rief ich ihm zu: ›Hol das Gerät. Hol das Benzin und alles, was mitgenommen werden soll. Wir müssen gleich weiter.‹

Wir füllten den Treibstoff in den Tank, verpackten alles Übrige und zwängten dann uns selbst in die Maschine. Am Ende des Landestreifens stoppte ich und überprüfte den Motor. Er kam schnell auf Touren – und dann blieb er weg. Ja, genau das war der Fall. Wenn alles gut gegangen wäre, dann hätten wir es bestimmt bis Macuma geschafft, aber wie die Dinge lagen, dankten wir Gott, dass wir uns auf der Erde und nicht in der Luft befanden. Ich sagte den Kameraden: ›Pech gehabt. Ich glaube, wir werden hier übernachten müssen.‹

Es gab nur eins, was ich für den Motor tun konnte. Also holte ich das Werkzeug. Es wurde rasch dunkel. Ich konnte den Verschluss nicht vom Vergaser bekommen. Die Maschine war zu heiß, denn wir waren ziemlich schnell geflogen. Mit dem Schraubenschlüssel war nichts zu machen. Jetzt wussten wir, dass wir auf jeden Fall über Nacht festsaßen, und beschlossen, die Reparatur auf den Morgen zu verschieben.

Die Kameraden beschäftigte die Frage, wie sie ihre Frauen davon verständigen könnten, dass wir hier festsaßen. Frank verfügte über ein Handkurbel-Funkgerät. Das war nun ihre einzige Hoffnung, denn das Gerät im Flugzeug war außer Betrieb. Also spannten wir die Antenne zwischen zwei Bäumchen aus und stolperten durch die Landschaft. Der Mond geht zu dieser Monatszeit erst spät auf. Wir bekamen das Funkgerät zusammen und begannen, Shell Mera zu rufen. Wir riefen immer wieder, aber wir konnten nichts hören und keine Bestätigung unseres Anrufs erhalten.

Wir beschlossen, beim Flugzeug zu bleiben und es um 7 Uhr abends noch einmal zu versuchen. Wir nahmen an, dass um diese Zeit alle Frauen auf unsere Welle umgeschaltet hätten und vielleicht eine von ihnen unseren Ruf auffangen würde.

Während des Wartens überdachten wir unsere Lage. Sie war nicht gerade ideal. Wir hatten keine Lampe an Bord, und durch eine Verkettung unglückseliger Umstände hatten wir auch die Notausrüstung nicht im Flugzeug. Ich muss sagen, dass dieser Mangel mich einige gute und feste Vorsätze für die Zukunft fassen ließ. Wir wussten nicht einmal, wie wir ein Feuer anzünden sollten.

Um sieben Uhr abends begannen wir, erneut zu senden. Immer wieder versuchten wir es. Schließlich bekam Frank Shell Mera. Wir hörten, wie er Marj antwortete, während Roj und ich die Kurbeln des Senders drehten. Zuletzt übermittelte er die Nachricht, dass wir drei in Wambimi seien.

Nun konnten wir uns um unsere eigenen Angelegenheiten und um die Frage kümmern, wie wir die Nacht verbringen würden. Wir waren alle guter Stimmung. Der Herr hatte es wahrhaftig gut mit uns gemeint. Er hatte uns ohne Unfall hierhergebracht, und die Medizin war auch gerade noch rechtzeitig gekommen.

Wir bauten das Funkgerät ab und verstauten es im Flugzeug, damit es während der Nacht nicht darauf regnete. Die verlassenen Baracken der Shell Company lagen seitwärts am unteren Ende des Landestreifens – irgendwo in der Dunkelheit. Roj und Frank hatten schon mehrmals während ihrer Außenarbeit dort übernachtet. Da sie entschieden, dass wir dort die Nacht verbringen könnten, erhob ich keine Einwände.

Wir brachen also zu den Baracken auf. Frank und seine Frau Marie waren zuletzt dort gewesen, und Frank sagte, sie hätten einige Vorräte in einem Raum verschlossen zurückgelassen.

Wir benötigten ein Feuer, aber noch dringender brauchten wir Licht.

Ich weiß nicht, ob die beiden guten Kerle mich führten, oder ob sie nur versuchten, selbst möglichst schnell ans Ziel zu kommen. Alles, was ich in der Dunkelheit sehen konnte, waren ihre weißen Hemden. Ich hatte den Eindruck, dass sie rannten. Roj lag in Führung und schwang seine Machete durch das Gras, um alle Schlangen aufzuwecken und auf unserem Weg zu verjagen. Aber er lief so schnell, dass ich mir nicht vorstellen konnte, wie einer Schlange genug Zeit geblieben wäre, um ihm auszuweichen. Anscheinend kannte er den Weg recht gut, und er kam ziemlich rasch voran. Nach einiger Umherstolperei abseits des Pfades gelangten wir endlich zur Baracke.

Leider war sie kein gastfreundliches Waldhäuschen mit einer Kerze im Fenster. In der Finsternis wirkte sie fast unheimlich. Wir gingen hinein, und es war wirklich dunkel. Nicht das kleinste Stückchen Himmel gab es darin. Frank streckte eine Hand aus, ich bekam sie zu fassen, und er führte mich durch einen engen Eingang von einem Raum zum anderen und brachte mich bis zu einem Stuhl. Ich war glücklich, endlich sitzen zu können und mich nicht von der Stelle rühren zu müssen. Ich wünschte, ich könnte den Dialog zwischen den beiden Burschen wiedergeben, die als über Gerümpel Stolpernde darüber diskutierten, ob sie die Tür zum verschlossenen Raum einfach einschlagen oder lieber aus den Angeln heben sollten. Oder wäre es vielleicht besser, mit einem Stück Eisenrohr am Schloss zu arbeiten? Oder könnte man sonst noch irgendetwas tun? Es war fast wie in den alten Rundfunkhörspielen, die ich als Kind gern gehört habe: Bobby Benson und die Cowboys dringen in dunkle Kellergewölbe ein. Dann hörte ich, dass irgendetwas nachgab. Roj sagte: ›Die obere Angel ist los.‹ Fast gleichzeitig fiel die ganze Tür, und ich hörte, wie die beiden den Raum betraten. Er hatte einen Zementfußboden. Es war ein alter Duschraum aus der Shell-Zeit, und dieses Haus war eines der wenigen, die noch in halbwegs brauchbarer Verfassung waren.

Die anderen Bauten waren zerfallen und von Bäumen sowie Schlingpflanzen überwuchert. Ich hörte Frank sagen: ›Hör mal, Roj, was machen wir eigentlich, wenn wir auf eine Schlange treten?‹

Roj antwortete: ›Darüber zerbrich dir nicht den Kopf. Ich habe den Raum schlangensicher gemacht. Dort drüben in der Ecke ist ein Loch. Ich habe ein Brett darübergelegt, als ich das letzte Mal hier war.‹ Für einen Augenblick herrschte Stille, dann sagte Frank kleinlaut: ›Ich habe das Brett weggenommen, als ich hier war. Ich wusste ja nicht, wofür es gut sein sollte.‹

So ging es weiter. Es war so dunkel, dass ich die Hand vor den Augen nicht sehen konnte. Ich hörte Blechbüchsen klappern. Frank rief: ›Roj, komm her und fass mal in diese Büchse, ob du Streichhölzer findest.‹ Darauf Roj: ›Wie stellst du dir das vor? Niemals werde ich meine Hand in dieses Ding stecken.‹ Er fürchtete, es könne ein Skorpion darin sein. Ich weiß nicht, wessen Hand schließlich in die Büchse griff, aber jedenfalls klapperten sie weiter und verkündeten, was sie gefunden hatten. Ein Deckel löste sich, und Roj rief erfreut: ›Hier ist Kaffee.‹ In einer anderen Büchse schienen Linsen zu sein, in der dritten getrocknete Bohnen – aber keine Streichhölzer. Endlich rief Frank: ›Hier ist eine Streichholzschachtel.‹ Irgendwo hatte er sie gefunden. Aber als er sie öffnete, waren Nägel darin. Welch eine Enttäuschung! Es wurde elend kalt. Dabei hatten wir nur eine einzige Decke bei uns. Ich ergriff von ihr Besitz und saß eingewickelt auf meinem Stuhl, hörte auf das entfernte Reden und bedachte die lustige Seite der Situation, die mir noch viel lustiger vorgekommen wäre, wenn sich ein Streichholz hätte auftreiben lassen. Dann stolperte Roj gegen eine alte Radiobatterie. Vielleicht besaß sie noch so viel Spannung, dass wir einige Funken erzeugen konnten. Eine Konservenbüchse mit Petroleum und eine andere mit Öl hatten sie schon gefunden. Vielleicht gelang es mir, einen in Öl getauchten Bindfaden anzuzünden. Ich tastete mich also hinüber und bekam die Batterie zu fassen. Sie hatten ein Stückchen Leitungsdraht gefunden und drückten es mir in die Hand, und so ging ich zu meinem Stuhl zurück und kuschelte mich in die Decke. Ich tastete wie ein Blinder herum, um die Anschlüsse an der Batterie zu finden und die Drähte zu befestigen.

Währenddessen kam Roj herüber und erwähnte, ohne seinen Tonfall im Geringsten zu verändern, ganz beiläufig: ›Nur Mut, Junge, ich habe Streichhölzer.‹ Ich konnte es nicht glauben und dachte, er wollte uns zum Besten haben, bis ich das Streichholz aufflammen sah. Und ich sage euch, in dieser Dunkelheit gab das Zündholz so viel Licht wie eine Hundertwattbirne. Es war ein wunderschönes, helles Licht, das den ganzen Raum durchflutete, aber ich hatte Angst, Roj könnte es ausgehen lassen, und es gäbe dann vielleicht kein zweites mehr, oder sie würden feucht sein oder sonst irgendetwas. Dann fanden wir ein paar Kerzen. Tatsächlich, eine ganze Schachtel voll! Und gleich darauf waren einige von ihnen entzündet, und es war überall hell.

Schnell holten wir aus dem Lagerraum Konserven mit Rindfleisch, Maisbrei, Birnen, Essiggemüse und vielen anderen Köstlichkeiten. Im Triumphzug marschierten wir zur Küche am entgegengesetzten Ende der Baracke.

Dort fanden sich ein paar Teller und ein großer Holzlöffel. Aus Büchsendeckeln bogen wir zwei weitere Löffel zurecht. Frank warf eine Handvoll Linsen in einen Topf Wasser, im Herd brannte bald ein Feuer. Es war ein Backsteinherd mit einer Metallplatte darüber. Wir bereiteten einen Eintopf aus Maisbrei und Fleisch. In einer Konservendose machten wir Wasser heiß und warfen ein wenig Kaffee hinein, und auch der Kaffee schmeckte uns großartig. Wir spürten eine Büchse Zucker und einfach alles auf, was man sich nur wünschen konnte.

Gegen Mitternacht tranken wir unsere letzte Tasse Kaffee«, schloss Nate, »dann wurde es Zeit zum Schlafengehen. Wir hatten nur eine Decke, und wir mussten auf Indianerart schlafen: zu dritt auf einem großen Chontaholzbett. Ich bin kein guter Doppelschläfer, aber ich war zu dieser Zeit schon fast gefühllos vor

Müdigkeit, und so kletterte ich, guter Doppelschläfer oder nicht, zwischen diese beiden Kerle auf die harten Chontabretter.«

Schon um halb sechs waren die drei wieder auf den Beinen, und Nate hatte das Flugzeug bald in Ordnung gebracht. Nach einem kurzen Probeflug lud er die beiden Freunde und die Ausrüstung ein und landete schon nach kurzer Zeit in Macuma, wo die Kameraden sehnsüchtig erwartet wurden.

Wenige Minuten später flog Nate allein nach Shell Mera weiter. Es war noch früh an diesem wunderschönen Sonntagmorgen. Er liebte es, im unbeladenen Flugzeug zu fliegen. Ohne seine gewöhnliche Last stieg es schnell und frei in den klarblauen Himmel. Er vermerkte in seinem Tagebuch die besondere Freude darüber, dass er die schneebedeckten Gipfel des Tunguragua und El Altar vor sich sah, während er zu seinem Stützpunkt im Vorgebirge flog. 320 km entfernt sah er den Chimborazo und den tätigen Vulkan Sangay.

Zu Hause gab es Zeit zur Sammlung, Zeit zum Nachdenken. Er würde jemanden mit neuer Medizin in das Achuara-Dorf zurückfliegen; wahrscheinlich morgen. Und die Indianer würden das Evangelium hören, ihre Augen würden auf Golgatha gerichtet werden.

Nate war glücklich, ein Teil des großen Missionswerkes in diesem abgelegenen Teil der Erde zu sein. Er war als Pilot für die wachsende Organisation, die unter dem Namen »Mission Aviation Fellowship« (MAF) bekannt war, nach Ecuador gekommen. Die MAF war durch eine kleine Gruppe von Piloten des Zweiten Weltkriegs gegründet worden. Diese der Sache Gottes ergebenen jungen Männer hatten mit großem Klarblick vorausgesehen, was Flugzeug und Funkgerät leisten konnten, um die Ausrüstung der Missionare in verkehrsentlegenen Gebieten zu vervollständigen. Ihre kleinen gelben Flugzeuge, für schmale Rollfelder im Dschungel besser geeignet als größere Maschinen, waren im Luftraum vieler Länder unterwegs.

Nate Saint war einer der ersten MAF-Piloten. Zu seinem

Bereich gehörte eine stetig wachsende Zahl von protestantischen Missionsstationen im östlichen Dschungel Ecuadors. Nates Aufgabe war es, den in ihren einsamen Außenposten arbeitenden Missionaren Nachschubhilfe zu leisten, Post, frisches Fleisch und Gemüse und all die zahllosen Dinge zu bringen, die zum Leben im Dschungel nötig sind. Er brachte Medizin und flog die Kranken zum Arzt.

Nate war Pilot und Mechaniker, aber er war auch Missionar, mit Geist und Seele den Missionarsfamilien im Dschungel verbunden.

Einige Zeit zuvor hatte er seine Empfindungen über diese Missionare, zu denen er sich so hingezogen fühlte, folgendermaßen beschrieben: »Ihr Zeugnis von Gott richtet sich an Gebiete jenseits aller zivilisierten Straßen, wo es keine Verkehrsmittel mehr gibt. Bis an die Grenzen waren sie vorgestoßen und beteten nun um Mittel, um noch weiter zu gelangen, ins Land der Medizinmänner und der bösen Geister, in ein Land, wo die Frauen keine Seele haben, sondern nur Lasttiere sind, ein Land, das kein Wort für die Liebe kennt, kein Wort, das die Liebe eines Vaters zu seinem Sohn auszudrücken vermag. Um diese Menschen, für die Christus starb, zu erreichen, kämpften sich die Missionspioniere auf Dschungelpfaden voran, Tag um Tag, manchmal wochenlang, oft bis zu den Knien im Schlamm watend, während sich hoch über ihnen die tropischen Bäume im ewigen Kampf um das Licht auftürmten.

Unsere Aufgabe ist es, den Missionaren über diese erbarmungslosen, lebenszehrenden und entmutigenden Pfade hinwegzuhelfen, ihnen dort zu helfen, wo fünf Flugminuten einen Tagesmarsch bedeuten. Es ist nicht unsere Aufgabe, den Missionaren Bequemlichkeiten zu bieten. Sie sind nicht in den feuchtheißen, tropischen Dschungel gegangen, um Bequemlichkeit zu finden. Vielmehr handelt es sich darum, kostbare Zeit zu gewinnen, Tage und Wochen, Monate und selbst Jahre einzusparen, die genutzt werden können, um von der Zivilisation unberührten, primitiven Menschen das Wort des Lebens zu verkünden.«

Auf seinem Heimflug nach Shell Mera schweiften Nates Blicke an diesem kristallklaren Sonntagmorgen weit über den nordöstlichen Horizont, dorthin, wo die wilden Auca-Indianer auf der Stufe der Steinzeitmenschen lebten. Schnell und lautlos verstand es dieser Stamm, aus dem Hinterhalt zu töten, ein Stamm, zu dem seit über 300 Jahren weder Weiße noch Indianer friedlich gelangten. Nates Herz war bei diesem unbekannten Volk des Dschungels. Auch sie waren Menschen, für die Christus starb. Eines Tages werden wir Wege finden, um auch sie zu erreichen, dachte Nate.

Nach ein paar weiteren Minuten war er über seiner Heimatbasis Shell Mera und setzte zur Landung an. Dort, dicht am Rand des Landestreifens, glitzerten die Aluminiumplatten auf dem Dach des flachen Wohnhauses, in dem Marj mit heißem Kaffee und einem reichlichen Frühstück auf ihn wartete. Es würde gut sein, Kathy, Stevie und den kleinen Philip zu sehen. Er war nur 24 Stunden fort gewesen, aber sie kamen ihm wie Tage vor.

Nate nahm das Gas weg und senkte eine Tragfläche, um in weiter Kurve zum Rollfeld hinabzugleiten.

Im Adlernest

Nathanael Saint, am 30. August 1923 geboren, war das siebte Kind in einer Familie von acht Kindern, die alle biblische Namen trugen. In ihnen spiegelte sich die tiefe glaubensmäßige Überzeugung seiner Eltern, die ihren Haushalt mit einer Mischung aus mittelalterlicher Gesetzesstrenge und neutestamentlicher Gnade lenkten und in Gang hielten.

Lawrence Bradford Saint, Nates Vater, war immer ein ungewöhnlicher Mensch gewesen. Der weithin bekannte Glasmaler erinnerte mit seinem roten Bart, der großen Nase und den hellblauen Augen an einen der Patriarchen des Alten Testaments. Immer ein wenig unsicher und nie recht zu Hause in der sich rasch verändernden modernen Welt, deren Gott Mammon heißt, passte er eigentlich nicht ins 20. Jahrhundert. Er war der geborene Künstler, dessen Seele ihre Freude an den Meisterwerken von Chartres, der Kathedrale von Canterbury und der Sainte Chapelle in Paris gefunden hatte.

In Lawrence Saints Haus in Huntingdon Valley nördlich von Philadelphia, herrschte eine von Kunst und Glaubenspraxis durchtränkte Atmosphäre. Das war sein Leben.

Katherine Wright Proctor, die Lawrence Saints Frau und Nates Mutter wurde, hatte in Wellesley[2] studiert und war die Tochter eines erfolgreichen Erfinders und Fabrikanten. Ihren späteren Mann hatte sie kennengelernt, als beide in ihrer Freizeit in einem Evangelisationswerk mithalfen.

Im College von Wellesley hatte sich Katherine besonders mit Kunstgeschichte beschäftigt. Angesichts dieser Vergangenheit und des gemeinsamen Interesses an christlicher Arbeit fiel es ihr leicht, sich in den frommen Kunststudenten Lawrence Saint zu verlieben.

Katherine stammte aus einer alteingesessenen englischen Familie, die am strengen Zeugnis ihrer puritanischen Vorfahren festhielt. Die Saints heirateten 1910 und verbrachten ihre Flitterwochen in Europa, wo Lawrence Saint Skizzen und Farbstudien von alten Kathedralenfenstern anfertigte.

Gemeinsam erklommen sie lange Leitern und Wendeltreppen, damit Lawrence die Fenster abzeichnen konnte. Während er mit seiner Arbeit beschäftigt war, übersetzte Katherine aus dem Französischen und regelte die geschäftlichen Angelegenheiten.

Seine Zeichnungen von diesen Fenstern waren so hervorragend, dass das Victoria Museum und das Albert Museum ihn baten, die meisten zu kopieren, damit sie dann später in das Werk »Mittelalterliche Glasmalereien in England und Frankreich« aufgenommen werden konnten.

Ihrem Mann und seinem Beruf war Katherine völlig ergeben. Daneben lebte sie nur für ihre Familie von sieben Jungen und einem Mädchen, die um sie herum in ebenso ungewöhnlicher wie liebenswerter Unordnung aufwuchsen.

Bildete Lawrence für seine Kinder den Inbegriff des Gesetzes, so war Katherine für sie die Verkörperung der Gnade und der Selbstlosigkeit. Sie opferte sich gern und ganz ihrer Familie und half den Kindern, ihre natürlichen Fähigkeiten und Talente

2 US-amerikanische Privathochschule für Frauen bei Boston

zu entwickeln. Ihren Haushalt führte sie ziemlich merkwürdig. Gegessen wurde zu den ausgefallensten Zeiten, und oft fertigte sie die Familienglieder in Etappen ab. »Auf dem Herd stand immer ein großer Topf mit Suppe, und das Geschirrspülen nahm nie ein Ende«, erinnerte man sich in der Familie. Die Kinder wurden nicht bestraft, wenn sie ihre Betten nicht gemacht hatten oder zu spät aus der Schule gekommen waren. »Manchmal sahen die kleinen Buben ziemlich dreckig und ungekämmt aus, wenn sie um das Haus herum spielten«, erzählte ein Nachbar.

Als Nate noch ein kleiner Junge war, hatte sein Vater das Geheimnis entdeckt, wie er Glas in seiner Hinterhofwerkstatt selber schmelzen konnte. Denn das richtig gefärbte und beschaffene Glas, der Grundstoff für die feinste Glasmalerei, war im Handel nicht erhältlich.

Das Metropolitan Museum of Art in New York[3] drehte einen Lehrfilm in Saints Werkstatt. In einer der Szenen kann man den kleinen, flachsköpfigen Nate durch die Werkstatt wuseln sehen.

Lawrence Saints künstlerische Laufbahn erreichte ihren Höhepunkt, als er den Auftrag erhielt, die Fenster für die Kathedrale in der Bundeshauptstadt Washington herzustellen, darunter das große Rosettenfenster im nördlichen Querschiff. Sieben Jahre lang leitete Lawrence Saint die Glasmalerarbeiten an der Kathedrale. Während dieser Zeit fertigte er die Entwürfe und das Glas für 15 Fenster an, von denen Andrew Mellon sagt, sie hätten die besten Arbeiten der alten Welt neu geschaffen. Bedeutungsvoll war die Tatsache, dass Nate Modell stand für den »Knaben mit den fünf Gerstenbroten und den zwei Fischen« in der Geschichte von der Speisung der Fünftausend, die in einem Fenster der Johanneskapelle geschildert wird. Es war wie eine Vorahnung des Tages, da Nate an der Speisung der Indianer im Dschungel Südamerikas teilnahm.

Aus tiefster Überzeugung achtete Lawrence Saint streng

---

3 größtes US-amerikanisches Kunstmuseum

darauf, dass der Sonntag in seinem Haus als der Tag des Herrn begangen wurde. Das hieß, dass die gesamte Familie den Frühgottesdienst und mindestens einen weiteren Gottesdienst am Abend besuchte. Und am Mittwoch gab es die Gebetsversammlung.

»Nur ganz selten luden wir die Freunde unserer Kinder sonntags zum Spielen ein«, erinnerte sich Lawrence Saint. »Die Familienandacht war das große Ereignis des Sonntagnachmittags. Ich las aus der Bibel, wobei – vom ältesten angefangen – jedes der Kinder betete. Eines lernte vom anderen.«

Manchmal waren die Gebete der Kleinen eher erheiternd als erbaulich. Wenn alle anderen vorher an der Reihe gewesen waren, fiel es den kleinen Geistern etwas schwer, ein neues Anliegen für ihr Gebet zu finden.

Am Sonntag durften die Saint-Kinder keine Schularbeiten machen, und es wurden auch keine Sonntagszeitungen im Haus geduldet. Wenn die Jungen Baseball spielen oder auf dem Hof ringen wollten, so erhob Lawrence Saint stets Einspruch.

Von den strengen Sonntagsregeln abgesehen, durften die Kinder fast alles tun, wozu sie Lust hatten. Niemand regte sich auf, wenn ein achtjähriger Junge oben auf einem Scheunendach herumturnte oder auf einer Windmühle angetroffen wurde, weil er deren Mechanismus studieren wollte. An warmen Sommertagen rief die Glocke zum Abendessen die Jungen und Rachel oft von den höchsten Baumwipfeln herunter.

»Wir hielten Christus als Erlöser in Ehren und versuchten auf jede Weise, die Kinder mit der Bibel vertraut zu machen«, erzählte Lawrence Saint. »Ich veranschaulichte die biblischen Geschichten, indem ich Modelle aus Mehl und Streichhölzern bastelte. Als Anreiz zum Bibellesen bekamen die Kinder für jedes gelesene Kapitel einen Penny. Sie konnten sich die Pennys selbst aus der großen, dafür bestimmten Glasschale holen.«

Eine Lieblingstante, die eigene Vorstellungen vom Leben hatte, warf den Saints öfters vor, dass sie mit dieser strengen Erziehung das Gegenteil von dem erreichten, was sie anstrebten. Sie erzählte immer wieder, wie sie eines Tages dem kleinen Sam auf der Straße begegnete und ihn fragte, wohin er ginge. »Zur Gebetsversammlung, verdammt noch mal«, hatte er geantwortet.

Ob Tante Janes Ansicht, die Kinder bekämen die Religion wie Rizinusöl eingelöffelt, richtig oder falsch war, darüber lässt sich streiten. Manche werden die Saintsche Methode für Gesetzeschristentum halten, aber ihnen war es ein ernsthaftes Anliegen, für Christus zu leben und sich und ihre Kinder »unbefleckt von der Welt« zu erhalten. Im Übrigen wurden drei der acht Kinder Missionare und ein viertes Prediger.

Die Eltern lehnten es ab, ihren Kindern die Märchen vom Weihnachtsmann oder Klapperstorch zu erzählen. Stattdessen sprachen sie mit ihnen ehrfürchtig über die menschliche Geburt, auch wenn die Kinder noch ganz klein waren.

Auf der anderen Seite schufen Lawrence und Katherine ihren Kindern sorgfältig geplante, gesunde Möglichkeiten zum Austoben. Im Garten hinter dem Haus baute Lawrence Saint eine zweigleisige Berg-und-Tal-Bahn mit Buckeln und Kurven. In einem hohen Baum brachte er auch eine 15 m lange Seilschaukel an. Wenn dadurch auch die Kinder der gesamten Nachbarschaft angelockt wurden, so hatten die Saints nichts dagegen, denn das war die Art von Vergnügen, die sie ihren Kindern wünschten.

Sie unternahmen Ausflüge zur Atlantikküste bei Ocean City (New Jersey), wo die ganze Familie sich am Strand erholte. Es gab Picknicks mit gemeinsamem Gesang und Segeln auf dem Delaware. Die Buben gingen im Sommer fischen und schwimmen, strolchten barfuß über den Berg, hinunter über weite Felder und durch die Wälder zum alten Weiher. Dort versteckten sie ihre Sachen im Dickicht und schwammen »ohne alles«, wie es von richtigen Jungen erwartet wurde, die dort im stillen Wasser des Pennypack unter den Zweigen überhängender Bäume badeten. Und wer zuletzt hineinsprang, war ein »faules Ei«! Schlittenfahrten, Eislauf und Fallenstellen füllten die Wintermonate aus.

Als die Kinder baten, auf dem Dach des weitläufigen alten Hauses schlafen zu dürfen, war ihre Mutter einverstanden. Sie rief einen Zimmermann, der aus Brettern Schlafkojen und eine Umzäunung um ein flaches Dachstück über der Küche zimmern musste. In solchen weltlichen Dingen wurde der Rat des Vaters selten eingeholt. Aber gelegentlich kletterte er durchs Fenster im zweiten Stock zur »Schlaf-Veranda« hinauf, um dort mit der ganzen Familie zu liegen, den Grillen zu lauschen und Sternschnuppen zu zählen, bis alle eingeschlafen waren. Auch viele Jahre später noch sagte Sam: »Wer niemals um zwei Uhr nachts vom ersten Regentropfen auf seiner Stirn geweckt wurde, nun, der hat nicht richtig gelebt.«

Das war die Atmosphäre, die Nate umgab, das Heim, in dem er ins Leben hineinwuchs. Das heimische »Nest« hatte den stärksten Einfluss auf sein Leben, doch es gab auch anderes, was während jener Knabenjahre in Huntingdon Valley auf ihn einwirkte.

Ein Junge, der es eilig hat

»Thanny«, wie Nate als kleiner Junge genannt wurde, hatte langes, goldblondes Haar, rosige Wangen, blaue Augen und dunkle Wimpern. Alle Leute bewunderten seine reine, zarte Haut und sein niedliches Gesicht. Er war ein ungewöhnlich hübsches Kind.

Für seine Mutter war es ein schwerer Schlag, als ihm zum ersten Mal die Haare geschnitten wurden. Aber es ließ sich nicht aufhalten: Der kleine Thanny wuchs heran.

Rachel, Nates neun Jahre ältere Schwester, kümmerte sich besonders um ihn. Sie ging mit ihm spazieren und sah noch nach vielen Jahren den kleinen Jungen vor sich, wie er mit der Angelrute über der Schulter und einer Büchse mit Würmern in der Hand zum Fischen an den Bach hinunterstapfte.

Rachel fütterte Nates Fantasie mit Missionsgeschichten, indem sie ihm von John Paton unter den Kannibalen, von Livingstone, Judson und anderen erzählte. Aus seinem Lieblingsbuch (»50 Missionsgeschichten, die jedes Kind kennen sollte«) las sie ihm stundenlang vor.

Aber es gab nicht nur Lieblichkeit und Licht. Wie bei jedem

anderen, so steckte auch in Nate ein gutes Stück vom »alten Adam«, wie seine Eltern zu sagen pflegten. Eines Tages befahl ihm sein Vater, ein Stück Papier aufzuheben, das er auf den Fußboden geworfen hatte. Nate weigerte sich hartnäckig. »Ich mag nicht«, sagte er nur. Lawrence Saint versäumte an diesem Morgen Sonntagsschule und Gottesdienstbesuch über dem Versuch, das Kind zum Gehorsam zu bringen. Nate fügte sich erst nach einigen Schlägen mit der kleinen grünen Peitsche, die griffbereit in der Saintschen Wohnung hing. Die Saints waren überzeugte Anhänger der Züchtigung. Nates Vater zitierte oft: »Wer sein Kind liebt, züchtigt es.«

Nates Bruder Phil erinnerte sich an viele Einzelheiten aus der gemeinsamen Kindheit: »Es gab kaum Zeiten, in denen nicht einer im Haus krank war. Wochenlang wurden Masern und Windpocken von einem zum anderen weitergereicht. Vater war jahrelang arbeitsunfähig, und das Familieneinkommen litt darunter. Kleider wurden geflickt und von einem auf den anderen vererbt ... In diesen Jahren wurde Nate so schüchtern, dass er sich oft unter einem Bett oder in einem Schrank versteckte, wenn Besuch kam. Als Junge war er genauso unnütz wie wir alle, aber charakteristisch für seine Knabenjahre war seine Abscheu vor allem Gemeinen und Schmutzigen. Selbst als Kind verhielt er sich wie ein kleiner christlicher Soldat.«

Als Nate sieben Jahre alt war, geschah etwas, das seinem Leben eine völlig neue Richtung geben sollte: Sein Bruder Sam nahm ihn im Sportflugzeug mit. Der kleine Bursche konnte kaum über den Rand des offenen Führersitzes schauen. Als Nate dann etwa zehn Jahre alt war, überließ ihm Sam das Steuer eines größeren Flugzeugs, in dem sie nebeneinander in der Kanzel saßen. Nates Augen leuchteten, als er spürte, wie die Maschine seinem Steuerknüppel gehorchte. Seitdem konnte er von Flugzeugen nie mehr genug bekommen. Sie reizten Nate sogar mehr als die Werkstatt seines Vaters und die Glasöfen im Hof, in denen die Geheimnisse der Glasmacherei des 13. Jahrhunderts entschleiert wurden.

»Thanny ist ein lieber Junge«, schrieb der Vater an einen Freund in Frankreich. »Er ist jetzt elf Jahre alt und neigt zur Fliegerei. Manchmal arbeitet er in meinem winzigen Schlafzimmer und stellt dabei den ganzen Raum auf den Kopf, aber ich bin glücklich, wenn er glücklich ist. Er interessiert sich auch für finanzielle Dinge, was umso begrüßenswerter ist, als sich sonst niemand in der Familie groß um Geld kümmert. Rachel, die im Haushalt hilft, hat Nate einen der kleinen Schlafräume überlassen, die hinten an das Haus angebaut worden sind. Sie hat ihm dieses Zimmer für seine ›Arbeit‹ angewiesen. Bezeichnenderweise brachte Nate sofort ein Schild an der Tür an, das verkündete: ›Zutritt für jedermann verboten!‹«

Nates Bruder Ben, das jüngste der acht Kinder, erinnerte sich an manche von Nates kleinen Kindheitssünden. So glaubte er nie, dass Nate dem biblischen Nathanael glich, der ohne Arglist war. »Er neckte mich, und dann geriet ich in Wut, und es gab eine Prügelei. Ich erinnere mich, wie Nate hinzukam, als ich gerade an einer Tüte Eis lutschte. ›Komm her, du Geizhals, lass mich mal lecken‹, sagte er. Als ich ihm die Tüte hinhielt, nahm er einen großen Biss, und es blieb nur die leere Waffel zurück. Er rannte mit dem Mund voll Eis davon, und ich halb weinend und halb lachend hinterher, um ihm eins auf die Nase zu geben. Ein Drückeberger war Nate nie«, fuhr Ben fort. »Er hat oft gerungen und geboxt. Ich erinnere mich, wie wir eines Abends im Spielzimmer gerungen haben. Zur Abwechslung hatte ich ihn einmal in einem guten Griff und war obenauf. Er konnte sich nicht befreien, aber er wollte nicht aufgeben. Ich fürchtete, ihm würde eine Ader platzen, und ließ schließlich los.«

Ben beschreibt auch Nates Einkaufstalent. Vor Weihnachten gingen sie zusammen los, um Zubehör für die elektrische Eisenbahn auszusuchen. Nate kaufte nichts, sondern notierte nur sorgfältig die Preise. Nach Weihnachten, wenn die Preise gefallen waren, erledigte Nate seine Einkäufe. »Pfennigfuchser-Thanny« nannten ihn seine Brüder.

Was den Saints an Geld fehlte, machten sie durch Erfindungsgabe wett. In der Wirtschaftskrise arbeiteten Phil und Nate oft gemeinsam an der elektrischen Bahn, die sie »B & T & P-Wirtschaftskrisenbahn« nannten. (Die Buchstaben bedeuteten Ben, Thanny und Phil.) Sie hatten eine Menge Schienen, aber kein Geld für Bahnhöfe oder Weichen. Aus feuchtem Zeitungspapier pressten sie ihre Landschaften, die dann von Phil, dem Künstler unter den Brüdern, bemalt wurden. Nates Bruder Dave kannte ihn nur als einen »Jungen, der immer etwas plante«. Über Jahre hinweg gewann er Preise bei der jährlichen Hobby-Ausstellung im nahen Abington. Nates größte Arbeiten waren eine Miniaturlokomotive mit Tender aus Messingabfällen, ein Segelflugzeug mit fast 2 m Spannweite, das er nach der Zeichnung in einer Zeitschrift bastelte und das die Brüder wie einen Drachen auf dem Sportplatz der Highschool an einem dicken Bindfaden fliegen ließen, sowie ein Segelboot. Es war fast 2,5 m lang und fast ebenso breit. Nate malte den Namen Sindbad ans Heck und gab als Heimathafen Bagdad an. Zu aller Überraschung hob sich das nach Nates eigenen Plänen gebaute Boot mit seiner übermäßigen Breite und dem ungewöhnlich großen Segel aus dem Wasser, schäumte über den Delaware und ließ oft Segler herkömmlicher Bauart verwundert in Sindbads Kielwasser zurückbleiben.

Nate entwickelte ein eigenes Verfahren, um die Mahagonibretter zu wässern und so zu biegen, dass sich seine sorgfältig gezeichneten Pläne verwirklichen ließen. Die Segel nähte er auf Mutters Nähmaschine, und alle Metallbeschläge waren selbst gefertigt.

Nate erzählte gern von der Zeit, da er das einzige Auto der Familie auseinandernehmen durfte. Keiner glaubte daran, dass der Wagen jemals wieder fahren würde, aber nach drei Tagen und einigen zerschundenen Knöcheln lief er wie eh und je.

Einer seiner Gefährten dieser Jahre war Merle Ivins. Sie bauten gemeinsam Eisenbahn- und Segelflugmodelle und reparierten Radios. Beide waren Zeitungsjungen und tauschten oft ihre Kunden, Bezirke und Straßenzüge untereinander aus.

Eines Tages schlichen sich die beiden zu einem Haus in der

Nachbarschaft, dessen Bewohner ein rauschendes Fest feierten. Sie banden die Türgriffe an Zaunpfähle, sodass sich die Türen nicht mehr von innen öffnen ließen. Ein anderes Mal kamen Gäste desselben Hauses nach einer Party heraus und wunderten sich über das komische Gebaren ihrer Wagen, bis sie dahinterkamen, dass die Autos mit Stricken an den Stoßstangen zusammengebunden waren. Die beiden Jungen, die durch die Hecke äugten, waren sicher überzeugt, ein ordentliches Stück Arbeit geleistet zu haben.

Die Saints besuchten viele Jahre lang die Presbyterian Church in Huntingdon Valley, später traten sie der Bethany Baptist Church in Fox Chase bei. Manchmal kam der Gottesdienst der Kinderschar in der zweiten Bank vorn rechts ziemlich langweilig vor. Nate saß meistens neben seiner Schwester Rachel. Aber mit der Zeit wollte er doch lieber bei den Jungen sitzen, besonders bei seinem Freund Carey Ballbach, dem Sohn des Pastors. Eines Sonntagmorgens entdeckte Rachel, dass Nate und Carey in der Kirche kicherten. Nach dem Gottesdienst tadelte sie ihren Bruder, der sich verteidigte: »Du hättest auch gelacht, wenn du gesehen hättest, was wir sahen. Diakon Amby hatte seine Perücke verkehrt herum auf.«

In seinem 13. Lebensjahr sprach Nate vor einer Versammlung junger Leute in der Bethany Baptist Church. Für seinen Vortrag hatte er sich folgende Notizen gemacht:

»1. Paulus sagt in der Apostelgeschichte: ›Glaube an den Herrn Jesus Christus, so wirst du und dein Haus selig.‹ Ich glaube, darum bin ich erlöst und dem Himmel verbunden.

2. Da ich erlöst bin, habe ich eine Aufgabe, denn Christus sagte: ›Gehet hin in alle Welt und predigt das Evangelium aller Kreatur.‹

3. Da ich eine Aufgabe habe, im Kampf gegen Satan stehe und zu Gottes Armee christlicher Streiter gehöre, muss ich mich üben. Diese Übung gibt mir die Bethany Baptist Church. Hier wird das Wort Gottes allen gesagt und klar, unverfälscht und schlicht gelehrt.

4. Ich gehe gern zur Sonntagsschule, denn sie bereitet mich weiter darauf vor, Jesus zu dienen und Seelen für ihn zu gewinnen.

5. Für mich bedeutet die Sonntagsschule mehr als Silber und Gold, denn diese sind vergänglich, aber das Heil ist ewig.

6. Ich will in der Bibel unterrichtet werden, damit ich später wie der Apostel Paulus sagen kann: ›Ich habe den guten Kampf gekämpft, ich habe den Lauf vollendet, ich habe den Glauben gehalten; hinfort ist mir bereit die Krone der Gerechtigkeit, welche mir der Herr, der gerechte Richter, an jenem Tage geben wird, nicht aber mir allein, sondern auch allen, die seine Erscheinung lieb haben.‹«

Mit 14 Jahren erkrankte Nate an Knochenmarkentzündung, die sich im rechten Bein festsetzte und ihn für mehrere Monate ans Bett fesselte. Doch selbst wenn er mit starken Schmerzen im Bett liegen musste, steckte er immer noch voller Pläne, erinnerte sich Rachel. Zeitweise musste er sogar auf allen vieren kriechen, weil er nicht mehr gehen konnte.

Wenn aber die Schmerzen unerträglich wurden, sprach Nate in der Stille seines Krankenzimmers mit Gott. Er sagte ihm, dass er zum Sterben bereit sei, doch wenn der Herr anders entscheide, dann wolle er ihm sein ganzes Leben widmen. Gewiss waren dies nur die Worte eines Jungen, aber es war ein Versprechen, das Nate niemals vergaß – ein Versprechen, das sich auf die entscheidenden Entschlüsse seines späteren Lebens auswirkte.

Allmählich erholte sich Nate wieder, und es blieb keine Lähmung zurück. In dieser Zeit übernahm er eine Klasse der Sonntagsschule und unterrichtete Jungen, die nur ein paar Jahre jünger waren als er. In dieser Zeit wurde er auch zum Vorsitzenden der Union junger Baptisten gewählt.

Da Nate fest daran glaubte, dass das Tanzen sündhaft sei, nahm er nicht an den Partys der Schule teil. Auch der Direktor konnte ihn von dieser Überzeugung nicht abbringen.

»Im letzten Schuljahr war die Highschool entsetzlich langweilig«, schrieb Nate. »Ich hatte versucht, in der Nachtschicht zu arbeiten, während ich tagsüber zur Schule ging, und schließlich verließ ich die Schule, nahm eine Tagesarbeit in einer Maschinengießerei an, und schloss meine Highschool-Ausbildung in wenigen Monaten an der Abendschule in Philadelphia ab.«

Als Nate zum ersten Mal von zu Hause fort war, lieferte er einen Lastwagen bei einer Missionarsfamilie in der gebirgigen Südwestecke Virginias ab. Auf dem Rückweg wurde er bald des Trampens müde. Man hatte ihm erzählt, wie man auf einen Güterzug springt, doch unglücklicherweise hatte ihm niemand gesagt, wann man wieder abspringt. So wurde er in Bluefield im Bundesstaat Virginia mit einigen Landstreichern festgenommen. Der Schnellrichter verurteilte ihn zu zehn Dollar Geldstrafe und zehn Tagen Haft. Nate sprach freiheraus, und als der Richter merkte, dass er keinen berufsmäßigen Landstreicher vor sich hatte, änderte er das Urteil in zehn Dollar Geldbuße oder zehn Tage Haft. »Pfennigfuchser-Thanny« entschied sich fürs Sparen und fürs Gefängnis. Von dort sandte er drei Postkarten an die Familie. Auf der ersten schrieb er über das Essen: »Die Kartoffeln sind so hart, dass sie vom Boden wieder hochspringen.« Auf die zweite Karte malte er eine aus dem Fenster hängende Strickleiter und äußerte den Wunsch nach einer Bibel. Auf der dritten stand in großen Buchstaben: »FREI!«

Seitdem ist Nate nie wieder mit dem Gesetz in Konflikt geraten.

Nate arbeitete als Holzfäller, dann als Tankstellenwärter. 1941 trat er mit 18 Jahren in den Dienst der Flying Dutchman Aviation Company in Philadelphia. Seine erste Flugstunde nahm er am 16. Juni desselben Jahres. Von nun an gehörten Flugzeuge ebenso zu ihm wie seine geschickten Hände und sein blonder Wuschelkopf. Er kaufte sich ein kleines Flugzeug, um Erfahrungen als Pilot zu sammeln, und nahm seine Brüder zu Flügen mit.

Sein Bruder Sam, der Flugkapitän bei American Airways war und sehr viel von Nates Mechaniker-Begabung hielt, verhalf ihm zu einer Stellung als Mechanikerlehrling bei American Airlines auf dem LaGuardia Airport in New York.

»Ich werde den Tag nie vergessen, an dem ich von zu Hause fortging«, schrieb Nate. »Mutter und Vater hatten bereits die älteren Geschwister fortgehen und wiederkommen sehen und konnten ihre Gefühle halbwegs verbergen. Aber bei Ben war es etwas anderes. Er biss sich auf die Lippen und nahm sich gewaltig zusammen, doch als er mit Tränen in den Augen und mühsam beherrschtem Gesicht aus der Küche rannte, wusste ich, wie ihm zumute war. Du weißt ja, wie das ist, wir waren zusammen aufgewachsen. Während der ganzen Fahrt nach New York in meinem alten, offenen Wagen konnte ich nicht recht schlucken, und der Fahrtwind wehte mir die Tränen, die ich nicht zurückhalten konnte, um die Ohren.«

Über Nates Ankunft in New York schrieb seine Schwägerin Jeanne: »Als Nate zu American Airlines kam, wohnte er anfangs bei uns auf Long Island. ›Kelly‹, wie wir ihn damals nannten, war ein Junge, der anscheinend immer schrecklich wichtige Dinge im Kopf hatte und mit aller Gewalt hinter ihren Sinn kommen wollte. Die Unterhaltung am Tisch drehte sich immer um Flugzeuge. Bald konnte ich die ewigen Tischgespräche über Schrauben und Muttern nicht mehr hören.

Er liebte unsere vierjährige Tochter Eileen, und mit der typischen Einer-für-alle-alle-für-einen-Tradition der Familie Saint nahm er sich ernsthaft und begeistert ihrer Erziehung an. Er nahm sie auf seine Bude mit, schloss die Tür ab und sprach mit ihr über ihr Benehmen.

Wenn Nate der Hunger plagte, dann war immer Not am Mann. War das Essen nicht zur rechten Zeit fertig, dann strich er um die Küche herum und machte mir klar, dass er wahrscheinlich eingehen würde, wenn es mit der Kocherei nicht ein bisschen schneller ging.«

Wegen seiner unregelmäßigen Arbeitszeiten mietete sich Nate ein möbliertes Zimmer in der Nähe des Flugplatzes. Mit dem selbst verdienten Geld ging er sparsam um. Deshalb bügelte er seine Anzüge selber und kochte sich sein Essen in dem kleinen Zimmer. Das ersparte Geld wurde für den Kauf von Werkzeugen verwendet.

»Ein ganzes Jahr hindurch im geschlossenen Raum zu arbeiten, kam mir fast unerträglich vor, auch wenn der Flugzeugschuppen zum Rollfeld, zur Bucht und zur Skyline von New York hin offen war«, schrieb Nate nach Hause. »Und so kam ich auf die Idee, dass ich in die Luftwaffe eintreten könnte. Nachdem Familienväter eingezogen wurden und ich für niemanden zu sorgen hatte, hielt ich meine Idee für vernünftig.«

Rekrutenzeit

Nate war gerade 19 Jahre alt geworden, als er freiwillig auf seine UK-Stellung[4] verzichtete. Von seiner Fluggesellschaft erhielt er dafür einen scharfen Verweis, doch Nate blieb unbeirrt.

»Es sah aus, als sollte der Adler das goldene Ei legen (eine Pilotenausbildung im Wert von 25 000 Dollar)«, schrieb Nate an einen Freund. Seine Fliegersehnsucht verdrängte alle übrigen Wünsche in seinem Leben.

Er versuchte alles Mögliche, um zum fliegenden Personal zu kommen, aber seine beharrlichen Bemühungen schlugen fehl. Zweimal fuhr er vergeblich nach Washington. Das Warten auf den Einberufungsbefehl steigerte Nates Ungeduld. Schließlich suchte er das zuständige Wehrmeldeamt auf und stellte fest, dass seine Papiere gerade abgeschickt werden sollten. Die offizielle Einberufung fand am 30. Dezember 1942 im Grand Central Palace in New York statt.

Da war nur noch ein Haken: Nach der sechsstündigen ärztlichen Untersuchung trugen Nates Papiere den Vermerk *bedingt*

---

4 Unabkömmlichstellung beim Militär

tauglich. Die Ärzte waren auf die Narben der Knochenmarkentzündung gestoßen, die ihm vor fünf Jahren fast sein rechtes Bein gekostet hatte.

Am 6. Januar 1943 wurde er »mit etwa siebzig anderen zum New Yorker Durchgangsbahnhof Pennsylvania Station getrieben«. Dort bestiegen die Rekruten Personenwagen aus der Zeit des Ersten Weltkriegs und fuhren zum Camp Upton, etwa 100 km ostwärts auf Long Island gelegen.

Unter den Klängen der Lagerkapelle marschierten sie in die Empfangshalle, wo sie stundenlang der weiteren Dinge harrten. Bei einem Schnellimbiss in der Kantine stopfte sich der schlaue Nate ein Frankfurter Würstchen für alle Fälle in die Tasche. In dieser Nacht schlief Soldat Saint angekleidet in einer Mischung aus Zelt und Kammer. Es war bitterkalt, und der dickbäuchige Ofen in der einen Ecke war seiner Aufgabe nicht gewachsen.

»Jetzt habe ich alles hinter mir und bin fertig«, schrieb er Sam und Jeanne. »Junge, Junge, diese Burschen verstehen ihr Handwerk. Es ist ein ziemlich aufregendes Erlebnis, so eine Nummer unter Tausenden zu sein. Ich habe meinen Intelligenztest bestanden. Gestern hatte ich auch meine Einzelbefragung. Sie wollten, dass ich das Fliegen aufgebe, aber ich blieb hart.

Der Sanitätsoffizier meint, wenn ich eine Nachuntersuchung verlange, könnte ich vielleicht das ›bedingt‹ loswerden. Ich will sehen, wohin man mich verfrachtet, und warten, bis ich Zeit zum Nachdenken finde.«

Den Eltern schrieb er:

»Betet weiter für mich. Der Herr segnet über alle Maßen … Sicher ist das ein ganz anderes Leben, aber ich bin überzeugt, es bietet allerhand Abhärtung. Meine Schuhe passen nicht zusammen, der eine ist ein Mississippi-Dampfer, der andere ein Segelschiff. Habe mir Rasierwasser gekauft. Wenn man sich mit einem Heeresapparat und kaltem Wasser rasiert, braucht man etwas, um die Haut zu ersetzen.« Dann neckte er den 58-jährigen Vater: »Paps, sei auf der Hut, sonst wirst du auch noch eingezogen. Du müsstest mal die Typen sehen, die hier Uniformen spazieren tragen … Niemand ist sicher, solange man ihn nicht für halb tot erklärt.«

Aus anderen Briefen und aus seinem Tagebuch geht hervor, dass er ständig ein Zeugnis als gläubiger Christ vorlebte.

»Hatte ein sehr interessantes Gespräch mit drei jüdischen Kameraden, einer davon orthodox … Lese regelmäßig in der Bibel … Besuchte die katholische Messe und erhielt eine Vorschau auf die evangelischen Gottesdienste, als ich mit dem Vikar sprach … Am Sonntagnachmittag machte ich einen Spaziergang und las meine Bibel auf einer Waldlichtung, an eine Kiefer gelehnt. Habe Matthäus beendet.«

Von der militärischen Disziplin hielt Nate eine Menge. »Man gewinnt Selbstvertrauen, wenn man fünf Minuten stillstehen kann, ohne mit den Augen zu zwinkern.«

So begann Nates dreijähriges Soldatenleben, das so stark zur Formung seines Charakters beitragen sollte. Harte Zeiten lagen vor ihm, die ihn auf die strengere Disziplin im Glaubenskampf eines Christen vorbereiteten. Aber in diesem Lebensabschnitt hatte Nate sein Herz noch ganz an eine Fliegerlaufbahn gehängt.

»Ich war Christ, ich las täglich in der Bibel, aber für einen Burschen, der glaubte, ein großartiger Pilot zu werden, war ich schrecklich ehrgeizig«, gab er später zu. »Alle Wünsche und Ziele der letzten zehn Jahre wurden nun aufgezehrt von der Aussicht, Flieger zu werden.«

Am 15. Januar verabschiedete er sich von Jeanne und Sam – er war nach Camp Luna in Las Vegas, New Mexico, versetzt worden. »Vielleicht hat Sam euch nicht berichtet, was für schauderhafte Kanaldampferschuhe er trug«, schrieb Jeanne an Nates Mutter. »Sein Mantel sah aus, als hätte er vier Wochen lang darin geschlafen. Aber unter seinem Schiffchen sah er trotz seiner Nase ganz adrett aus. Ich glaube, er war müde, aber sehr zufrieden und freute sich auf die lange Reise, die vor ihm lag. Er reiste auf Einzelfahrschein und brauchte so nicht mit 2000 anderen Armeeangehörigen in einem Truppentransport zu fahren.«

Aus New Mexico schrieb Nate nach Hause: »Ich hatte mir

vorgestellt, ohne Hemd im heißen Sand liegen und mich braun brennen lassen zu können. Doch als wir ankamen, lagen fast 10 cm Schnee, und in der ersten Nacht sank die Temperatur auf zehn Grad unter null. Wir kampieren etwa 80 m über der Stadt, die schon auf über 600 m Höhe liegt.

Ich bilde hier mit ungefähr einem Dutzend anderer von meiner Fluggesellschaft eine Art Reserve. Die einteilenden Offiziere scheinen hier ziemlich beeindruckt zu sein von meinem Intelligenz-Quotienten, meiner Flugschüler-Bescheinigung, meiner Flugzeug-Mechanikerausbildung, meiner Erfahrung und so weiter. Sie haben eine Nachuntersuchung befürwortet, damit der Vermerk ›bedingt tauglich‹ gestrichen wird. Im Übrigen handle ich nach dem Wahlspruch der Armee: ›Eile mit Weile‹.

Zur Fliegerausbildung melde ich mich nur, wenn Aussichten bestehen, dass ich mit dem Lufttransport-Kommando in Verbindung bleibe. Wenn es in dieser Hinsicht schlecht aussieht, kann ich mich immer noch als Offiziersanwärter bewerben.«

Das erste Kommando für den angehenden Heeresflieger bestand im Latrinenreinigen. Seine einzige Bemerkung dazu war: »Es ist schon so, wie die Kameraden sagen: ›Wenn es dir in der Armee nicht gefällt, warum trittst du nicht aus dem Verein aus?‹«

Am dritten Tag in Camp Luna entdeckte Nate eine abgegriffene Bibel auf einem Tisch im Speisesaal. Sie gehörte einem großen, breitgesichtigen Sergeanten aus den Südstaaten, »… einem von der Sorte Feldwebel, wie die Kameraden sie sich wünschen«. Das war der Anfang zahlreicher Freundschaften, die Nate während seiner Soldatenjahre schloss. Einige dieser Freunde waren schon echte, lebendige Christen, als er ihnen begegnete, oder aber sie wurden es bald unter seinem Einfluss.

Seine Mutter hatte ihm von einer Freundin der Familie geschrieben, die sich über das geistliche Leben ihres Sohnes Sorgen machte. Nate riet daraufhin:

»Mache ihr klar, dass sie etwas für ihren Sohn tun kann, auch wenn Tausende von Kilometern zwischen ihnen liegen. Sie kann ihrer Verantwortung genügen, wenn sie selbst mit Gott ins Reine kommt und dann für ihn bittet ... Ich glaube, er weiß selbst ganz genau, was auf dem Spiel steht, aber ich will ihm schreiben und versuchen, ihn dahin zu bringen, dass er sich für den Herrn entscheidet. Wir sind zusammen aufgewachsen, und er weiß, dass ich kein Engel bin. Aber er muss doch gemerkt haben, dass wir von dem Tag an, da ich den Herrn annahm, keine gemeinsame Interessen mehr hatten ... Nur auf den Knien kann sie ihrem Sohn helfen.«

Und immer bewegt ihn der Wunsch, Flieger zu werden: »Bete, dass der Herr in dieser Fliegereigeschichte seinen Weg weist. Anscheinend stimmt Gott meinem Wunsch mit einem hundertprozentigen ›Vorwärts‹ zu, aber nicht mein, sondern sein Wille geschehe.«

Es sah so aus, als sei er seinem Ziel einen Schritt näher gekommen, als er am 5. Februar ein Formular für die Kadettenausbildung der Luftwaffe erhielt, das er sofort ausfüllte und zur elterlichen Einwilligung nach Hause schickte.

Am Valentinstag erfuhr er, dass er am nächsten Tag in Marsch gesetzt werden sollte. »Auf geht's! Ich reise wieder!«, schrieb er in sein Tagebuch.

Nate wurde der Douglas Training School zugeteilt und im Grand Hotel von Santa Monica untergebracht. Die Ausbildung konzentrierte sich vor allem auf die C-47, die schwere Transportmaschine, die im Nachschubwesen des Zweiten Weltkriegs eine so wichtige Rolle spielte. Unterrichtszeit war von zwei Uhr nachmittags bis ein Uhr nachts.

Wie überall spürte Nate auch in der Umgebung von Los Angeles die evangelischen Kirchen auf.

Da ihm der Unterricht keine Schwierigkeiten bereitete, fühlte sich Nate wie ins Schlaraffenland versetzt. Er schrieb nach Hause: »Wenn ich dieses wunderschöne Land richtig beschreiben könnte, würdet ihr euch alle freiwillig melden, und deshalb versuche ich es gar nicht erst.«

Aber seine Gedanken kreisten doch immer um das ersehnte

Ziel: »Betet für mein Kadettenexamen. Es sieht beinahe so aus, als könnte ich es hier nicht ablegen, denn alles entwickelt sich so stürmisch. Aber ich möchte gern das Flugpatent in der Tasche haben, bevor ich nach Afrika oder sonst wohin komme.«

Am 23. März absolvierte er die Douglas Training School und wurde für eine Woche in den Long-Beach-Kasernen untergebracht, bevor er zum Umschulungslehrgang nach Daggett in der Mojave-Wüste abkommandiert wurde.

Hier lernte er eine sehr kultivierte Frau kennen; Clayton Montgomery war die Mutter von vier Töchtern und die Gattin eines presbyterianischen Geistlichen, der dann in den Schuldienst gegangen war. Als Nate die Kirche in Daggett besuchte, lud sie ihn in ihr Haus ein. Das war der Anfang einer langen Freundschaft zwischen dieser mütterlichen Frau und Nate, die auch für sein künftiges Glück eine wichtige Rolle spielen sollte.

Zu diesem Zeitpunkt beschäftigte Nate aber hauptsächlich seine neue Fliegerausrüstung, die er gerade empfangen hatte. »Ihr müsstet die Ausrüstung sehen, die wir bekommen! Komplette gefütterte Kombinationen mit Kappe, lederne Pilotenschuhe mit wasserdichten Gummisohlen, ein lederner Sturzhelm, eine prächtige Lederjacke, Handschuhe, ein paar Koffer (in Luftwaffenausführung!).« Seine Briefe strahlten förmlich: »Denk nicht ans Plätzchenbacken, Mutti, sondern nütze die Zeit lieber zum Schreiben. Ohne einen gelegentlichen Brief von dir schmecken die besten Plätzchen der Welt nicht ... Ich hätte nichts dagegen, wenn du meine Adresse ein wenig herumreichen würdest. Ich habe schon eine ganze Zeit lang nichts mehr aus der zivilisierten Welt gehört. Ich weiß nicht einmal, wie sich der Krieg entwickelt.«

Dann kam der Tag, an dem er Richtung Jefferson-Kasernen am Stadtrand von St. Louis in Marsch gesetzt wurde. Wie so manch anderer Soldat des Zweiten Weltkriegs reiste Nate auf Staatskosten im ganzen Land umher. Er war erst vier Monate bei der Armee, und schon hatte man ihn von New York nach New

Mexico und an drei verschiedene Orte in Kalifornien geschickt, und nun kam er nach Missouri.

»Das ist hier ein besseres Irrenhaus«, schrieb Nate nach Hause. »Es werden so viele Leute hergeschickt, dass das Stammpersonal gar nicht damit fertig werden kann. Grundeinheiten werden aufgelöst und zu Übersee-Einheiten zusammengestellt, die in Zelten untergebracht werden müssen. Es sieht alles nach einem großen Schlag aus, nach dem Schlag, der das Ende bringen wird. Wir gehören nicht zu den Eingeweihten, aber wir wissen, dass diese Gruppen nicht zum Kartoffelhacken zusammengestellt werden.

Ich weiß, dass Gott alle Dinge lenkt, aber manchmal bin ich so kurzsichtig. Die kommenden Monate werden auf jeden Fall für Burschen wie mich sehr hart werden. Betet für uns. Wir brauchen Geduld und Vertrauen. Äußerlich gesehen gehöre ich der Armee an, aber mein Herz, mein Geist und meine Seele gehören dem Herrn.

Warum schreibt mir niemand? Wenn ich so gar nichts von zu Hause höre, komme ich mir fast wie verstoßen vor. Ihr müsstet mal sehen, wie ich geduldig bei der Postausgabe anstehe und nach euren Briefen voller tausend Kleinigkeiten und Nichtigkeiten Ausschau halte, dann würde euch das mehr sagen, als meine mürrische Feder es kann. Ich bin in einer Stimmung, die man eigentlich nur bei einem jungen Mann entschuldigen kann, dem seine beste Freundin davongelaufen ist … Für einen Burschen, der gerne Pläne schmiedet und etwas schafft, ist die Armee wie ein Gefängnis. Ich bin überzeugt, dass der Herr alles zum Besten führt, aber manchmal frage ich mich, wann ich endlich gelernt haben werde, mich in allen Lagen zufriedenzugeben.«

Nates Humor funkelte immer wieder durch all die Zeilen hindurch, die zu Hause herumgereicht wurden, damit jeder sie lesen konnte.

»Den Burschen, der mit mir das Abwaschen in der Küche besorgt hat, haben sie hinausgeworfen, und nun mache ich allein weiter«, berichtete er. »Außer dem Küchengeschirr hatte ich ein paar alte Socken zu waschen. Die Methode? Erst wäscht man die Socken, und dann benützt man einen davon als Spüllappen für das Geschirr. Ich sagte: ›Das müsste Mutti sehen: die Socke vom vergangenen Monat in der Suppenschüssel von morgen!‹«

Ein jubilierender Brief meldete, dass Nate als Offiziersanwärter angenommen war. Er hatte vor einer Prüfungskommission erscheinen müssen, aber nichts davon nach Hause geschrieben, bevor er das Ergebnis wusste. Er schilderte sein linkisches Auftreten vor der Kommission:

»Es war so komisch, dass sogar der Major gelächelt hat. Über Flugzeuge weiß ich Bescheid, aber diese militärischen Umgangsformen und Förmlichkeiten bringen mich um. Wenn man sich bei der Offizierskommission meldet, muss man mit dem Gesicht zu den Offizieren eintreten und die Tür schließen, sich knapp vor dem Tisch stramm aufbauen und mit der Hand an der Stirn herunterschnurren: ›Saint, Nathanael, 28. Ausbildungsgruppe, meldet sich bei der Luftwaffenkadetten-Kommission.‹ Wenn der Gruß erwidert worden ist, nimmt man den Arm herunter und bleibt stehen, bis ›Rührt euch!‹ befohlen wird. Nun gut: Nachdem ich meinen Namen verkehrt herum gesagt hatte und fürchtete, noch irgendwo auszurutschen, brachte ich es fertig, mitten in meiner Meldung stecken zu bleiben. Anstatt wie ein guter militärischer Hohlkopf stillzustehen, nahm ich die Hand herunter und rührte mich, bevor es mir erlaubt wurde. Ich wusste, dass ich das militärische Zeremoniell verpfuscht hatte, und so schaute ich mit einem unbeabsichtigten Lächeln zum Major, das ausdrückte: Ich weiß, dass ich's falsch gemacht habe. Was nun? Er lächelte zustimmend zu meinem Schuldbewusstsein und sagte: ›Vielleicht gehen Sie am besten hinaus und versuchen es gleich noch einmal.‹

Beim nächsten Mal kam ich ernst und entschlossen herein und umschiffte großartig alle Klippen. Nachdem er meinen Gruß erwidert und gesagt hatte, ich solle mich setzen, atmete ich auf, und ein neues Grinsen zog über mein Gesicht, das ausgesehen haben muss wie: Diesmal ging's gut, uff!

Alle Offiziere lächelten während der ganzen kurzen Prüfung. Sie schienen sich mehr für mein ulkiges militärisches Auftreten zu interessieren als für meine Flugzeugkenntnisse. Einmal konnte ich mir das Lachen nicht verkneifen. Der Hauptmann hatte sich zurückgelehnt und dachte über eine neue Frage nach, die er mir stellen konnte, dann grinste er breit und fragte: ›Sind Sie nicht ein bisschen nervös?‹ Ich grinste noch breiter und sagte: ›Aber sicher bin ich nervös, Sir.‹ Es schien sie alle sehr zu erheitern.

Wahrscheinlich waren sie freundlich gestimmt, weil ich so ungefähr die besten Noten unserer Gruppe im schriftlichen Examen erhalten hatte.

Während ich noch nicht wusste, was bei der Prüfung herausgekommen war, erfuhr ich von einem der Einstufungsleute, dass sie Kerle mit ›mangelndem militärischen Benehmen‹ aussieben, was mich ernsthaft gespannt sein ließ, ob ich es schaffen würde.«

Das Ende eines Traums

Nate steckte voller Hoffnungen, als er die Jefferson-Kasernen verließ und in einen Militärzug nach Sioux City stieg.

Kurz zuvor hatte er seiner Mutter geschrieben: »Alles ist gepackt, und ich bin abfahrbereit. Ich will mich nicht zu sehr freuen, bevor ich nicht im Zug sitze und davonrolle ... Mein Gepäck ist schon aufgegeben.«

Als der Zug in Sioux City einlief, wurde Nate mit fünfzig anderen ins Morningside College geschafft und in den Ausbildungslehrgang für Luftwaffenkadetten aufgenommen.

Nate bestand seine Aufnahmeprüfungen für das College und stürzte sich in das schwierige Programm, das die Ausbildungslehrgänge während des Krieges kennzeichnete. Da gab es Vorlesungen, Exerzieren, Sport – ein anstrengendes Leben. Aber Nate schien sich dabei wohlzufühlen.

Am 27. August nahm Nate mit den anderen Kadetten seiner Klasse an einem Geländelauf über drei Kilometer teil. Bevor er sich am Abend niederlegte, bemerkte er eine Rötung rund um die Narbe an seinem rechten Bein. Er stellte auch fest, dass die Leistendrüse etwas geschwollen und empfindlich war.

Voll tiefer Traurigkeit begriff Nate sogleich, dass dies all seine Pläne durchkreuzte und all seinen Hoffnungen, jemals Heeresflieger zu werden, ein Ende setzte.

»Ich sagte meinen Stubengefährten kein Wort«, erzählte Nate, »sondern legte mich ins Bett und schaltete das Licht aus. Ich zog mich in das enge, dunkle Gefängnis meines Herzens zurück, das nun zum Kerker für Einzelhaft geworden war. Nur an meinem unruhigen Hin-und-her-Wälzen und meinem Seufzen konnte man merken, dass mich etwas sehr quälte ... Ich war verzweifelt.

An diesem Abend schrieb Nate in sein Tagebuch: »Enttäuschung – Bibellese – Entschlüsse – neue Ausblicke.« Und an den unteren Rand der Seite: »Sein Wille geschehe.«

Seiner »liebsten Mama«, ein Ausdruck, den er nur gebrauchte, wenn er krank war, schrieb Nate einen bezeichnenden Brief: »Der plötzliche Situationswechsel in den allerletzten Tagen erinnert mich an den großen Hund in Bryn Athyn, der mir immer nachsetzte, wenn ich mit meinen Zeitungen vorbeifuhr. Ich weiß noch, wie er umschaltete, als ich eines Tages einen Knallfrosch vor ihm fallen ließ. Er wollte rückwärtslaufen, aber er schlitterte noch drei Meter weiter, bevor er zum Stehen kam.

Ich bin gerade zum Stehen gekommen. Welche Richtung ich jetzt einschlagen werde, weiß ich noch nicht. Ich ahnte es bereits am Freitagabend, als ich eine leichte Anschwellung der Leistendrüse bemerkte. Fast gleichzeitig sah ich auch, dass mein krankes Bein ein wenig gerötet war. Rötung und Schwellung sind seitdem fast verschwunden, aber die Ärzte sagen, dass ich nicht beim Heer fliegen darf – und damit hat es sich!

Am Samstagnachmittag erzählte mir einer der Kameraden im Revier, dass ich mit neun anderen von insgesamt 80 Mann in die nächste Klasse versetzt worden sei. Das bedeutete, dass ich nun ans Fliegen gekommen wäre.

Drei Tage lang bin ich herumgeschlichen und habe versucht, mich an die neuen Aussichten zu gewöhnen. Nach einem Monat angestrengter Arbeit und begeisterter Hoffnung sieht mich der

Zusammenbruch dieser Hoffnungen in einer Art Betäubung … Ich vergesse nicht: ›Sorget nicht um den morgigen Tag, denn ihr wisst nicht, was der Tag bringen mag‹, aber ich glaube, Gott will, dass wir nach Kräften beten und planen und alle von ihm empfangenen Gaben einsetzen, auch wenn er unsere Pläne umstoßen muss.

Gestern wurde ich 20 Jahre alt … Es war ein recht herbes Geburtstagsgeschenk, gesagt zu bekommen, dass ich zu einer Röntgenaufnahme ins Revier gehen müsse, statt meinen ersten Flugtag auf dem Flughafen erleben zu können.«

Das Ende von Nates Fliegerlaufbahn war ein Markstein in seiner geistlichen Entwicklung. Menschlich gesehen war es eine Tragödie, aber Nate konnte später zurückblickend erkennen, dass hier die Hand Gottes in sein Leben eingegriffen hatte.

Voller seelischer und geistlicher Spannkraft ging er gleich daran, sich den veränderten Umständen anzupassen. Anfangs rechnete er damit, dass man ihn als dienstuntauglich entlassen würde. Er hatte auch gehofft, zu einem Lufttransport-Kommando irgendwo in der Nähe seiner Heimat versetzt zu werden, aber keiner dieser Pläne verwirklichte sich.

Nach einigen Tagen wurde Nate in das Luftwaffenlazarett von Sioux City eingeliefert.

»Stell die Suppe wieder in den Kühlschrank, denn ich muss zum Dienst zurück, wenn auch nicht gerade zur Fliegerei«, schrieb er an seine Mutter.

»Diese Entwicklung der Dinge behagt mir gar nicht, aber allmählich ergebe ich mich in alles und passe mich an.«

Einen Monat lang war Nate dem 354. Luftgeschwader zugeteilt und arbeitete beim Bodenpersonal im Morningside College.

In einem Brief an seine Schwester Rachel, die geschrieben hatte, vielleicht wolle der Herr ihn gebrauchen, »um anderen das Leben, nicht aber den Tod zu bringen«, antwortete Nate:

»Wir setzen hier unser Leben ein, damit die Angehörigen zu Hause körperlich leben können, so wie Jesus sein Leben gab, damit wir geistlich leben können. Wenn auch nur wenige Soldaten es derart sehen, so ist das doch die Einstellung des christlichen Streiters. Er geht nicht ins Feindesland, um zu töten, sondern um das Leben zu Hause zu bewahren und notfalls sein Leben dafür hinzugeben ...

Ob der Herr will, dass ich predige? ... Bisher hat er es mir noch nicht gezeigt, und ich weiß, dass er es klarmachen kann, wenn es sein Wille ist. Wenn du ebenso wie Mutter meinst, ich wäre besser irgendwo anders, dann bitte den darum, der mich ändern oder führen kann, aber nicht mich ...

Ich bin hier, weil Gott mich hier haben will. Viele Prediger vergeuden ihre Zeit, indem sie hin und her gehen und Samen ausstreuen, der nicht aufgehen wird, weil sie so lange über das Feld gegangen sind, bis es hart wurde – verhärtet für das Evangelium. Vielleicht trage ich nur ein Saattuch mit einem winzigen Loch darin, und vielleicht fällt der wenige Samen auf harten, unkrautüberwucherten und steinigen Boden. Aber der Herr gibt das Gedeihen.«

Einem anderen Brief nach Hause legte Nate einen Artikel aus »Reader's Digest« bei, in dem die Wunderwirkung des neu entdeckten Penizillins beschrieben war und – welche Ironie – seine Wirksamkeit bei der Behandlung von Knochenmarkentzündung.

»Ben, ich glaube zwar nicht daran, dass man dich einziehen wird. Aber solltest du geholt werden, dann sag bei der ärztlichen Untersuchung die Wahrheit, wenn sie dich nach den Narben an deinem Arm fragen. Es ist deine Christenpflicht, darin ehrlich zu sein. Ich habe mich aus patriotischen Gründen ›kv.‹[5] schreiben lassen, aber als mein Bein streikte, wurde ich eine Belastung für die Kriegsanstrengungen. Du wirst dahinterkommen, dass die Ärzte mehr über Knochenmarkentzündung wissen als du und ich. Sie ist keine schlimme Sache und bringt normalerweise auch keine Behinderung mit sich, aber du kannst durch eine verminderte physische Leistungsfähigkeit büßen, wie ich es getan habe.

5 Abkürzung für ›kriegsverwendungsfähig‹

Das war eine kurze Predigt, du brauchst also statt der üblichen sechs Cent nur fünf in den Klingelbeutel zu tun. Aber ich hoffe, du lässt dir das Gesagte gut durch den Kopf gehen, denn wenn ich auch die Weisheit nicht mit Löffeln gegessen habe, so bin ich doch schon ein paar Jahre weiter als du und denke nur an dich und für dich. Gewiss, du musst dein eigenes Leben führen, aber es wäre dumm von mir, wenn ich dich vermeidbare Fehler machen ließe.«

Dann kam die Nachricht, dass Nate nach Amarillo Field in Texas abkommandiert würde, wo er drei Monate verbringen sollte.

Eine Zeit lang war er in Amarillo Kasernenältester und für 50 Männer verantwortlich.

»Wenn ihr denkt, es mache Spaß, diese Burschen aus den Betten zu bekommen, dann irrt ihr gewaltig … Heute haben nur drei von ihnen Schwierigkeiten gemacht, aber die Aussicht auf Urlaubsscheine für morgen, nachdem sie heute keine bekommen haben, hat sie zugänglicher werden lassen.«

Während dieser Zeit entdeckte Nate seine Freude am Fotografieren, die ihm in der Zukunft gute Dienste leisten sollte. Er verbrachte manche Stunde in der Dunkelkammer, in der Material und Ausrüstung den Soldaten kostenlos zur Verfügung standen.

Sein erstes Weihnachtsfest in der Armee verlebte Nate in Amarillo. Einen seiner schönsten Briefe schrieb er am Weihnachtsabend 1943 an seine gute Freundin Sadie Montgomery, die damals in Alhambra wohnte:

»Gerade haben zwei Kameraden die Tür hinter sich zugemacht und mich allein gelassen. Das Radio haben sie nicht abgestellt, und so kann ich schwach hören: ›O lasset uns anbeten‹. Draußen liegt Schnee, und die Sterne glitzern hell – wie Edelsteine auf schwarzem Samt, die von einer starken indirekten Lampe angestrahlt werden.

Sollten Sie sich dafür interessieren, wie ein Bursche meines Schlags Heiligabend in der Kaserne verbringt, dann würde ich es gern erzählen, nur fehlen mir die Worte … Ich habe noch kein Wort gefunden für einen Hals, der eng und trocken ist und in dem ein dicker Kloß steckt. Vielleicht gibt es nirgendwo ein solches Wort. Der Psalmist kommt dem sehr nahe, wenn er dieses fast zu tiefe Gefühl ausdrückt: ›Wie der Hirsch schreit nach frischem Wasser, so schreit meine Seele, Gott, zu dir!‹[6]

Gott hat mir viel Zeit gegeben, die Dinge anders zu sehen als damals, als ich ins Lazarett musste, während alle meine Kameraden zum Flugplatz gingen, um zum ersten Mal aufzusteigen. Er hat mir viel Geduld beigebracht. Er ist ein wunderbarer Lehrer – geduldig und verzeihend … Man hat einen Marschbefehl für mich ausgestellt, und ich soll nach Fort Wayne in Indiana fahren. Wenn es mit dem Fliegen nichts ist, so will ich doch auf irgendeine Weise nützlich sein. Ich freue mich schon darauf, wieder einmal richtig ölbeschmiert zu sein, ein paar Schwielen zu bekommen, wieder einmal nach Herzenslust zu fummeln und zu basteln, damit eine Maschine rechtzeitig flugbereit wird, und wieder wirklich müde ins Bett zu fallen.«

Bald darauf fuhr Nate in einen zehntägigen Urlaub nach Hause, bevor er den neuen Dienst auf dem Baer Field in Fort Wayne[7] antrat. In den anderthalb Jahren, die er dort zubrachte, sollte er eine entscheidende Wende in seiner seelischen Entwicklung durchmachen.

---

6 vgl. Psalm 42,2

7 Bezeichnung des Flugplatzes in dieser Stadt im US-Bundesstaat Indiana

Eine Stimme von oben

Auf dem Baer Field wurde Nate als Vormann beim Bodenpersonal eingesetzt, was seiner Meinung nach »genau das war, worum ich gebetet hatte … Heute sah ich, dass meine Papiere den Stempel *garnisonsverwendungsfähig* tragen!«

Trotzdem war Nate mit seinem Los zufrieden. »Die Arbeit macht Spaß – sie umfasst genau das, was ich liebe. Nun meldet sich der Wunsch nach irgendeiner Freizeitbeschäftigung, einem Hobby oder wie immer man es nennen will. Ein Kamerad hat gerade die Maschinenwartprüfung abgelegt … Ich wusste bis dahin nicht, dass man solche Prüfungen auch während seiner Dienstzeit ablegen kann, aber jetzt will ich mich darum bemühen. Wer weiß, was die Zukunft bringt, aber dieser Schein ist jetzt für mich erreichbar, und ich wäre dumm, wenn ich nicht zugreifen würde.«

Im Sommer 1944 fuhr er mehrmals nach Winona Lake und hörte am dortigen Evangelischen Seminar seinen Bruder Phil, einen recht bekannten Künstler und Evangelisten, der später Missionar in Argentinien wurde.

Inzwischen waren die Alliierten in Frankreich gelandet, und

die Arbeit lief auch auf dem Baer Field auf vollen Touren. Einige Monate lang arbeitete Nates Gruppe zwölf Stunden täglich und sieben Tage in der Woche. Am 6. Juli wurde Nate zum Feldwebel befördert. Wegen seines alten Beinleidens musste er über einen Monat lang ins Lazarett, aber dies schien das endgültig letzte Aufflackern der Krankheit zu sein.

Nate, der aus einem Haus stammte, in dem der Tag des Herrn sehr streng eingehalten wurde, fühlte sich mit der Zeit schuldig wegen seiner vielen Sonntagsarbeit auf dem Flugplatz.

Ende November 1944 schrieb er in sein Tagebuch: »Ich halte es für ratsam, einen Tadel niederzuschreiben, der die nächsten zehn Jahre lang beherzigt werden sollte, wenn er sich auch auf Erfahrungen bezieht, die ich in der Zeit machte, von der auf den vorhergehenden Seiten die Rede ist (vor allem betrifft dies den letzten Abschnitt):

1. Man darf nie so töricht sein und vergessen, dass der Sonntag als Ruhetag eingehalten werden muss.

2. Familienandacht, tägliches Bibelstudium und vor allem regelmäßiger Gemeindebesuch sind von unschätzbarem Wert, selbst wenn all dies rein gewohnheitsmäßig tut, wenn also kein augenblickliches Bedürfnis danach besteht.

3. Überarbeitung ist Sünde.

4. Ich darf meinen Weg nie nach dem Rat der Gottlosen oder der religiösen Großsprecher, sondern allein nach Gottes Willen richten – stets eingedenk dessen, dass in der Vielzahl der Ratgeber Sicherheit liegt.«

Diese Leitsätze entsprangen Nates tief wurzelnder Achtung vor den Geboten Gottes, die er als unabänderlich ehrte.

Bald nachdem er diese Sätze in sein Tagebuch geschrieben hatte, wurde Nate ins Werk Willow Run der Ford Motor Company geschickt, wo er sich mit den neuesten Flugmotoren vertraut machen sollte. Während das zunächst nur ein interessanter Auftrag zu sein schien, sollte der Aufenthalt in Detroit für Nates späteres Leben von großer Bedeutung werden. Denn hier erlebte er einen Höhepunkt in seiner geistlichen Entwicklung.

In der Kaserne hatte er öfters die Rundfunkandachten von Dr. John Zoller gehört, die ihm sehr viel gaben. Was lag näher, als nun auch dessen Gottesdienste in Detroit zu besuchen. Dabei lernte er eine warmherzige, mütterliche Frau, die Frau von Albert Shuell, kennen. Nach anfänglichen Bedenken im Blick darauf, ob sie wohl klug und richtig handle, lud Frau Shuell den Soldaten mit dem strahlenden Lächeln ein, das Weihnachtsfest im Kreis ihrer Familie zu verbringen. Die Shuells hatten wie die Montgomerys in Daggett vier Töchter und keinen Sohn, und eine Zeit lang war man ein wenig in Sorge, ob Nate sich heimisch fühlen würde. Aber binnen Kurzem entstand ein angeregtes Gespräch, das sich über Stunden hinzog. Sie unterhielten sich über mancherlei Dinge, und schließlich erzählte Nate, dass er nach Kriegsende wie sein Bruder zur zivilen Luftfahrt gehen würde.

Die 16-jährige Miriam, die damals schon Missionarin werden wollte, merkte, dass Nate sich noch nicht recht im Klaren war.

»Ich war der Ansicht, dass dann viele Missionsflieger gebraucht würden«, berichtete sie später, »aber ich stimmte Nate zu, dass Gott sicher auch einen durch und durch christlichen Piloten in der Geschäftswelt gebrauchen könne.«

Miriam, die sich von dem ernsthaften Soldaten mit dem sandfarbenen Haar stark angezogen fühlte, konnte in jener Nacht schlecht schlafen. Sie wünschte sehnlich, dass Nates offensichtliche Begabungen ganz in den Dienst Gottes gestellt würden. In der Woche darauf traf sie ihn bei einer Versammlung von »Jugend für Christus« wieder, und er verbrachte den letzten Sonntag des Jahres in ihrem Haus.

Am Silvesterabend nahm Nate am Jahresschlussgottesdienst teil. Nach dem Segen verließ er die Kirche, statt noch bei den jungen Leuten herumzustehen. In der Eile vergaß er seine Mütze. Als er zurückkam, um sie zu holen, entdeckte er Mrs. Shuell. Während er wieder zur Kirchentür hinausging, flüsterte er ihr zu: »Beten Sie für diesen Jungen.«

Das Erlebnis schilderte er später in einem Brief an einen Freund, den er in der Armee kennengelernt hatte: »Während meines Kommandos in Detroit besuchte ich den Silvestergottesdienst und überdachte dabei das zurückliegende Jahr. Alles mündete dabei in die Frage ein, die nur Gott beantworten konnte. Der eigentliche Gottesdienst spielte keine Rolle. Obwohl ich hörte, vernahm ich doch nichts … Ich weiß nicht, ob ich die Frage eigentlich richtig stellte, aber ich flehte zu meinem himmlischen Vater um die Antwort, die zwischen mir und dem Frieden stand, von dem Jesus sagt, dass er unser ist. Sicherlich hast du auch schon von Menschen gehört, die behaupten, Gott habe mit ihnen geredet. Ich weiß nicht, wie es bei anderen war, aber an jenem Abend sah ich die Dinge verändert … von einem Augenblick zum andern. Es war, als würde ein anderes Bild auf den Bildschirm zwischen meinen Ohren projiziert … So rasch wie möglich ging ich aus der Kirche, um alle Dinge und Menschen hinter mir zu lassen und Klarheit zu gewinnen. Es schneite, und die Straße war schon von einer dichten Schneedecke bedeckt, die das Lärmen des Großstadtverkehrs dämpfte. Eine Freude, wie ich sie nicht mehr empfunden hatte seit dem Abend, da ich Jesu Vergebung für meine Sünden annahm, erfüllte mich mit einer Dankbarkeit, die mich fast überwältigen wollte. Mir kam eine Bibelstelle in den Sinn, in der es heißt: Sie ›fanden den Menschen … sitzend … bekleidet und vernünftig.‹[8] Das alte Leben mit seiner Hetzjagd nach Dingen von zeitbedingtem Wert kam mir völlig sinnlos vor, nachdem Gott mir den neuen Plan gezeigt hatte …

Seit dem Augenblick lässt mich das Glück, dem man so landläufig begegnet, vollkommen kalt. Gewiss, es hat schlimme Lagen gegeben, und es wird sie auch weiterhin geben, aber die entscheidenden Dinge – die geistlichen – bedeuten in den schwierigen Situationen sehr viel mehr … Vor diesem Erlebnis haben wir oft darüber gesprochen, und ich hatte keine Vorstellung, wie wahr der Satz ist: ›Wer sein Leben lieb hat, der wird's verlieren.‹[9] Jetzt scheint er mir sehr klar.«

---

8 vgl. Lukas 8,35
9 vgl. eine ähnliche Formulierung z. B. in Markus 8,35

Nates Entscheidung in Detroit veränderte den Lauf seines Lebens und führte ihn zur Missionsarbeit.

»Ich war schon immer der Überzeugung«, schrieb er bald darauf seiner Mutter und Schwester, »dass Gott einen Menschen, den er ganz für die Missionsarbeit haben will, ins große Elend führt, wenn dieser andere Ziele verfolgt. Und so hat die Flugzeugindustrie meiner Ansicht nach den Verlust einer ›großen Kanone‹ zu beklagen, während Gott einen ›kleinen Arbeiter‹ für sich gewonnen hat.

Eine Entwicklung, die zu langwierig war, als dass ich sie hier beschreiben könnte, hat mich dazu geführt. Aber die gegenwärtige Lage ist so, dass ich freudig daran denke, in die Missionarsausbildung zu gehen, wenn es Gottes Wille ist. Der Herr hat mir die Flügel beschnitten. Er hat Nein gesagt! Für das neugierige Kind bleibt nur noch das Lernen aus Büchern. Und wenn ich nun ein paar Jahre Collegestudium auf mich nehmen muss, dann gilt nicht mehr die Entschuldigung: ›Ich hasse die Schule!‹

Mir tat sich dadurch eine völlig neue Welt auf. Ich habe genug Flugzeuge und all das Drumherum der Luftfahrt gesehen, um zu der Überzeugung zu gelangen, dass die Welt auch ohne meine Hilfe weiterkommen wird, und ich habe gerade lange genug gelebt, um einzusehen, dass ein bisschen Arbeit im Weinberg des Herrn einst Zinseszinsen tragen wird, wenn die letzte Posaune ertönt. Dann werden unaussprechliche Freuden auf uns warten.

Der Herr hat mir nicht den Wunsch eingepflanzt, Prediger zu werden, aber eines Tages möchte ich imstande sein, jemandem, der noch nie von ihm gehört hat, von ihm zu erzählen … Betet, dass ich von nutzlosen Umwegen ferngehalten werde.«

Als Nate Mitte Januar 1945 auf den Flugplatz von Fort Wayne zurückkehrte, schrieb er in sein Tagebuch: »Ich habe eine große, überquellende Freude erfahren, als ich die Möglichkeit bedachte, ein Reichsgottesarbeiter zu werden.«

Ohne davon zu wissen, dass sein Sohn beschlossen hatte, Gott in der Missionsarbeit zu dienen, hatte Lawrence Saint ihm einen

Aufsatz geschickt, den Leutnant James C. Truxton in der *Sunday School Times* veröffentlicht hatte. Truxton war der Präsident der »Christian Airmen's Missionary Fellowship« (CAMF). Der Artikel trug die Überschrift *Auf Flügeln des Windes* und schilderte die Gründung des Flugdienstes zur Unterstützung von Missionaren in entlegenen Gebieten. Hierdurch erfuhr Nate zum ersten Mal davon, dass es eine solche Gesellschaft gab.

»Irgendwie bildete der Zeitungsausschnitt für mich eine kleine Enttäuschung«, schrieb Nate. »Packesel Gottes zu werden, kam mir doch wie eine minderwertige Berufung vor. Meiner Meinung nach musste es genügend Laienhelfer geben, während die Hauptnachfrage Menschen galt, ›die das Brot des Lebens brechen konnten‹. Letztlich blieb mir auf die Frage: ›Was hältst du in deiner Hand?‹, nur die Antwort: ›Ein Zeugnis als Maschinenwart und einen zivilen Flugzeugführerschein. ‹«

Truxton hatte in seinem Artikel interessierte christliche Piloten aufgefordert, sich mit dem Büro der Gesellschaft in Los Angeles in Verbindung zu setzen. Daraufhin schrieb Nate am 15. Januar an die Gesellschaft: »Habe gerade Ihren Artikel in der *Sunday School Times* gelesen, und ich bin überzeugt, dass er mich als endgültige Gebetserhörung erreichte … Am letzten Silvester vernahm ich während eines Mitternachtsgottesdienstes den Ruf in die Missionsarbeit. Bin schon lange an dieser Arbeit interessiert, aber bisher erhielt Gott nur mein Geld. Jetzt gehört ihm mein Leben.«

Nate schilderte dann ausführlich seine Eignung und seinen Entwicklungsgang. Abschließend betonte er: »Ich baue keine Luftschlösser, vielmehr möchte ich die Sache Christi auf jede mir mögliche Weise fördern, also nehmen Sie mich bitte auf. Halten Sie mich außerdem auf dem Laufenden.

Ihre Ziele werden von vielen missionsinteressierten Christen unterstützt. Wir beten für diese Arbeit –.«

Die Würfel waren gefallen. Nate strebte von nun an nur noch danach, Gottes Missionar zu werden und dabei sein Flugzeug als Werkzeug zur Erfüllung göttlicher Gebote einzusetzen.

Missionar in Uniform

Während eines kurzen Weihnachtsurlaubs kaufte sich Nate ein Sportflugzeug. Er flog damit nach Fort Wayne zurück und verwandte es, um Flugstunden für seinen privaten Flugzeugführerschein zu sammeln. Nach zwei Monaten, in denen er über 100 Flugstunden hinter sich gebracht hatte, verkaufte er die Maschine für 650 Dollar.

Als er wieder mit seiner Gruppe arbeitete, berichtete Nate: »Der Dienst ist jetzt wenig anstrengend. Er lässt mir Zeit zum Fliegen. Die Art, wie Gott seine Ziele verfolgt und erreicht, macht mich glücklich. Ich gehöre zu seiner Partei ... Ich werde jetzt für das bezahlt, was ich sonst in meiner Freizeit getan habe: fürs Ausprobieren von Verbesserungen an den Maschinen, die hier landen. Meine Aufgabe besteht darin, Bomberbesatzungen zu instruieren. Sie fliegen von hier über den großen Teich, und so besteht die Instruktion zumeist aus Hinweisen für die Motorenreparatur, aus Kniffen und aus einem Schnellunterricht.«

Es gefiel ihm besonders, dass seine Sonntage nun frei waren, und an Mrs. Montgomery schrieb er: »Gott hat so reich gesegnet, dass es meinen Glauben anspornt. Ein paar von uns halten hier im Stützpunkt gemeinsame Bibelstunden ... Ich habe mich sehr gefreut, als gestern Abend der Kamerad, mit dem ich zusammenarbeite, sich ganz von allein für Christus entschied.

Seitdem ich der Mission Aviation Fellowship beitreten will, erhält meine langjährige Lust zum Fliegen einen Sinn ... Selbstsüchtiger Ehrgeiz ist ein dummes und undankbares Motiv. Ich bin froh, dass Gott schließlich doch ein wenig Verstand in meinen dicken Schädel hineinbekommen hat.

Soweit ich bisher sagen kann, wird meine Arbeit in den kommenden Jahren darin bestehen, die Möglichkeiten der Fliegerei mit den Bedürfnissen der Mission in Einklang zu bringen. Wir sind von der Kostbarkeit der Zeit überzeugt und auch davon, dass die Wiederkunft Christi vielleicht nicht mehr fern ist. Jedenfalls hat er uns gesagt, dass wir auf sein Kommen warten und die Zeit nützen sollen.«

Am 19. Juni ging Nates 18-monatiger Aufenthalt in Fort Wayne zu Ende, und er flog in einem Armeeflugzeug westwärts. Sein neues Kommando lag auf dem Flugplatz Salinas in Kalifornien. Die drei Monate in Salinas und die folgende Zeit auf dem Flugplatz Merced zählten in geistlicher Hinsicht zu den fruchtbarsten Tagen seiner Armeelaufbahn.

George Hoover, der Ende der 1950er-Jahre in der Sudan Interior Mission (SIM) arbeitete, warf ein Licht auf die Tage in Salinas: »Ich lernte Nate am Samstag, dem 14. Juli 1945, in Salinas kennen. Da der nächste Tag Sonntag war, begleitete ich auf seine Einladung hin ihn und Rusty Hodges in die Baptistenkirche von Salinas. Die Botschaft jenes Morgens bewegte mich, aber mir fehlte der Mut der Überzeugung. Nate riet mir, Christus auf der Stelle anzunehmen, und erbot sich, mich beim Gang zum Altar zu begleiten. Das gab den Ausschlag, und an diesem Tag wurde ich in Jesus Christus eine neue Schöpfung. Nate suchte keinen Ruhm. Was er tat, das tat er aus Liebe zu Gott. Nate hat mir viel bedeutet, denn durch ihn lernte ich Gott kennen. Vielleicht wäre ich heute nicht in der Mission, wenn Saint[10] nicht gewesen wäre.«

Je mehr die Kriegsanstrengungen nachließen, desto mehr fand Nate Zeit zum Lesen. Er hatte sich nie besonders für Geschichte und Literatur interessiert, aber er befolgte doch den Rat seiner Mutter und erweiterte seine Allgemeinbildung ein bisschen.

Die Versetzung nach Merced leitete das Ende seiner Soldatenzeit ein. War sein christlicher Einfluss bereits in Salinas stark gewesen, so steigerte er sich noch in Merced. Viele seiner Kameraden waren zugleich mit ihm versetzt worden, und bald waren die Bibelstunden durch Nates Werben überfüllt. Zu den Bibelklassen gehörten auch ein Major und zwei Leutnants. Sie fanden die christliche Gemeinschaft so anziehend, dass sie den Rangunterschied darüber vergaßen.

Kurz vor dem Erntedankfest erhielt Nate Urlaub und beschloss, die Montgomerys zu besuchen, die inzwischen nach Shafter in Kalifornien umgezogen waren. In Los Angeles unterbrach er seine Fahrt und besuchte ihre Tochter Joanna, die im Lutherischen Hospital ihre Krankenschwesterausbildung machte.

Ein paar von Nates Briefen hatte Joanna ihrer Kollegin Marjorie Farris gezeigt. Marjorie las die Briefe mit besonderem Interesse und war besonders von einem Lichtbild angetan, das sich in einem von ihnen befunden hatte.

Es verschlug Marj deshalb fast den Atem, als sie von einem Einkaufsbummel aus der Stadt zurückkam und das Schwestern-

---

10 In Salinas und Merced kannte man Nate, der wahrscheinlich deswegen so viele Spitznamen hatte, weil er seinen eigenen Namen nicht mochte, nur als »Saint«. Als Kind wurde er »Than« oder »Thanny« gerufen, und Rachel sagte, er sei »Kelly« genannt worden, wie er auch seit der Schulzeit immer schrieb. Nate unterschrieb lediglich offizielle Schriftstücke mit seinem wahren Namen. Gewöhnlich schrieb er »Kelly« oder »Yardbird«, »Schnooz« oder »Whitey« wegen seines blonden Haares. Nur in den letzten acht oder neun Jahren seines Lebens nannte man ihn »Nate«. Sogar seiner Frau fiel es schwer, sich von »Kelly« auf »Nate« umzustellen.

wohnheim in der South Hope Street betrat. In der Vorhalle stand ein großer, blonder Soldat in Luftwaffenuniform und unterhielt sich angeregt mit Joanna. Marj erkannte Nate sofort.

Als Joanna sie miteinander bekannt machte, war Marj beeindruckt von seiner netten Art und seinem ernsthaften Gesprächston, in dem der Humor nicht fehlte. Als sie sich damit entschuldigte, dass sie ihre Schwesterntracht noch bügeln müsste, griff Nate mit Daumen und Zeigefinger in die Luft, als wolle er einen Faden in ein unsichtbares Nadelöhr fädeln. »Wo hatten wir denn«, sagte er leichthin zu Joanna, »den Faden unserer Unterhaltung verloren?«

»Sie unterhielten sich, während ich im dämmrigen Erdgeschoss bügelte«, erinnerte sich Marj. »Ich war mit mir unzufrieden, weil ich diese Arbeit nicht schon am Abend davor erledigt hatte. Ich dachte die ganze Zeit: Ich habe mich viel zu früh verabschiedet ... Ob ich ihn wohl je wiedersehen werde? Dann fiel mir plötzlich ein, dass er erwähnt hatte, er werde mit einem Kameraden über das Wochenende nach San Bernardino fahren.

Ist das nicht eigenartig?, dachte ich. Ich habe den gleichen Weg, wenn ich an meinen beiden freien Tagen zu meiner Tante und meinen Cousinen in ihr Landhaus in den Bergen fahre. Bestimmt wird er uns gern dorthin begleiten … Ich wurde ganz aufgeregt, und alles ging schief. Das Eisen hinterließ eine Glanzstelle, wo ich zu sehr gestärkt hatte, und ich musste unterbrechen, um sie zu entfernen. In meiner Hast hatte ich zu sehr am Bügeleisen gerissen und die Schnur dabei aus der Steckdose gezogen, und so gab es eine neue Verzögerung. Es dauerte eine Ewigkeit, bis das Eisen wieder heiß war. Im Aufzug musste ich mich erst einmal ein wenig beruhigen … Ich war froh, dass meine weißen Schuhe und die Tracht frisch gereinigt waren, und dass ich meine steif gestärkte Haube gerade gebügelt hatte … Während ich meine Tracht mit einiger Mühe zuknöpfte, schimpfte ich auf mich, weil ich meine häufigen Diätabsichten niemals verwirklichte. Völlig außer Atem eilte ich wieder in die Diele. Er war noch da!

Er nahm den angebotenen Platz im Wagen nach San Bernardino an, aber als wir später dem Gebirge entgegenfuhren, gab er meiner Cousine einen Korb, als sie ihn für die Feiertage in ihr Haus einlud. ›Ich würde sehr gern mitkommen‹, erklärte er, ›aber ich habe meinem Freund versprochen, dass wir uns ganz seinem Vater widmen werden.‹«

Selbst in ihrer Enttäuschung war Marj von seiner festen Art beeindruckt.

Es vergingen einige Wochen, dann erhielt Marj ein kleines Foto von Nate, das ihn auf Schneetellern zeigte. An das Foto war ein Zettel geklammert, auf dem er von seinem Ausflug in den Schnee berichtete. Am Schluss stand: »Vielen Dank für die Fahrt nach San Bernardino.« Sonst nichts.

Inzwischen hatte Marj ihrer Freundin Joanna gestanden, dass sie Nate gern heiraten würde. Auch Nate hatte bei der ersten Begegnung so etwas gefühlt. Er schrieb später: »Ich stand sofort in Flammen, aber ich versuchte, die Festung zu verteidigen, denn ich wusste ja nicht, wer sie war. Nachdem sie gegangen war, fragte ich Jo nach ihr – und auf dem ganzen Weg bis zur Stadtmitte machte ich mir bei jedem Schritt Vorwürfe. Ich kam mir vor wie einer, der gerade ein Lotterielos fortgeworfen hat und dann entdeckt, dass es die Nummer des Hauptgewinns trug.«

Es gibt auch andere Anzeichen dafür, dass Nate sich über die Mädchen im Allgemeinen und Marj im Besonderen nicht im Klaren war. Auf eine diesbezügliche Frage, die sein Vater ihm um diese Zeit stellte, antwortete Nate ein wenig ungeduldig: »Dad, du brauchst keine Angst zu haben. Es dürfte genügen, wenn ich dir sage, dass auch ich an deiner künftigen Schwiegertochter interessiert bin – nur bezweifle ich, dass Gott mir schon gezeigt hat, welche Kostbarkeit er für mich bereithält.«

Ein paar Wochen darauf hatte er in Los Angeles bei der Mission Aviation Fellowship zu tun und nutzte diese Gelegenheit, um Marj zu besuchen. Vorher hatte er sich kurz angemeldet: »Ich bin am nächsten Wochenende vermutlich in Los Angeles. Darf ich Sie dann sehen?«

Im Schwesternwohnheim herrschten sehr strenge Vorschriften. Lernschwestern durften das Haus nur dann verlassen, wenn sie zur Bücherei gehen wollten. Marj beschloss, die Vorschriften dem Buchstaben nach zu beachten, und so gingen sie zusammen zur Stadtbibliothek von Los Angeles, die acht Häuserblöcke entfernt lag. Sie spazierten durch die Bücherei und um die Bücherei herum. Um die Krankenhausvorschriften zu befolgen, lieh sich Marj *Materia medica* aus. Sie gab zu, dass sie kein anderes Buch in der ganzen Bibliothek gesehen hatte. Die Zeit verging, ohne sich um die Wünsche zweier junger Herzen zu kümmern.

Mitte Dezember unternahm Nate mit zwei Kameraden einen Ausflug ins Yosemite-Tal. Am ersten Tag war das Wetter neblig und regnerisch. Trotzdem schlug Nate vor, zum Gletscher hinaufzusteigen. »Es sah ganz einfach aus«, schrieb Nate später, »einen Pfad hinaufzugehen, den während des ganzen Sommers Touristen benutzt hatten. Im Winter allerdings war der Pfad gesperrt. Ich hatte monatelang in Merced Energie gespeichert, denn dort gab es nicht viel anderes zu tun, als geduldig auf die Entlassungspapiere zu warten. Also wollte ich hinauf. Schließlich bestand die Möglichkeit, dass 1000 m höher die Sonne auf die Granitfelsen der Schlucht brannte.« Seine Freunde aber waren nicht für den Aufstieg zu gewinnen.

Bevor er aufbrach, sagten ihm die Waldarbeiter, sie könnten ihm zwar zu seinem Vorhaben keinen offiziellen Segen, aber doch einige wertvolle Ratschläge geben. Zum Schluss baten sie ihn, Douglas Whiteside zu grüßen, einen Naturfreund und Fotografen, der den Winter über in der Gletscherhütte lebte.

»Der Pfad erwies sich als ganz ausgezeichnet«, schrieb Nate später. »Ich hatte gerade drei Jahre ›Gemeinschaft‹ mit zwölf Millionen anderer Uniformierter hinter mir. Das war nun die richtige Abwechslung für mich … Die Wolken hingen bis tief in das Tal hinab, und bald war ich mitten in ihnen und sah von der Landschaft nichts mehr. Durch das ständige Klettern blieb ich warm. Auf den Schultern und am Rücken war meine Kombination durchnässt, aber die wollenen Kleidungsstücke, die ich daruntertrug, hielten die Feuchtigkeit ab. Die Luft wurde kälter, und bald erhob sich ein leichter Wind, der mir zeigte, wie kalt es tatsächlich war. Der immer wieder einsetzende Sprühregen begann allmählich zu stechen.

Die Sicht war jetzt auf ungefähr 30 m zurückgegangen. Abzweigungen oder Weggabelungen hatte es keine gegeben, also bestand noch keine Gefahr, sich zu verlaufen. Als meine Beine zu schmerzen und sich zu verkrampfen begannen, versuchte ich, den Schritt zu ändern, und ging später streckenweise rückwärts den Berg hinauf. Jetzt war die ganze Sache so hart, dass ein Abenteuer daraus werden konnte, doch ich war ganz sicher, dass ich den Rückweg schaffen würde, falls mich irgendein Grund zur Umkehr zwingen sollte. Die Frage, wann ich wieder absteigen sollte, drängte sich gerade in meine Müdigkeit hinein, als ein seltsamer Umriss im Nebel sichtbar wurde. Ich stieß auf eine Schutzhütte, in der sich, wie eine Tafel besagte, ein Telefon befand. Tür und Fenster waren mit Brettern zugenagelt. Aufgrund des trockenen Inneren, das ich durch die Ritzen sehen konnte, war ich direkt versucht zu bleiben, aber ich sah noch keinen Grund zum Aufgeben, nachdem ich einmal so weit gekommen war. Allmählich artete mein Vorhaben in einen echten Kampf aus, aber solange ich diese Hütte leicht erreichen konnte, schien keine wirkliche Lebensgefahr zu bestehen, und ich ging, Erdnüsse knabbernd, weiter.

Bald nachdem ich die Hütte aus den Augen verloren hatte, wurde aus dem Sprühregen Hagel, der schmerzhaft stach und später in Schnee überging. Ich hatte jedes Zeitgefühl verloren und dachte nur noch daran, oben ›anzukommen‹. Aus den Schneeflöckchen wurden schwere Flocken, die bald alles zudeckten. Ich kam mir wie blind vor. Alles um mich herum war weiß von wirbelndem Schnee, Nebel und Wolken.

Der Schnee wurde immer tiefer; es musste hier schon

geschneit haben, als es weiter unten noch regnete. Ich blieb alle fünf Minuten stehen, um zu verschnaufen, aber wenn ich stehen blieb, froren meine Füße. In der dünnen Luft keuchte ich so stark, dass ich nur schwer die Erdnüsse kauen konnte, die mir noch geblieben waren. Gegen den Durst aß ich Schnee. Ich befand mich in etwa 2000 m Höhe.

Um diese Zeit entdeckte ich Spuren im Schnee. Sie stammten sicher von Douglas. Er war der einzige Mensch hier oben. Sie waren frisch, denn sonst wären sie längst wieder zugeschneit worden. Ich fasste Mut. Dann begann der betäubte Kopf, allmählich die merkwürdige Form dieser Spuren zu erfassen. Ich kniete nieder und scharrte sorgfältig den Schnee von einem dieser Fußabdrücke zur Seite. Es war eine Bärenfährte. Auf einmal war der Rückweg weit – zu weit, auch wenn ich ihn schneller schaffen konnte als den Aufstieg. Blitzartig erinnerte ich mich der Bärengeschichten, die Onkel Bill erzählte, und daran, dass ein Bär den Kopf eines Mannes mit einem Prankenhieb vom Leib reißen kann. Auf einmal merkte ich, dass ich nicht mehr klar dachte. Die Dämmerung setzte ein, und vielleicht hatte ich noch Stunden zu gehen. Die dichte Wolkendecke bedeutete frühe Dunkelheit. Ich versuchte, mich zu konzentrieren, aber meine Gedanken waren wie Träume, die meinen Muskeln keine Befehle erteilen konnten. Ich fühlte mich verloren …

Ich schämte mich, um Rettung zu beten. Schließlich hatte ich dort oben nichts zu suchen gehabt. Ich hatte diesen Aufstieg doch nur unternommen, um etwas Abwechslung in das ewige Einerlei der Armee zu bringen. Aber mein Leben gehörte nicht mir. Der Herr hatte mich gerufen, und ich hatte alle Kräfte meines Lebens der Reichsgottesarbeit verschrieben. Dieses Leben hatte ich infrage gestellt – mutwillig! Ich fürchtete das Sterben nicht. Irgendwo hatte ich gelesen, dass das Erfrieren die leichteste Art sei, aus diesem Leben in das andere zu gehen – besonders dann, wenn die Müdigkeit das Tor dazu öffnet … Als ich Gott anrief, war es, als schluckte der Schnee den Schall meiner Stimme. Ich weinte. Schmerzen und Qualen meines Leibes schienen mir ausreichende Entschuldigung für ein paar Tränen ... Doch dann wurde ich mir der Schuld bewusst, ein ungetreuer Diener gewesen zu sein. Eine Zeit lang – ich weiß nicht, wie lange – betete ich laut, während ich mich weiter hinaufkämpfte. Dann erneuerte ich still mein Gelübde, dem Herrn zu dienen. Ich wollte nicht betteln, ich wollte nur, dass Gott um meine Dankbarkeit für alles wusste, was mir zuteilgeworden war.

Nach einiger Zeit bemerkte ich, dass der Pfad zwischen Bäumen verschwand. Erst war er noch andeutungsweise zu sehen, dann gab es überhaupt nichts mehr, wonach man sich richten konnte. Der Schnee lag fast einen halben Meter hoch. An manchen Stellen mochte es mehr, an anderen weniger sein. Ich musste alle paar Minuten stehen bleiben, um mit den schrecklichen Krämpfen fertig zu werden, die sich anfühlten, als wollte sie Knoten in meine Beine schlingen. Dann entdeckte ich in der Dunkelheit des dichten Waldes eine Telefonleitung. Noch nie hatte ein Kabel so freundlich ausgesehen! Ich folgte ihm etwa 200 m weit, bis ich durch die Bäume hindurch eine einzelne gerade Linie sah. Ich fürchtete, enttäuscht zu werden, und arbeitete mich naher heran, bis ich sehen konnte, dass es sich um ein Dach hinter einem Hügel handelte. Ich blieb stehen und wankte dann weiter ... Ich bollerte nach Leibeskräften gegen die Tür und rief: ›Hallo!‹ Sekunden später wurde die Tür geöffnet. ›He, Sie sind Doug Whiteside, mein Name ist Saint‹, sagte ich und fiel auf einen Stuhl, bevor mein Gastgeber zu sich kommen konnte. Er zog mir die nassen Kleider und Schuhe aus und legte Holz im Ofen nach. Das Einzige, woran ich mich dann noch erinnere, war die beste Suppe, die ich jemals gekostet habe, und dann lag ich auf einem weichen, warmen Bett, und er rieb meine Beine mit Alkohol ein.

Am nächsten Morgen warf eine warme Sonne ihr Licht auf den unberührten Schnee und die fernen Bergketten, und ich kam mir vor wie in einer anderen Welt. Doug war ein feiner Kerl, er studierte an der Universität und liebte das Gebirge.«

Nach einem Ruhetag erlaubte Doug, dass Nate auf geliehenen Schneetellern den Abstieg wagte. Anderthalb Stunden ging Whiteside voraus und sagte Nate, worauf er zu achten hatte. Er wollte Nate bis an eine Stelle geleiten, an der nach seiner Meinung in der Nacht eine Lawine niedergegangen war.

»Als wir die erwartete schlechte Stelle erreichten, war der Pfad völlig unter Schneemassen begraben. Doug begann sofort, einen Weg durch die Lawine zu bahnen, und hielt sich dabei an den vermutlichen Verlauf des Pfades. Wenn ich fast senkrecht hinuntersah, konnte ich die Lawine noch etwa 15 m tiefer hängen sehen – und dann nichts mehr als dunstige Leere. Doug sagte, wenn der Schnee noch einmal in Bewegung geraten sollte – er machte dabei eine Schwimmbewegung – sollte ich versuchen, an der Oberfläche zu bleiben. Ich nahm seine Post, er die Schneeteller. Ich rief ihm noch einen Dank für seine Gastfreundschaft nach und war wieder allein.

Von dem Berggipfel aus hatte Nate die früheren Gipfelpunkte seines geistlichen Lebens überschauen können: wie er sein Leben Gott in der quälenden Not seiner Knochenmarkentzündung weihte; der vernichtende Schlag gegen seinen starren Willen, als ihn das Leiden zum zweiten Mal in Sioux City befiel; die große Freude, als er sich an einem Silvesterabend dem Missionsdienst verschrieb; und jetzt am Gletscher die stille Erneuerung seines Gelübdes.

Nate war in den drei Jahren beim Heer reifer geworden. Er hatte gelernt, sich am Wort Gottes zu freuen und es als Angriffswaffe zu gebrauchen. Er hatte gelernt, mit Gott in herzlichem Gebet verbunden zu sein. Und vor allem hatte er das Geheimnis eines Lebens voll spontaner, überströmender Zeugenschaft kennengelernt.

Als Nate in Camp Beale Mitte Februar 1946 aus der Armee entlassen wurde, war er bereits der echte Missionar, als der er später auf dem Boden von Ecuador landete. Aber zunächst sollte er noch vieles lernen – in Mexiko und später am Wheaton College.

Feuerprobe in Mexiko

Als der Absturz ihres ersten und einzigen Flugzeugs im südlichen Mexiko die Flugtätigkeit der eben flügge gewordenen Christian Airmen's Missionary Fellowship (CAMF) lahmlegte, war das für ihre Leitung mehr als nur eine Unannehmlichkeit. Glücklicherweise war bei dem Unfall niemand zu Schaden gekommen.

Die CAMF hatte ihre Flugtätigkeit aufgenommen, um den Wycliff-Bibelübersetzern zu helfen. Von Tuxtla Gutiérrez, der Hauptstadt von Chiapas, wurden Personal und Vorräte in das etwa 150 km landeinwärts gelegene Dschungellager geflogen. Die Besatzung des Flugzeugs bestand zur Zeit des Unfalls aus Betty Greene und George Wiggins, einem ehemaligen Marinepiloten, der sie in Mexiko ablösen sollte. Bevor sie nach Peru aufbrach, flog Miss Greene mit ihrem Nachfolger Einweisungsflüge in einem viersitzigen Waco-Doppeldecker. Alles ging gut, bis sie, nur wenige Kilometer vom Wycliff-Dschungellager entfernt, auf dem handtuchbreiten Behelfsflugplatz von El Real zur Landung ansetzten. Die Maschine berührte ein kleines Gebäude und wurde an den beiden linken Flügeln, dem Propeller und dem

Fahrwerk beschädigt. Man musste das Flugzeug auf dem entlegenen Rollfeld zurücklassen, bis es repariert werden konnte. Damals wurde Nate Saint von der CAMF gebeten, möglichst schnell nach Mexiko zu reisen und die Reparatur vorzunehmen.

Als Nate Mitte Februar aus der Armee entlassen wurde, war es zu spät für das zweite College-Semester, und so war er nach Hause gefahren. Dort hatte er sich wieder eine gebrauchte Maschine gekauft und auf dem Flugplatz des nahe gelegenen Somerton Flugstunden absolviert, bevor er schon bald den Berufsfliegerschein und den Fluglehrschein machen konnte. Im Hinblick auf seine künftige Missionsarbeit wollte Nate sich im Herbst am Westmont College in Santa Barbara, Kalifornien, immatrikulieren lassen. Er wollte erst mindestens zwei Jahre Collegestudium hinter sich bringen, bevor er die Missionslaufbahn einschlug.

Aber nun kam Jim Truxtons dringende Bitte. Was sollte er tun?

Obwohl Nate ahnte, dass sich sein Collegestudium nun noch weiter hinausschieben würde, schrieb er nach einigem Überlegen an Truxton: »Ich werde gern fahren, wenn die CAMF glaubt, dass sie mich nötig hat … Ich werde in ein paar Wochen startbereit sein.«

Aber schon nach zwei Tagen erhielt Nate einen Brief, dem eine Fahrkarte bis zur mexikanischen Grenze neben einer Platzkarte beilag, die ihm nur zwei Tage Zeit ließ, seine Angelegenheiten zu regeln.

Diese Fahrkarte sollte sich als die Einleitung zu den »erfülltesten, lebhaftesten und glücklichsten Jahren« seines Lebens – als der Anfang seines Lebenswerkes – erweisen.

Die nächsten beiden Tage waren eine einzige tolle Hetzjagd. Zuerst musste Nate noch eine bereits angesetzte Flugprüfung ablegen. Anschließend gab es tausend Dinge zu erledigen wie Passfotos, Ausstellung eines Passes, Beschaffung des mexikanischen Visums, Verkauf seines Flugzeugs und die Stilllegung des erst kürzlich wieder in Dienst gestellten alten Ford.

Nates Eltern waren von der Plötzlichkeit der Ereignisse ein wenig überrascht, aber sie stimmten von ganzem Herzen zu. Nate hätte ihnen gern etwas über seine künftige Arbeit erzählt, aber er wusste selbst noch nichts Näheres darüber.

Während der Bahnfahrt von Philadelphia nach St. Louis erholte sich Nate ein wenig von den turbulenten Vorbereitungstagen. Der Zug hatte Verspätung, und so blieben ihm in St. Louis nur drei Minuten, um seinen Anschluss zu erreichen.

»Bist du jemals an einem heißen Julitag in St. Louis gewesen?«, schrieb Nate einem Freund. »Ich schoss mit gesenktem Kopf durch die Menge, einen Seesack über der Schulter, der alle meine weltliche Habe enthielt, wozu eine Werkzeugtasche von 20 kg Gewicht gehörte. Die Passanten, die vor diesem gewaltigen Gepäckstück entsetzt zur Seite sprangen, ahnten nicht, welchen Gefallen sie sich damit erwiesen.

Dösend und von der Bahnfahrt zerschlagen, fuhr ich die nächste Strecke bis nach Kansas hinunter. Es wurde Zeit, mich auf das Kommende vorzubereiten. In Mexiko sprach man Spanisch. Meinen ganzen Wortschatz würde ich zunächst aus meiner Kindheitsbekanntschaft mit Abenteuerbüchern schöpfen müssen ... Ich versuchte, mir eine Vorstellung von dem beschädigten Flugzeug zu machen. Zu schlimm konnte es nicht aussehen, sonst hätte man mich kaum gebeten, die Reparatur zu versuchen. Nicht einmal im Traum fiel mir ein, dass ich zwei völlig zerstörte Tragflächen in einem wirren Knäuel vorfinden sollte.

Ich studierte den Absender auf Jims Brief und kam dahinter, dass ein ›Apartado‹, das ich für eine Adresse gehalten hatte, ein Postschließfach und kein Haus ist.«

Nate wusste, dass die Ersatzluftschraube in einem Zollschuppen an der Grenze auf ihn wartete, aber erst später fiel ihm ein, dass es etwas merkwürdig aussehen musste, wenn ein Tourist nach Mexiko kam und einen zwei Meter langen Propeller unter dem Arm trug.

Am letzten Tag der Eisenbahnfahrt stiegen vier junge Männer

in das Abteil, die von Mexikanern abstammten. Da sie Spanisch sprachen, stellte Nate sie sofort für ein paar Unterrichtsstunden an. »Sie brachten mir als Erstes den Satz ›Ayealgringokeykayabaingles‹ bei. Ich brauchte nicht zu lernen, wo das eine Wort aufhörte und das andere anfing, denn ich musste ja doch das Ganze sagen, um zu erreichen, dass man mich an jemanden verwies, der Englisch verstand oder sprach.«

Von den jungen Leuten erfuhr er auch, wo der Ort lag, an dem das Flugzeug repariert werden musste. Sie waren alle ein wenig verdutzt, als sie die Adresse lasen, die er in seiner Tasche trug: »Tuxtla Gtz«.

»Die Burschen holten eine Karte hervor, und wir suchten kreuz und quer. Ich behauptete, der Ort müsse irgendwo zwischen Texas und Mexico City liegen, denn unterhalb der Hauptstadt höre Mexiko bald auf. Während ich das noch sagte, bemerkte ich zum ersten Mal in meinem Leben, dass das südliche Mexiko gewissermaßen schon zu Südamerika gehört. Jedenfalls fanden wir ›Tuxtla Gutiérrez‹ ganz unten an der Grenze von Guatemala.«

Nate beschrieb Laredo als eine »nicht geglückte Mischung zweier völlig verschiedener Kulturen«. Er rannte in der Stadt herum und versuchte, einen roten Stempel auf sein Papier zu bekommen, der ihm erlauben würde, den Propeller mit über die Grenze zu nehmen. Als er das Büro der CAMF in Los Angeles anrief, riet man ihm, die Luftschraube per Bahnfracht zu schicken und selbst nach Mexico City zu fliegen.

In Mexico City wurde Nate von Betty Greene in Empfang genommen, die ihm half, sich auf den letzten Teil seiner Reise vorzubereiten. »Als ich Betty näher kennenlernte, musste ich mir gestehen, dass die Schuld an dem Flugzeugunfall weniger bei der ›Frau am Steuer‹ als vielmehr bei den Bodenverhältnissen gelegen haben musste. Später erfuhr ich, dass Betty eine so ausgezeichnete Pilotin war, dass die einheimischen Flugkapitäne und die Militärflieger mit großem Respekt zu ihr aufsahen. Vom Kampfflugzeug bis zur leichten Sportmaschine konnte sie alles fliegen.« Betty machte ihn auch mit Busreisen in Lateinamerika vertraut.

»Wir warteten an einer Straßenecke, bis der Bus auf uns zukam«, erzählte Nate. »Ein Kühler und ein paar Scheinwerfer, und dahinter eine wabbelnde Menschenmasse, unter der man den Bus kaum erkennen konnte. Die Bremsen kreischten, und das Vehikel ging mit seiner Geschwindigkeit auf etwa 30 km/h herunter. Ein kleiner barfüßiger Junge sprang von einem Sitz auf dem Bus ab und schlug zu meinem Erstaunen nicht einmal Rad.

Ein halbes Dutzend Leute, die eingekeilt vor der Tür standen, gebrauchten die Ellenbogen so lange, bis es Platz für Señorita Betty gab, aber in Sekundenschnelle übersah ich, dass es für mich nicht reichte. So beschloss ich, mich zu den sechs Männern hinten am Bus zu gesellen. Sie standen auf einem etwa fünf Zentimeter starken Rohr, das gleichzeitig als Stoßstange und als ›Plattform‹ für Reisende diente. Aber auch dort war kein Platz für mich. Einer der Männer sah meine Not, streckte eine hilfreiche Hand aus und nahm einen Fuß vom Rohr, sodass ich einen Fuß daraufstellen konnte. An der nächsten Straßenbiegung wurden die ›Passagiere der vierten Klasse‹ zusammengepresst, und ich bekam Platz für meine übrigen Zehen. Als der Bus noch hielt, kam der kleine affengewandte, barfüßige Junge an die Rückseite des Wagens, um zu betteln. Ich gab ihm eine Kleinigkeit, er aber schien beleidigt und verlangte mehr. Später erfuhr ich, dass er der Schaffner war.«

Nach gründlicher Belehrung durch Betty Greene erledigte Nate in letzter Minute noch einige Einkäufe in Mexico City und stieg dann ins Flugzeug nach Tuxtla in Südmexiko, wo er Wiggins treffen sollte.

Tuxtla war ein verschlafenes Provinzstädtchen, das gerade den Zauber der Kolonialzeit abschüttelte. Es konnte sich rühmen, an der Panamerikastraße zu liegen und einen recht lebhaften Flugplatz zu besitzen. Aber es war doch mehr der kolonialen Vergangenheit als der betriebsamen Gegenwart zugewandt.

Man hielt noch an manchen älteren Bräuchen fest, so etwa an der Samstagabend-Promenade auf der Plaza Central. Dann bummelten die jungen Damen des Ortes in der einen Richtung um den Platz, während die Burschen ihn in entgegengesetzter Richtung umkreisten. In dem Zwischenraum spielte eine Marimba. Von Zeit zu Zeit gesellte sich ein junger Mann zu einem Mädchen, und sie gingen zusammen spazieren, wie Liebesleute es immer schon getan haben.

»In Tuxtla war meine Unterkunft zweckentsprechend und bescheiden … Manches daran war sogar sehr bescheiden. Das ›Badezimmer‹ war ein Kaktus draußen im Garten, der gerade groß genug war, um sich dahinter zu verstecken. Meinen Duschraum hatte mir John Kempers eingerichtet, der als Missionar am anderen Ende der Stadt lebte. Die ganze Pracht bestand an zwei Seiten aus zwei alten Kistendeckeln, die so an eine Lehmwand gestellt waren, dass ein schulterhohes, dreiwandiges Abteil daraus wurde. Später wurde mir klar, dass auch dies für die dortigen Verhältnisse schon recht komfortabel war, aber in den ersten Wochen zog ich es vor, unter dem sternenglitzernden Himmel frierend zu duschen, denn der Duschraum lag unmittelbar neben der Hauptstraße. Später begrüßte ich ganz unbefangen Freunde, die vorüberkamen, während ich mich unter der heißen Nachmittagssonne erfrischte.

Mein Zimmer bestand aus Lehmziegeln und Dachplatten. Fenster besaß es nicht, dafür aber zwei Türen. Schon bald nach meiner Ankunft fand ich heraus, warum die Türen wie bei Ställen in eine obere und eine untere geteilt waren. Ein Maultier trottete mit schöner Selbstverständlichkeit zur Hintertür herein und zur Vordertür hinaus und sah dabei aus, als wollte es sagen: ›Lass mich in Ruhe, ich denke gerade über meine Angelegenheiten nach.‹ Es verbreitete dabei eine Duftwolke, die jedoch verglichen mit dem Schwein, das gleich hinter dem Haus lebte, direkt harmlos war.«

Zwischen den Sparren und Dachziegeln des Hauses wimmelte es von Skorpionen, Fledermäusen, Kakerlaken und Ratten. »Bald lernte ich mein Moskitonetz als eine wunderbare Grenze zwischen ihrer Welt und der meinen schätzen. In der ersten Nacht blieb mir das Herz fast stehen. Ein Sausen zog durch mein Zimmer, als ob ein Adler an meinem Netz vorüberrauschte. Ich war sowieso schon nervös, da ich stundenlang wach gelegen hatte … Der herabschießende Adler stellte sich dann als eine fast 40 cm große Fledermaus heraus. Das Netz schien den Orientierungssinn der Fledermaus durcheinanderzubringen. Allerdings konnte sie im letzten Augenblick immer wieder abdrehen, wobei sie das Netz unheimlich aufrauschen ließ. Später erschlug ich einige dieser Tiere mit einem Besenstiel. Sie waren voller Läuse und stanken fürchterlich. Nadelähnliche Zähne grinsten aus scheußlichen Gesichtern.«

Auf dem Flugplatz fand Nate in einem primitiven Schuppen die Überreste zweier Tragflächen. Teile der Verstrebungen und des Fahrwerks waren in der Ecke aufgestapelt und sahen aus wie ein Abfallhaufen. Nate erkannte sofort, dass er hier allein nichts ausrichten konnte, und so stellte er einen mexikanischen Kunsttischler namens Santiago an.

»Der Kerl verstand kein Wort Englisch, und ich versuchte mich gerade an der dritten Lektion eines spanischen Lehrbuchs. Ich konnte bis 13 zählen und außerdem hübsche Zeichnungen in mein Notizbuch malen, um die unerforschten Gebiete des spanischen Wortschatzes auszufüllen. Inzwischen habe ich erfahren, dass es bessere Wege gibt, um Spanisch zu lernen … Aber offenbar ist es auch möglich, eine Sprache durch die Haut in sich aufzunehmen.«

In einer Werkstatt des Flugplatzes von Tuxtla begann die langwierige Arbeit an den Tragflächen der abgestürzten Maschine. Nate wollte hier die Tragflächen zusammensetzen und sie dann etwa 130 km weiter ostwärts zum Landestreifen El Real in den Dschungel transportieren, um sie an Ort und Stelle anzubringen. Es sollte eine lange und mühselige Arbeit werden.

Als Mitarbeiter der Mission sollte Nate monatlich ein Taschengeld von 50 Dollar bekommen, vorausgesetzt, die CAMF erhielt ausreichende Spenden. Eine Garantie gab es nicht, und Nates Glaube wurde immer wieder auf die Probe gestellt. Seiner Mutter vertraute er an: »An dieser Missionsausrüstung ist fast immer etwas kaputt, und die Pfennigfuchserei der Gesellschaft macht mir die Arbeit recht sauer. Betet dafür, dass ich alles, was ich hier tue, mit dem nötigen Feingefühl erledige. So Gott will, möchte ich die Maschine in sechs Wochen wieder in der Luft haben.«

Charles Mellis, der neu eingestellte Sekretär der CAMF, verlangte von Nate eine genaue Buchführung, der dies neben der anstrengenden Reparaturarbeit als starke Belastung empfand.

Doch Nate war sich seiner großen Verantwortung bewusst. Er schrieb Charlie Mellis: »Ich sehe ein einmaliges Vorrecht darin, daran mitwirken zu dürfen, denn ich glaube, dass die Zukunft der CAMF jetzt weitgehend davon abhängt, dass die Waco rasch repariert und wieder in Betrieb genommen wird ... Sage mir ruhig immer frank und frei Ihre Meinung. Diese Arbeit wird für Gott geleistet, und meiner Meinung nach sollte es dabei keine persönlichen Gefühle geben.«

Mellis antwortete Nate, seine Pionierarbeit bestünde nicht nur darin, dass er in einem Eingeborenenhaus lebe und ärmliche Kost esse. »Sie haben auch unter verwaltungstechnischen Kinderkrankheiten zu leiden. Von Ihrer Geduld als ›Versuchskaninchen‹ hängt es weitgehend ab, ob für diese Dinge in Zukunft eine gute Lösung gefunden wird.«

Humorvoll berichtete Nate nach Hause von einem Ruhranfall: »Sollte ich je ein Buch über dieses Thema schreiben, dann werde ich es nennen: ›Die Quittung für den Genuss von Landeskost‹, oder: ›So sparst du Geld und verlierst den Appetit neben allem, was nicht im Verdauungssystem fest verankert ist‹... Ratten springen und spielen in den Dachsparren. Es hört sich an, als sei ein Esel durch mein Dach gebrochen, der von einer Meute wilder Hunde dort oben herumgehetzt wird.«

Über die einheimische Kost schrieb er an Mellis: »Mein Essen bestand heute aus schwarzen Bohnen oder Frijoles, drei hart gekochten Eiern, Semmeln und (dass ich es nicht vergesse) Tortillas. Eine Tortilla sieht etwa aus wie eine Satteldecke. Sie würde einen ausgezeichneten Topflappen abgeben und wäre auch als Zierdeckchen zu verwenden. Man könnte ebenso Löcher hineinsägen und hätte dann eine niedliche Scheibe fürs Wurfscheibenspiel. Mit dumpfer Entschlossenheit habe ich drei Viertel einer Tortilla hinuntergewürgt. Sie schmeckte wie eine Portion billiger Pappkarton, den man mit guter, solider Erde paniert hat. Die Pause, die ich dazwischen einlegen musste, endete mit der Gefangennahme und Erlegung eines widerlich aussehenden Geschöpfes von etwa sechs Zentimeter Länge. Kein Vogel, kein Säugetier, kein Fisch, meiner Treu. Sah aus wie ein wohlgepanzertes Amphibium, war äußerst flink, halb oval, und gehörte zum lichtscheuen Gesindel.«

Als Mellis wieder wegen der Abrechnung schrieb und bat, die Ausgaben für die Reparatur von seinem Taschengeld getrennt zu halten, erteilte Nate eine klassische Antwort: »Wenn du bedenkst, dass ich mich mit Ungeziefer, Schmutz, Sprachschwierigkeiten, tropischer Hitze, schlechtem Essen und manch anderem herumschlagen muss, wirst du mein Versäumnis sicher verstehen. Bin gerade zum ersten Mal wieder auf den Beinen nach einem Brechdurchfall, der die ganze Nacht anhielt und mich so schwächte, dass ich mich um fünf Uhr morgens nur noch am Boden wälzen und um Hilfe rufen konnte: »Malo! Señor es malo!« Da lag ich nun so in meinem eigenen Schmutz, halb bewusstlos, infolge mangelnder Sprachkenntnisse noch hilfloser als hilflos, bitte entschuldige, dass ich mich da um die finanziellen Fragen nicht eingehender gekümmert habe.«

Als die Tragflächen endlich fertig waren, stellte sich eine unerwartete Komplikation heraus. Die Rumpfbeschläge am Hauptholm der oberen Tragfläche – der wichtigste Teil – passten nicht auf den in der Fabrik hergestellten Holm. Man hatte Nate eine falsche Lichtpause zur Verfügung gestellt.

»Der Rätsels Lösung musste in den Trümmern liegen, die noch vom alten Flügel übrig geblieben waren. So setzte ich Splitter zusammen, bis ich meinte, die richtige Lage gefunden zu haben. Und dann kam die Überraschung. Das Flugzeug, an dem ich arbeitete, hatte weder mit der Vorlage noch mit dem fabrikneuen Holm etwas zu tun. Mir blieb nichts anderes übrig, als das Verbindungsstück so zu bauen, dass ich die Arbeit im Wald abschließen konnte, wo ja der gegenüberliegende, noch heile Flügel des Rätsels Lösung bringen musste.«

Nate schaffte Tag und Nacht, um mit der Arbeit fertig zu werden. Übermüdung und schlechtes Essen taten sich zusammen und warfen ihn mit einer merkwürdigen Krankheit ins Bett. Da kein Arzt zur Verfügung stand, fahndete Nate in einem medizinischen Hausbuch nach seinen Symptomen und fand mithilfe eines Spiegels heraus, dass er an Gelbsucht litt.

In dieser Zeit kam Phil Baer durch Tuxtla, der bei einem Stamm von Dschungelindianern im südlichen Mexiko als Bibelübersetzer arbeitete. Er sah Nates Notlage und ließ seine eigene Arbeit im Stich, um dem CAMF-Mechaniker zu helfen.

»Er fragte mich, was ich essen würde, und ich gestand, dass ich mit Tomaten, Bananen und Eiern ganz gut auskäme.« Baer interessierte sich sehr dafür, wer Nate beim Bau der Tragflächen half, die in seinen Wohnraum gebracht worden waren, nachdem es auf dem Flugplatz Schwierigkeiten gegeben hatte. Der Flugplatzleiter hatte Nate untersagt, das Werkzeug des Platzes zu gebrauchen. Enttäuscht hatte Nate daraufhin das ganze Unternehmen in sein mexikanisches Einzimmerhaus verlegt. Meistens arbeitete er allein.

Baer, der keinerlei technische Erfahrung besaß, übernahm das Kochen und die einfachen Hausarbeiten. Schon vor dem Hellwerden war er meist unterwegs, um Fleisch und Gemüse für die gemeinsamen Mahlzeiten zu organisieren. Er half auch, so gut er konnte, bei den Reparaturarbeiten.

Den Umgang mit Phil vergaß Nate sein Leben lang nicht. »Hier sah ich zum ersten Mal, was Jesus meinte, als er sagte: ›Wer groß sein will unter euch, der sei euer Diener; und wer der Erste sein will unter euch, sei euer Knecht.‹«

Schließlich war alles fertig. Die Tragflächen lagen wie bei einem Modellbaukasten Stück für Stück ungeleimt bereit, um draußen im Urwald zusammengesetzt zu werden. Nun galt es, ein Flugzeug zu mieten, das auf dem Landestreifen niedergehen konnte, wo das beschädigte Flugzeug lag.

»Einige Tage lang pirschten wir durch die Stadt, immer von einer Kneipe in die andere. Dabei versuchten wir, den Piloten eines Charterflugzeugs zu finden. Als wir ihn endlich erwischten, hatte der Bursche Schlagseite und war derartig aufrührerisch, dass wir einen seiner Freunde zu Hilfe holen mussten, um den Vertrag mit ihm abzuschließen. Der Preis verschlug uns den Atem. Phil und ich leerten spät in der Nacht bei Lampenschein unsere Taschen auf den Tisch und zählten dann gerade genug, um das Geschäft abschließen zu können. Nachdem wir in aller Frühe die Maschine beladen hatten, war sie voll bis unter das Kabinendach, und ich musste vorn einsteigen. Wir hatten aber noch nicht das Gewicht erreicht, das der Pilot angeblich mühelos meistern konnte. An der hinteren Kabinentür hatte Phil ein Plätzchen für seine Frau und sein kleines Kind frei gehalten. Wegen der Holme und einiger Sperrholzplatten konnten sie nicht aufrecht sitzen. Phil wollte auf dem Dschungelpfad folgen, da für uns alle weder die Ladekapazität noch der Platz ausreichte ... Die Maschine rumpelte schwerfällig bis ans Ende des Rollfelds, und ich sah genau zu, wie Hank, unser Pilot, den Motor und die Instrumente überprüfte. Hank war ein begabter Bursche, aber gutes Urteilsvermögen und Bescheidenheit zählten nicht zu seinen Gaben. An diesem Morgen war er in guter Form. In der Mitte der Startbahn hatte man den Eindruck, als hämmerten die Räder immer noch über die Fahrspuren, und dabei gab die Maschine schon ihr Letztes her, und das Höhenruder war bis zum Anschlag durchgezogen. Dann kamen wir an eine aufgeweichte Stelle und verloren an Fahrt. Mir sank der Mut. Sicher würde Hank nun den Motor drosseln und zu einem neuen Versuch zurückrollen. Aber nein, wir kämpften uns weiter vorwärts und gewannen langsam an

Fahrt zurück, was wir an der Moraststelle verloren hatten. Ich hatte immer noch das Vertrauen des Unwissenden zu unserem Piloten. Er war diese Kiste schon so oft und unter so ungünstigen Bedingungen geflogen, dass das hier sicher nichts Neues für ihn war. Am Ende der Startbahn beobachteten Phil und John Kempers das Ganze. Als wir an ihnen vorüberrollten, klebten wir noch immer am Boden, und dicht vor uns standen die Bäume. Doch in diesem Augenblick spielte Hank seinen letzten Trumpf aus – seine Landeklappen. In wilder Hast kurbelte er sie herunter. Dann zerrte er den Steuerknüppel zurück – die Baumwipfel rasten ganz knapp unter den Rädern vorbei.

Unbewusst wandte ich mich in diesem Augenblick von Hank ab. Er verschwand aus meinen Gedanken, denn ich fühlte mich plötzlich ganz in den Armen des allmächtigen Gottes.

Glücklicherweise wurden wir talwärts getragen, und unser Gleitflug richtete sich schnurgerade auf den Grund des Tales. Hank glitt knapp über den Bäumen dahin, während er die Landeklappen behutsam wieder bis zu einem Viertel einzog, was uns eine reelle halbe Chance gab. Dann erwischte er eine aufsteigende Luftströmung.

Nach 25 Minuten hatten wir endlich die Höhe des Talrandes erreicht. Vor uns lag ein grasbewachsener, sattelartiger Hügel mit einer leichten Kuppe. Das konnten wir unmöglich schaffen. Der Luftgeschwindigkeitsmesser stand genau auf der roten Linie. Hank verstellte den Propeller auf Start und zog die Kiste so knapp über den Hügel, dass Phils Frau Mary mir später sagte, sie habe unter sich nur noch etwas Verschwommenes sehen können.

Geduldig – ein hier allerdings zur Floskel verkommenes Wort – opferten wir Liter um Liter Treibstoff, den der heiße und schwer arbeitende Motor in sich hineinfraß, und gewannen dafür kostbare Höhe. Seit wir vor fast 45 Minuten die Startbahn entlanggerast waren, lief der Motor auf vollen Touren – und dafür war er nicht gebaut. Ich wusste, dass ein heiß gelaufenes

Ventil oder ein bisschen Kohle auf einer Zündkerze uns zwischen die Berge setzen konnten.

Aber irgendwie schafften wir es. Bei solchen Erlebnissen ätzt die Säure des Selbsterhaltungstriebs dem Gedächtnis unvergessliche Spuren ein … Als wir den Landestreifen erreichten, auf dem das beschädigte Flugzeug wartete, fanden wir es in einer schlimmeren Verfassung, als ich befürchtet hatte. Aber der Motor war in Ordnung. Mit einer Rauchwolke und einem Gebrumm, das lieblicher klang als Engelsgesang, erwachte er zum Leben. Die Tragflächen ließen sich leicht anpassen und waren bald fertig.«

Nates sechsmonatige Aufenthaltserlaubnis war nur noch acht Tage gültig, da entdeckte er, dass Sumpfwespen im Treibstofftank und in den Zuleitungen am Werk gewesen waren. Das kostete ihn einen wertvollen Tag. Auch wenn es tagsüber regnete, ging die Arbeit an der Maschine weiter, man konnte sich keine Pause leisten. Da für die Verspannung alle technischen Daten fehlten, bockte Nate den Schwanz der Maschine auf einem Baumstumpf auf und verspannte die neuen Tragflächen nach Augenmaß, wie er es als Junge bei seinen Flugzeugmodellen getan hatte. Eines Tages traf Wiggins ein, um die Maschine hinauszufliegen. »Ich versuchte, ihn davon abzubringen. Meiner Ansicht nach war die Kiste noch gut genug für einen jungen Mann ohne Anhang, aber niemals für einen Familienvater.«

Doch Wiggins hatte strikte Anweisungen von Los Angeles, die Maschine zu fliegen, sobald Nate sie zum Abtransport freigegeben hätte. Weiterhin war entschieden worden, dass Nate ihn begleiten sollte.

»Wir hatten vereinbart, dass George die Maschine wie üblich starten, sie aber erst vom Boden abheben sollte, wenn ich ihm ein Zeichen gab. Ich beobachtete gleichzeitig den Geschwindigkeitsmesser und die hölzerne Verstrebung. Bei 100 km/h verhielt sich die Strebe gut, und so stieß ich George an, und schon waren wir in der Luft. Wir beschrieben einen weiten Kreis und schwebten noch einmal über den Landestreifen. Bevor wir den Flug über die Berge begannen, wollten wir das Flugzeug noch in Bodennähe einer Belastung aussetzen. Als die Kiste himmelwärts kletterte, waren wir beide mit unserem ›himmlischen Floß‹ sehr zufrieden und nahmen Kurs auf Tuxtla. Unterwegs versuchten wir, freihändig zu fliegen. Die Maschine hielt genauen Kurs wie bei einem Autopiloten.«

Am nächsten Morgen wurde Nate in seinem Hotelzimmer in Tuxtla vom Geräusch eines Waco-Motors geweckt. George Wiggins brummte nordwärts nach Mexico City. Nates Arbeit war getan. Er drehte sich zufrieden auf die andere Seite und schlief sofort wieder ein. Nate bestand nur noch aus Haut und Knochen – aber er war glücklich. Jetzt konnte er in die Vereinigten Staaten zurückreisen.

Durch dieses mexikanische Vorspiel hatte sich Nate mit den schweren Alltagsproblemen der Missionsarbeit vertraut gemacht. Die Ratten und Fledermäuse, die Skorpionstiche und die Ruhr, das schlechte Essen und die Hitze hatte er überstanden. Nachdem er an Ort und Stelle die Anstrengungen kennengelernt hatte, machte er sich keine Illusionen mehr über die Zukunft. Doch ihm war klar geworden, dass eine schwierige, undankbare Aufgabe auch unter den unangenehmsten Bedingungen erfüllt werden musste.

In Mexiko hatte Nate seine einzigartige Begabung als Mechaniker unter Beweis gestellt, als er eine Reparatur ausführte, die selbst in einer komplett eingerichteten Werfthalle erhebliche Schwierigkeiten bereitet hätte. Aber es war mehr als nur ein persönlicher Erfolg für Nate, denn es hatte sich hier gezeigt, dass man in der Missionsfliegerei mehr brauchte als nur gutes fliegerisches Können. Nate und seine Kollegen von der CAMF waren überzeugt, dass dieser Dienst Piloten verlangte, die gleichzeitig erstklassige Mechaniker waren. Überdies sah sich die CAMF vor die Frage gestellt, wie das ideale Flugzeug für ihren Dienst aussehen müsse. Nachdrücklich hatte Nate für den Einsatz leichter Maschinen plädiert und dazu beigetragen, dass man das Hauptgewicht auf diese Art der Ausrüstung legte.

Auf der Heimreise machte Nate in Los Angeles halt, um im Büro der CAMF[11] mündlich Bericht zu erstatten und seine Zukunftspläne zu entwickeln.

»Es ist ein göttliches Vorrecht, allerorts das Evangelium Christi zu predigen. Er hat mich zu Menschen gerufen, die noch nie von seiner Liebe gehört haben. Darum glaube ich, dass ich noch geschult werden muss – um so in erster Linie Zeuge seiner erlösenden Gnade und erst danach Flieger zu sein.« Von dieser Auffassung ließ er sich nie abbringen.

Noch an der Westküste erreichte ihn die Nachricht, dass er für das zweite Semester zu Beginn des Jahres 1947 in das Wheaton College aufgenommen war. Er ahnte kaum, welche Überraschungen dort auf ihn warteten.

---

11 Die CAMF wurde am 12. September 1946 offiziell in *Mission Aviation Fellowship* (MAF) umbenannt. Dies erfolgte in Anlehnung an eine verwandte britische Organisation, die sich in ähnlicher Weise betätigte und die gleichen Ziele verfolgte.

Ein Jahr College

Für viele Menschen ist Wheaton nur eine aufblühende Vorstadt 40 km westlich von Chicago. Für Nate Saint aber war es die Stadt, in der das Wheaton College liegt.

Wie viele ehemalige Soldaten stürzte er sich voll Eifer in sein Studium. Einem Freund erzählte er, dass er »das erste halbe Semester am College wie ein Besessener gearbeitet« habe. Nach zwei Monaten fand er, dass er »seine Beschäftigung mit den Büchern etwas zu intensiv gewesen sei«.

Als der Frühling kam, hielt Nate es in seinen vier Wänden nicht mehr aus. Er suchte sich auf einem nahe gelegenen Flugplatz Arbeit und erhielt so die Möglichkeit, seinen Ford wieder in Betrieb zu nehmen. Jetzt hatte er mehr Freizeit.

Trotzdem verlor Nate nicht das, was die Lehrkräfte von Wheaton seine »heilige Ungeduld« nannten: Er wollte sich möglichst schnell möglichst viel Wissen aneignen, damit er bald auf das Missionsfeld hinaus konnte. Er belegte alle Vorlesungen, von denen er sich einen Gewinn für seine spätere Arbeit versprach.

Seine Freundin, Mrs. Montgomery, hatte Nate ermutigt, er

solle sich doch einmal im Schreiben versuchen. Wie andere war sie der Ansicht, dass Nate eine gute Ausdrucksfähigkeit besäße. Deshalb belegte er die Vorlesungen über Journalistik, die Robert Walker, der bekannte Herausgeber von »Christian Life«, hielt.

Unter Walkers Anleitung lernte Nate durch ständige Schreibwiederholungen, dass »mühsames« Schreiben ein leichtes Lesen ermöglicht. Weder Lehrer noch Schüler ahnten, dass Nate Saint eines Tages ein Tagebuch verfassen sollte, das die Herzen vieler Christen in der Welt bewegen würde.

Währenddessen blieb Nate in ständiger Verbindung mit dem Büro der MAF. Wiederholt erledigte er wichtige Arbeiten für die Gesellschaft, vor allem dann, wenn er Flugzeuge prüfte, die sie kaufen wollte. In dem Bericht, den Nate über die Inspektion eines Stinson-Wasserflugzeugs in Detroit anfertigte, war kein wichtiger Punkt ausgelassen.

Als Nate eines Tages in einer Vorlesung saß und einen Bleistift an einer Schnur herabbaumeln sah, hatte er die Idee, dass man Gegenstände aus einem Flugzeug an einer Leine herablassen könnte. Ihm kam auch der Gedanke – womit er allerdings nicht allein dastand –, Sprechfunkgeräte einzusetzen, um eine regelmäßige Verbindung mit entlegenen Missionsstationen im Dschungel herzustellen. Als ein Missionar wegen eines Missionsflugdienstes in Neuguinea an ihn herantrat, schrieb er an seinen Bruder Sam: »Wenn Gott mir das Neuguinea-Projekt überträgt, dann wird der Sprechfunk eine der dringendsten Voraussetzungen für ein sicheres und vernünftiges Fliegen über diesem unwegsamen Gebiet sein … Was die Missionare brauchen, ist meiner Ansicht nach etwas, womit sie Verbindung zur Außenwelt aufnehmen können, falls einer von ihnen eine Blinddarmentzündung bekommt oder sich sonst etwas ereignet.«

Während Nates Wheatoner Zeit ereigneten sich zwei Flugzeugunfälle, die Nate zu denken gaben. In Mexiko wurden Dr. Cameron Townsend, der Präsident der Wycliff-Bibelübersetzer, und seine Frau ernsthaft verletzt, und in Ecuador waren die

Missionare George Poole und Robert Hart in derartige Unfälle verwickelt. In seinem Schriftwechsel mit dem Büro der MAF beleuchtete Nate diese Unfälle von allen Seiten. Wie seine Kollegen hoffte Nate dadurch, sichere Flugbedingungen für die Missionsfliegerei zu schaffen.

Als das Semester im Juni 1947 zu Ende ging, fuhr Nate nach New York, um sich eine Arbeit auf dem Roosevelt Airfield[12] zu suchen und um in der Nähe seiner Verlobten Alice Brown zu sein, die ihre Krankenschwesternausbildung in einem New Yorker Krankenhaus fortsetzte. Und dann geschah es, dass Alice Nate ihren Verlobungsring zurückgab, da sie sich ihm nicht genug verbunden fühle, um an eine Heirat zu denken.

Nate war sehr niedergeschlagen und ging zu Alices Eltern, die ihn sehr gern mochten.

»Es war das einzige Mal, dass ich einen nicht lächelnden Nate sah«, erinnerte sich Alices Vater. Nach ein paar Wochen nahm Nate auch diese Entwicklung als einen Eingriff Gottes in sein Leben hin.

In dieser Zeit trafen sich Charles Mellis und Nate auf einem Missionsfest in New York. Sie hatten sich viel zu erzählen, und im Laufe des Gesprächs kam Charlie auch auf Marjorie Farris zu sprechen. »Innerlich schlug ich einen Purzelbaum, als ich ihren Namen hörte«, gab Nate ein wenig später zu. »Charlie sagte, sie hätte einen Freund in Kalifornien. Ich glaube, ich wurde grün vor Eifersucht … Ich musste herausfinden, was da los war, wenn ich noch ruhig schlafen wollte.«

Als Erstes schrieb Nate einen langen Brief an seine gute Freundin Sadie Montgomery, die damals in Santa Monica lebte. Unter vielen anderen Neuigkeiten erzählte er ihr, dass seine Verlobung mit Alice gelöst sei. Und als Nachsatz schrieb er darunter: »Bitte grüßen Sie Marj von mir. Danke!«

Das genügte. Mrs. Montgomery, die wusste, wie sehr sich Marjorie für Nate interessierte, seit sie ihm im Schwesternwohn-

12 Name eines Flugplatzes am Stadtrand von New York

heim in Los Angeles zum ersten Mal begegnet war, unterrichtete sie sofort.

Alles Weitere geschah sehr schnell. »Ich war angenehm überrascht, um es vorsichtig auszudrücken, als ich unter der heutigen Abendpost einen Brief von Marj fand«, schrieb Nate an Mrs. Montgomery. Vorsichtig wie immer fuhr er fort: »Charlie Mellis hat mir erzählt, sie ginge mit einem Jungen, und so darf ich ihre Zeilen vielleicht nur als rein freundschaftlichen Gruß einer guten Freundin auffassen. Für mich ist Marj mehr als nur eine Freundin gewesen. Ich begriff das damals zum ersten Mal, als ich ihr sagte, dass in meiner Verbindung mit Alice bald ein Ring eine Rolle spielen würde, sodass ich es für besser hielte, wenn wir einander nicht mehr schrieben. Sie verhielt sich so fabelhaft, dass ich es als wahren Segen empfand.« Dann schüttete Nate seiner Vertrauten sein Herz aus und schilderte den Bruch mit Alice: »Noch weiß ich immer nicht, was wirklich leiden heißt. Der Herr hat die große Leere in meinem Herzen auf wunderbare Art ausgefüllt. Anfangs wollte ich mich nicht damit abfinden, aber als ich mich dareinfand, schenkte er mir herrlichen Frieden.«

Vom Erfolg ihrer Vermittlung angespornt, gab Sadie Montgomery Nates letzten Brief an Marj weiter. »Klingt doch gar nicht schlecht?«, schrieb sie auf einen Begleitzettel. »Jetzt wird die Sache spannend! Ich werde Nate beruhigen müssen, dass es keine ernste Sache zwischen dir und dem jungen Mann ist, mit dem du ein paarmal ausgegangen bist. Im Übrigen sollten wir den Ereignissen ihren natürlichen Lauf lassen.«

Die Briefe aus Kalifornien ließen Nate keine Ruhe. Er verstaute seine Habe in seinem Ford, kutschierte nach Wheaton und fuhr von dort per Anhalter weiter nach Kalifornien, um Marjorie zu besuchen.

»An die Stelle der kleinen Befürchtungen trat friedvolle Erleichterung und gutes Vertrauen«, schrieb er an Sadie Montgomery, »die inzwischen echtem Glück und der Verwunderung Platz gemacht haben, dass ein derart reizendes Mädchen etwas für mich übrig haben soll! – Es wäre kein Wunder, wenn Sie sich ein wenig Sorgen machen würden, nachdem die ganze Angelegenheit eine Art Rückfall darstellt.

Früher habe ich Marj nicht besonders gut gekannt«, fuhr Nate in der Begeisterung seiner wiedergefundenen Liebe fort. »Ich hatte keine Zeit. Ich hatte ja keine Ahnung, was für ein prächtiges Mädchen ich da kannte – ich spielte mit einem Diamanten Murmeln. Ich wusste nicht, um welch hohen Einsatz ich spielte. Ich freue mich, dass ich gewonnen habe.«

Er schloss: »Marj ist das selbstloseste Mädchen, dem ich je begegnet bin. Anfangs glaubte ich, Sie hätten in Ihrem Brief etwas übertrieben, aber jetzt verstehe ich, warum Sie all das über sie sagten … Für mich ist ihre Liebe einfach unfassbar.«

Seinem Brief fügte Sadie Montgomery ein paar Zeilen für Marj bei: »Hier ist der letzte Brief, den Nate mir in meiner Rolle als ›Beichtmutter‹ schrieb … Von da an hast du alles in deine Hände genommen und diesen einsamen, ruhelosen Menschen überzeugt.«

Nates Zuneigung schlug sich in einer nicht abreißenden Briefflut nieder, die von Wheaton westwärts strömte. Nur einmal kamen ihm Bedenken, als die Stubenkameraden seinen Fall als »Liebe aus Enttäuschung« analysierten. Eine Zeit lang war Nate unsicher und fürchtete, Marj Unrecht zu tun, wenn er seiner Gefühle nicht wirklich sicher war. »Lass uns noch einmal einen Schritt zurück machen und uns als hoffnungsvoll Verliebte betrachten – wenigstens bis ich meiner unbedingt sicher bin.«

Marjs verständnisvolle Briefe gaben ihm bald das Vertrauen wieder. Er gewann Gewissheit, dass sie die Richtige war. »Der Nebel lichtet sich, und mein Herz sagt mir: Ich liebe dich! Mein Herz hat dieses Lied schon immer gesungen, aber mein Verstand war für einen Augenblick außer Dienst. Jetzt weiß ich, dass es die echteste, tiefste Art von Liebe ist, die ein Mann empfinden kann. Sie ist etwas Wunderbares. Jeden Tag sprengt sie alle Grenzen und nimmt dabei noch zu.«

Während die Briefe zwischen Wheaton und Kalifornien hin und her gingen, stürzte sich Nate mit Feuereifer in das Studium in Wheaton und in die Arbeit in christlichen Vereinigungen. Mit Vorliebe durchstreiften Nate und sein Zimmergenosse, Arthur Klem, in einem alten Wagen die Umgebung von Wheaton und suchten nach passenden Betätigungsmöglichkeiten. An einem Sonntag fuhren die beiden etwa 20 km weit nordwestwärts ins Städtchen Bartlett. Dort stießen sie auf ein paar Jugendliche, die in einem Park Baseball spielten. Nachdem sie sich mit den jungen Leuten unterhalten hatten, gingen die beiden Studenten von Tür zu Tür und redeten mit den Menschen. Es zeigte sich, dass einige Jugendliche richtiggehend gegen die Beschränkungen rebellierten, die ihnen auferlegt wurden. In einer Stadt mit kaum 1000 Einwohnern konnten die jungen Leute lediglich in einer Konditorei oder im einzigen Lokal des Ortes herumhocken, wie Nate erfuhr. Von manchen Einwohnern wurden die Jugendlichen bereits kritisiert, wenn sie ins Lokal gingen, um ein Würstchen zu essen. Auch dass sie sich in der kleinen Konditorei trafen, wurde mit einigem Misstrauen betrachtet. »Aber ein paar Erwachsene stehen doch aufseiten der Jugendlichen und hätten es sogar gern, wenn sie sich zu einer Gruppe zusammenschlössen.«

In dieser Lage hatten die jungen Leute einen starken Gruppengeist entwickelt. Als einer unter ihnen von der Leiterin der kirchlichen Jugendgruppe vermeintlich oder wirklich gekränkt wurde, traten sie alle aus und schlossen sich zu einer Gruppe zusammen, »um zu kriegen, was sie wollten«. Nate glaubte, sicher zu sein, dass sie im Grunde genommen »noch sehr viel Respekt vor elterlicher Autorität« hatten.

Nate und Arthur gewannen bald das Vertrauen dieser Jugendlichen. In der folgenden Diskussion wurde beschlossen, dass sie künftig an jedem Sonntagabend in einer der Wohnungen zusammenkommen wollten.

Nate spürte bei den Jungen und Mädchen, wie sie am meisten das ablehnten, was sie »unsympathische Autorität« nannten. Er versprach ihnen seine Unterstützung bei der Beschaffung von Filmen, bei der Organisation eines Forums, in dem sie interessante Probleme diskutieren konnten, und bei verschiedenen gesellschaftlichen Veranstaltungen.

Als die erste Versammlung in Bartlett stattfand, erschienen 20 Jugendliche. »Art[13] und ich stellen uns diese Zusammenkünfte«, sagte Nate, »mit Vorliebe als eine mit Evangeliumsdynamit geladene Pralinenschachtel vor. Gottes Wort ist kräftig, und wir glauben, dass er unsere Arbeit belohnen wird, indem er das Leben manches dieser Teenys verändert. Gewiss würde ich mich nicht mit diesen Dingen beschäftigen, wenn ich nicht dem Wort dessen folgen wollte, der in meinem eigenen Leben ein solches Wunder wirkte.«

Die Jugendgruppenarbeit öffnete ihnen den Weg zur Begegnung mit den jüngeren Kindern und bot einer immer größeren Anzahl von Wheaton-Studenten Gelegenheit zur Arbeit für Christus.

Vor den Weihnachtsferien vereinbarten Nate und Marj, dass sie sich während der Feiertage in ihrem Elternhaus in Caldwell, Idaho, treffen wollten. Inzwischen hatte Marj ihr Philosophiestudium an der Universität von Süd-Kalifornien beendet und ihre Krankenschwesternausbildung abgeschlossen. Nate schenkte ihr einen Verlobungsring, den er später als ihren »groben Eisenbeschlag« bezeichnete.

Obwohl Mrs. Farris Einwände erhob, war Marj damit einverstanden, ihre Stelle als Krankenschwester (damals in San Francisco) aufzugeben und eine neue Arbeit in der Nähe von Wheaton zu suchen, wo sie gern nebenher eine Reihe von Vorlesungen belegen wollte. Die Hochzeit wurde für den nächsten Juni festgesetzt.

Marj fand gleich eine Stelle am Delnor Hospital in Saint Charles und war so nur wenige Kilometer von Wheaton entfernt. So konnte sie in Nates Nähe sein, als er eine der wichtigsten Entscheidungen für seine künftige Laufbahn traf.

---

13 Kurzform von Arthur

Im November hatte Charlie Mellis vor der MAF-Vollversammlung über die Arbeit von Jim Truxton in Ecuador berichtet. Im selben Monat schrieb er an Nate: »Ich brauche dir nicht zu sagen, wie sehr Männer auf dem Missionsfeld benötigt werden. Daneben weiß ich aber, dass du gern dein Collegejahr beenden willst.« Und dann im Dezember: »Vor einiger Zeit erwähnte ich dir gegenüber Ecuador und bekam darauf keine Antwort. Jim war in und über diesem dichten Dschungel und ist der festen Ansicht, dass die Arbeit dort zehnmal schwieriger ist als in Mexiko ... In Ecuador gibt es nur zwei Möglichkeiten zu Notlandungen: Baumwipfel oder reißende Stromschnellen.

Jim empfiehlt deshalb für die Arbeit in Ecuador Männer, die ruhig weniger fliegerisches Können besitzen – aber als Mechaniker unbedingte Kanonen sind.

Ich will damit nichts gegen deine fliegerischen Fähigkeiten sagen, Nate, aber wir haben in der ganzen Organisation niemanden, von dessen Mechanikerfähigkeiten wir so überzeugt sind wie von den deinen. Wie gesagt, wir müssen in Ecuador unter allen Umständen sichergehen.

Beziehe all diese Fragen eine Zeit lang in dein Gebet ein, Nate, und dann lass uns wissen, wie der Herr dich führt.«

Noch vor dem Ecuador-Vorschlag war der Plan eines Missionsflugdienstes für Neuguinea aufgetaucht. Der Gedanke reizte Nate sehr, und eine Zeit lang dachte er ernsthaft daran, die Verbindung zur MAF zu lösen.

Mit Marj konnte er das Für und Wider von Ecuador gegen Neuguinea abwägen. Schließlich schrieb er an Mellis, dass es ihm schwerfalle, sich zwischen den beiden Missionsfeldern zu entscheiden. Sehr ausführlich zählte er alles auf, was zu der Unentschlossenheit beitrug: »Entschuldige bitte, wenn ich dich so lange über den Platz fliegen ließ, Charlie. Es war ein bisschen neblig, und ich wollte absolut sicher wissen, was ich tue, bevor ich dir die Landeerlaubnis gab.«

In einem langen Antwortbrief wog Mellis die Dringlichkeit

der beiden Gebiete gegeneinander ab und gab zu, dass sich eines Tages Neuguinea vielleicht als größte Aufgabe der Missionsfliegerei entpuppen könne.

Gleichzeitig unterstrich er: »Unsere Pläne in Ecuador verfolgen ein doppeltes Ziel. Neben einer ausreichenden Nachschublinie für die bereits bestehende Arbeit soll ein tieferes Eindringen in den Dschungel ermöglicht werden, um Menschen zu erreichen, die noch nie von Christus gehört haben.«

Mellis wies auch darauf hin, dass die MAF in Ecuador ihre Absicht verwirklichen könne, leichtes und einfaches Material einzusetzen (1948 gab es noch viele widerstreitende Meinungen darüber, welcher Flugzeugtyp für unzulängliches Urwaldgelände der richtige war).

»Wenn Gott dich zu einer Entscheidung für Ecuador führen sollte, möchte ich gern wissen, ob du dich mit Marj dazu entschließen könntest, noch für das kommende Semester an die hiesige Bibelschule überzuwechseln«, schrieb Mellis aus Los Angeles. Er verriet noch, dass der MAF ein Stinson-Flugzeug versprochen worden war, das nach Einbau eines Austauschmotors zum Einsatz in Ecuador vorgesehen sei.

»Was hältst du von einer Hochzeitsreise nach Ecuador in einer Stinson-Reisemaschine?«, fragte Mellis zum Schluss verführerisch.

Im Hinblick auf die Notlage des Missionsgebiets einigten sich Nate und Marj am 8. Januar darauf, ihre Hochzeit in den Frühling vorzuverlegen und Wheaton zum Semesterende am 30. Januar zu verlassen.

Dann kam Anfang Februar Charlie Mellis aus Los Angeles, um ausführlich über das Ecuador-Projekt zu sprechen. »Vielleicht habe ich mir angewöhnt, dort hineinzutappen, wo Engel sich nicht hintrauen«, sagte Nate, »aber ich kann noch immer ›Nein, danke!‹ sagen, wenn sich die Arbeit als zu schwer herausstellt. Wir wissen, dass wir nicht fehlgehen können, wenn wir demütig Gottes Antlitz suchen und unsere eigenen Wünsche aufopfern. Es dürfte ein ziemlich sicheres Vorgehen sein, wenn man an Irrtümern und Misserfolgen erkennt, dass man von Gottes Führung abgewichen ist.«

Sie beschlossen, noch im selben Monat zu heiraten und alle Vorbereitungen zu treffen, um so bald wie möglich nach Ecuador auszureisen.

Zu zweit nach Ecuador

Am 14. Februar 1948 wurden Nate und Marj in der Baptistenkirche von Manhasset getraut, zu der Sam Saints Familie gehörte. Nates Schwägerin spielte Klavier. »Während der Trauung konnte ich ihre Gesichter sehen«, erinnerte sie sich. »Nicht viele haben Gelegenheit, solche Liebe und völlige Hingabe in den Gesichtern zweier Menschen zu lesen. Ich werde es nie vergessen.«

Bevor sie Wheaton verließen, hatte Nates Bruder David einen Scheck geschickt, der den starken Familiengeist der Saints zeigte.

»Ich weiß nicht, wofür du diesen fetten Scheck bestimmt hast«, bedankte sich Nate. »Wenn er ein ›Nothilfegeschenk‹ ist, sollten wir ihn eigentlich zurückschicken, denn Gott hat uns zur rechten Zeit gut versorgt. Wenn du ihn aber zu unserer Ausrüstung für das Missionsfeld beisteuerst, dann nehmen wir ihn an.«

Sam Saint sorgte dafür, dass die Jungverheirateten nach Washington fliegen konnten, wo sie ihre Flitterwochen verbrachten. Von dort aus schrieb Nate seinem Vater: »Wir besitzen einige Lichtbildserien, die in Vorträge eingefügt werden können.« Gleichzeitig bat er ihn, Gemeindeversammlungen für das scheidende Missionsehepaar vorzubereiten. »Wir haben auch eine Sammlung von Ausstellungsstücken wie Blasrohre und Giftpfeile, die Nachbildung eines Schrumpfkopfes, die Ausrüstung eines Medizinmannes, Speere, Körbe, Töpfe und dergleichen mehr.«

Es drehte sich darum, die Ausrüstung für die Missionsarbeit zu beschaffen, aber Nate scheute noch das hierfür übliche Geldsammeln. »Noch hoffe ich, dass Gott es anders führt und ich nicht irgendjemanden um Unterstützung angehen muss«, vertraute er Phil an. »Der Herr sagt ›Prüfe mich hierin …‹ Seine Treue ist weit größer als unser zögerndes und schwankendes Vertrauen. Ich bin überzeugt, dass die MAF jetzt genug Mittel hat, die sie auf den Ladentisch legen kann. Jetzt muss man schnellstens an die Arbeit gehen und abwarten, was Gott tun wird. Bisher haben wir keine nennenswerte Sammelarbeit geleistet, weil wir sicher sein wollten, dass die Geber sich auch an einem wirklich zuverlässigen Dienst beteiligen. Aber jetzt glauben wir fest, dass Gott Flugzeuge und Funkgeräte einsetzen will, damit die Arbeit rationell und sicher geleistet wird.«

Phil hatte Nate ein gebrauchtes Epidiaskop und einen alten Vervielfältigungsapparat geschenkt. Das letztere Gerät, meinte Nate, konnte die Verbindung zu den Freunden aufrechterhalten, die sonst vielleicht glauben würden, wir seien irgendwo in ein offenes Kanalloch gefallen.«

Die Jungverheirateten fuhren in Nates altem Ford westwärts und sahen sich unterwegs den Grand Canyon und die farbenprächtige Wüste an, bevor sie in Los Angeles im Hauptquartier der MAF ankamen. Für die nächsten fünf Monate war Südkalifornien ihr Stützpunkt.

Dem jungen Mann, der so gern Heeresflieger hatte werden wollen, dämmerte allmählich, dass ihm nun genau das zurückgegeben wurde, worauf er hatte verzichten müssen. In einem Brief nach Hause fasste er seine Gründe zusammen: »1944 hat Gott mich aus der Fliegerei heraus zu sich gerufen, und nun hat er mich für sich in die Fliegerei zurückgeschickt.«

Wenn Nate auch überzeugt war, dass Gott ihn als Missionsflieger gebrauchte, so hatte er doch auch noch andere Interessen. Als er von seiner Schwester Rachel hörte, dass sie von den Wycliff-Bibelübersetzern als Missionarin angenommen worden war, sandte er ihr herzliche Segenswünsche und schrieb dazu: »Mich reizt eure Übersetzerarbeit sehr, und ich würde bestimmt in der Spracharbeit stehen, wenn Gott mich nicht so deutlich zur Luftfahrt berufen hätte. Welch wunderbares Vorrecht ist es doch, etwas zu hinterlassen, wodurch Gott mithilfe seines Wortes in neuen Stämmen wirken kann ...« Am Schluss machte Nate seiner Schwester hinsichtlich der finanziellen Unterstützung Mut: »Aus Erfahrung wissen wir, dass Gott seine Zusagen hält und unsere Bedürfnisse aus seinem Vorratslager, in dem er über Welten, Monde und Sterne verfügt, reichlich befriedigen kann. In seinen anderen Vorratskammern häuft er Gnade ohne Grenzen auf – Wogen der Liebe auf Ozeanen der Fürsorge für die Seinen, Gebirge der Geduld und weit mehr andere gute Dinge, als wir erbitten oder uns auch nur vorstellen können. Ist es nicht ein Verbrechen, dass wir diese Gaben oft nur so zögernd annehmen?«

Inzwischen hatte die Mission Aviation Fellowship für das junge Paar den 1. August als Termin für die Abreise nach Südamerika festgesetzt. Es galt noch, den Motor der Stinson-Maschine auszuwechseln und das Flugzeug für die tropischen Verhältnisse umzubauen. Neben dieser Mechanikerarbeit, die Nate überwachte, absolvierte er auf einem Flugplatz in der Nähe Flugstunden für den Blindflugschein. Dazwischen gab es immer wieder wichtige Besprechungen mit den Leitern der MAF und Versammlungen, auf denen Nate sprechen musste.

Als dann noch gar zu viel zu erledigen blieb, verschob die MAF den Termin auf den 10. September. Erst flogen die Saints noch mit der umgebauten Stinson nach Idaho, wo sie sich von Marjs Angehörigen verabschiedeten, und dann weiter nach dem Osten zu Versammlungen in den Gebieten von New York sowie Philadelphia und zum Abschied von Nates Familie.

Das junge Paar war sich darüber klar, dass sein erstes Kind in Südamerika unter weniger günstigen Bedingungen zur Welt kommen würde als in den Vereinigten Staaten. Freunde rieten zu einer späteren Übersiedlung, aber Nate lächelte nur und sagte: »Die wissen nicht, wie Gott für derartige Dinge sorgt. Wir reisen wie vorgesehen.«

Kurz vor dem Aufbruch beschloss man, dass Nate mit Jim Truxton, dem Verbindungsmann der MAF zur ecuadorianischen Regierung, in der Stinson fliegen würde, während Marj und Betty Truxton die Verkehrsmaschine nach Quito benutzen sollten. Ihre Ausrüstung und der Hausrat gingen in Stahlbehältern und Kisten mit dem Schiff.

In einem Brief an seine Freunde schrieb Nate: »In Ecuador werden wir über die Anden nach Süden fliegen und dann deren Ostabhang folgen bis zu den hügligen Ausläufern und dem kleinen Lager der Shell Oil Company, das an der Stelle liegt, wo die Straße im Dschungel endet und Missionare zu Lasteseln werden. Dort unten liegt das feuchte Gefängnis des mächtigen Amazonas, in dem Tausende durch Ketten der Sünde im Dunkel gefangen sind. In Shell Mera werden wir auf einige andere Missionare stoßen, die uns helfen werden, ein Haus und einen Flugzeugschuppen zu bauen. Das wird das Hauptquartier der MAF in Ecuador. Dann kommt der Ausbau des Sprechfunknetzes, das die Dschungelstationen mit unserem Stützpunkt verbinden soll. Als Letztes folgt der Flugdienst, für den ihr betet und so treulich spendet.

Keinesfalls wollen wir mit bestehenden Fluglinien in Konkurrenz treten, zumal eine Fluggesellschaft eine solche Arbeit fast immer wirtschaftlicher leisten kann.

Ebenso wenig erwarten wir vom Flugzeug, dass es für die Missionare ein müheloses, goldenes Zeitalter einleitet. Vielmehr soll es als Werkzeug dienen, das den Missionaren ein wirkungsvolleres Vordringen ermöglicht.

Unserer Ansicht nach kann Gott sich sogar geringerer Dinge wie Flugzeuge bedienen, wenn sie dem Anliegen geweiht sind,

Missionare mit den Verlorenen in Verbindung zu bringen. Unsere Aufgabe ist es, die Fliegerei den Bedingungen der Missionsarbeit anzupassen.«

Als der Abreisetag heranrückte, fehlten Nate und Marj noch immer einige Hundert Dollar an den benötigten Mitteln. Doch zeigte Nate niemals den leisesten Zweifel, dass sie planmäßig aufbrechen würden.

Am 8. September starteten Nate und Jim von Brownsville in Texas. Vier Tage später trafen sie wohlbehalten in Quito ein. Die beiden Frauen erreichten die Hauptstadt am 16. September, nachdem ihre Männer schon nach Shell Mera weitergeflogen waren, um mit dem Aufbau des MAF-Stützpunktes zu beginnen.

Hier stießen sie auf Charles Mellis, einen Bauunternehmer aus St. Louis und Vater des MAF-Sekretärs. Er hatte sich bereit erklärt, den Bau des Hauses zu leiten, das Nate und Marj bewohnen sollten. Es sollte auf einem Stück Land liegen, das der Ostseite des Shell-Oil-Hauptquartiers und dem Rollfeld gegenüberlag.

1938 hatte hier die Shell Company mit geologischen Untersuchungen begonnen. Anfangs gestaltete sich die Arbeit sehr schwierig, da von Shell Mera aus keinerlei Wege in den Dschungel führten. Fünf Tage brauchte man, um von Ambato in den Oriente zu gelangen, wie der östliche Dschungel genannt wird. Durch ein Abkommen mit der ecuadorianischen Regierung, die sehr an einer Erschließung des Oriente interessiert war, hatte die Shell Company das Recht, im gesamten Urwaldgebiet Schürfungen vorzunehmen.

Für die damals schon in Ecuador weilenden Missionare und für alle, die ihnen folgten, war das Eindringen der Ölsucher in die bis dahin unzugänglichen Gebiete sehr bedeutsam. Durch das Herbeischaffen von Planierraupen und anderen Maschinen vollbrachten die Shell-Leute wahre zivilisatorische Glanzleistungen. Der Bau von Straßen und Flugplätzen wurde durch das unebene Gelände und die unvorstellbar starken Niederschläge sehr erschwert, aber nicht weniger hatte er unter den gefährlichen Moskitos, den Giftschlangen und den feindseligen Indianern zu leiden.

Durch Granit musste eine Straße gesprengt und durch meilenweiten Sumpf und losen Sand gegraben werden, um Baños mit dem neuen Stützpunkt Shell Mera zu verbinden. Die neue Straße wurde für die westlichen, dicht besiedelten Teile Ecuadors zum einzigen Dschungelzugang.

Innerhalb von elf Jahren hat die Shell Company nachweislich 40 Millionen Dollar für ihr Ecuador-Projekt ausgegeben. Besonders kostspielig war die Anlage der Flugplätze. Auf den sumpfigen Dschungelboden mussten tonnenweise gesprengte Felsbrocken geschüttet werden, damit schwere Maschinen mühelos starten und landen konnten.

Als erstes Lager entstand Arajuno, das später eine Missionsstation wurde. Es folgte ein Lager bei Ayuy im Gebiet der Jivaros und ein Rollfeld. Von beiden Orten aus kam man an die Bohrstelle Macuma heran. Hier ließ sich später die GMU[14] nieder. Im nahe gelegenen Wambimi wurde ebenfalls ein Lager eingerichtet, das später auch Missionsstation wurde. Auch in Tiputini und Villano entstanden Lager und Flugplätze. In einem Shell-Bericht aus dieser Zeit heißt es von der eingeborenen Bevölkerung: »Vor allem am Anfang bestand dauernd die Gefahr, dass die Aushiris die Lager angriffen. Diese feindseligen Indianer, die man gewöhnlich Aucas nennt, hausen in diesem Teil des Landes. Mehr als 14 Arbeiter der Gesellschaft sind von Aucas getötet worden, die äußerst primitiv sind, ihre Opfer aus dem Hinterhalt angreifen und sie mit Speeren töten. Noch hat niemand ernsthaft versucht, mit ihnen Verbindung aufzunehmen und freundschaftliche Beziehungen anzuknüpfen. Man weiß, wo derzeit einige Auca-Dörfer liegen und hat sie aus der Luft aufgenommen. Aus diesen Bildern geht hervor, dass die

14 Abkürzung für »Gospel Missionary Union« (Vereinigte Evangeliumsmission)

Aucas auf den Lichtungen rund um ihre Hütten etwas Ackerbau betreiben. Sie sind sehr kriegerisch und schleudern ihre Speere sogar auf Flugzeuge, die sie überfliegen.«

Bei keiner der vielen Bohrungen – darunter eine am Oglán bis auf 2895 m Tiefe – wurde genügend Öl gefunden, das eine industrielle Ausbeutung gelohnt hätte. Shell musste das hoffnungsvoll begonnene Projekt aufgeben.

Nate hielt seine Eltern über die Fortschritte in Shell Mera auf dem Laufenden: »Ich sitze in meinem Zelt und schreibe bei Laternenlicht. Ein Pappkarton dient als Unterlage. Neben mir sitzt Jim Truxton. Auf dem Feldbett uns gegenüber liegt George Poole. Außerdem helfen uns noch Frank Drown, Keith Austin und Morrie Fuller beim Hausbau. Mr. Mellis treibt mit seinen 70 Jahren die Arbeit voran, als wäre er 30 … Diese Ecke Ecuadors ist ein faszinierendes Stückchen aus Gottes Schöpfungswerk. Wenn wir uns morgens im Becken vor den Zelten gewaschen haben, steigt die Sonne gerade so hoch, dass wir den schneebedeckten Gipfel des Sangay sehen können. Dieser tätige Vulkan liegt etwa 65 km entfernt und stößt ständig Rauch und Asche aus. Bei Nacht sieht man, wie die roten Lavamassen hoch in die Luft geschleudert werden. Wenn die Sonne die Wolken weiter das Gebirgsjoch hinaufdrängt, das sich auf Mera zu senkt, werden wir den riesigen, zerklüfteten Krater des El Altar sehen können. Das Klima ist wunderbar. Fast keine Moskitos. Dort unten hinter dem Stützpunkt fließt ein kleiner Fluss, und das Gebiet ringsum besitzt eine herrliche Flora. Kürzlich haben wir ganz in der Nähe ein halbes Dutzend Lavendelorchideen gepflückt … Es macht Spaß, mit all den Schwierigkeiten fertig zu werden, sich in einem Eimer zu waschen, Zeltschnüre als Wäscheleinen zu gebrauchen, auf einem Lagerfeuer zu kochen. Abends essen wir im Lager der Shell Company, denn Reis, Kartoffeln und Bohnen sind ungefähr alles, was wir auftreiben können, wenn wir selbst kochen wollen.«

Kaum hatte Nate ein paar Tage in Shell Mera verbracht, da fing er schon an, Ausrüstung, Vorräte und Mitarbeiter in die

Dschungelstationen zu fliegen. In einem seiner ersten Briefe an die Freunde zu Hause zählte Nate die Stationen auf, die er versorgte. Dazu gehörten Pano, wo Henry Miller mit seiner Familie wirkte; Dos Rios, wo das Ehepaar Cooper unter 70 Indianerkindern arbeitete; Ahjuana, eine neue Station am Napo, die mit den Fullers besetzt werden sollte; Macuma, wo die Familien Frank Drown und Keith Austin unter den Jivaros lebten; Sucua, ebenfalls eine Jivaro-Station mit Mike Ficke und seiner Frau; sowie Chupientza, das man an einem Tag mit dem Maulesel vom Landestreifen Sucua aus erreicht.

In diesen ersten Tagen brachte das Missionsflugzeug auch zwei Hilfsflüge hinter sich. Aus Macuma berichteten die Missionare, dass sie seit fünf Monaten keine frischen Lebensmittel und Medikamente mehr bekommen hätten. In 37 Minuten war dieser Mangel behoben, während früher ein fünf- oder sechstägiger Fußmarsch dafür nötig gewesen war.

»Zu gern würde ich dich teilhaben lassen an den Geschichten, die sich rings um uns anbahnen«, schrieb Nate an Charlie Mellis. »Dabei könnte es sich allerdings nur um Versuche handeln, aber Versuche und hilfreiche Kritik dürften mich vielleicht eines Tages dahin bringen, dass ich die Geschichten so erzähle, als wäre ich wirklich dabei gewesen. Deine Bemerkungen über Journalismus sind durchaus zutreffend, Charlie. Natürlich wäre es ein starkes Stück, wenn ich mich hinsetzte und über »Die Schwierigkeiten des Missionarslebens« schriebe, wo ich doch über dieses Thema so gut wie nichts weiß. Vielleicht kann ich nur einspurig denken ... Fotografiere ich, dann entstehen Bilder in Verbindung mit der Arbeit, die Gott mir ans Herz gelegt hat – Indianer und Flugzeuge. Liege ich nachts wach (was selten vorkommt), so beschäftigen sich meine Gedanken mit Sicherheitsvorrichtungen und mit Methoden, wie man mit dem Flugzeug an die Indianer herankommen kann. Alle Briefe in die Heimat handeln von Flugzeugen – Indianern – Christus. Du wirst also verstehen: Wenn ich schon Geschichten schreiben möchte, müssen es solche über Flugzeuge und Indianer sein. Ich will kein großer Schriftsteller sein, aber ich möchte mich gern gut ausdrücken, so wie ich mich oft danach gesehnt habe, vor einer großen Orgel zu sitzen und das zu sagen, was mich bewegt. So viel darüber.«

Am 30. Oktober meldete Nate dem MAF-Büro: »Unsere Mannschaft ist dem Busch mit Zelten, Reis und Macheten zu Leibe gerückt. Zuerst musste das Land gerodet und das Fundament gelegt werden. Um die Zementpfeiler laufen Rinnen für Öl, die das Haus vor Ameisen schützen sollen. Nächste Woche wollen wir den Flugzeugschuppen bauen. Die Wände werden so eingerichtet, dass wir eine Werkstatt und einen Vorratsraum erhalten. Nachdem unser Flugzeug jetzt bei der Hintertür steht und Pooles Hund darin schläft, fühlen wir uns viel wohler.«

Am Lagerfeuer hörte Nate zum ersten Mal von dem wilden Indianerstamm, den jeder in Ecuador fürchtete – von den nackten Aucas. Seit fast drei Jahrhunderten lehnten die Aucas jede Freundschaft mit Weißen und mit benachbarten Indianerstämmen ab. Annäherungsversuche beantworteten sie mit Überfällen, bei denen sie die Opfer mit über zwei Meter langen Chontaholz-Speeren durchbohrten. Als die spanischen Eroberer in Südamerika eindrangen, folgten ihnen katholische Priester, und einem Jesuiten-Missionar soll es damals gelungen sein, gute Beziehungen zu den Aucas herzustellen. Aber seine schwache Gesundheit zwang ihn, den Dschungel zu verlassen. Später dachten Gummi- und Goldsucher nur an leichten Gewinn und überfielen die Indianersiedlungen immer wieder. Darauf zogen sich die Aucas immer tiefer in den Wald zurück und wurden allen Fremden gegenüber misstrauisch. Der Name Auca, das Ketschua-Wort für »wild«, bedeutet in Ecuador seit Generationen so viel wie Schrecken. Trotzdem dachte Nate an sie nicht als an Wilde, sondern als ein Volk, für das Christus gestorben ist. In Nates Herz war die Saat des Mitleids gesenkt, und mit der Zeit wuchs sie heran zu einer wahren Leidenschaft für die Seelen dieser Urwaldmenschen.

Als er im Oktober 1948 an seine Eltern schrieb, erwähnte er

die Aucas zum ersten Mal in einem Brief: »Kürzlich sprachen wir mit einem Missionar, der Verbindung zu einem mordgierigen Stamm aufnehmen möchte. Wir rechnen damit, dass das Flugzeug eine entscheidende Rolle dabei spielen wird, wenn das Evangelium eines Tages zu diesen Menschen kommt. Auf diesen Tag warten wir, und ihm gilt unser Gebet.«

Schließlich kam der Oktobertag, an dem Marj im Wagen von Quito nach Ambato fuhr, wo Nate sie abholte. Gemeinsam flogen sie von dort nach Shell Mera.

Nun waren sie im eigenen Heim vereint. Shell Merita – wie sie das weiträumige Haus später gern nannten – bestand aus roh behauenen, einheimischen Baumstämmen, war außen mit einem warmen, freundlichen Braun gestrichen und innen gefirnisst. Als Dachbelag diente Aluminium-Wellblech mit weit überhängenden Regenrinnen. Zwischen Mauer und Dach war das Haus ringsum offen, damit der Wind durch das Haus streichen konnte.

»Da wir der Ansicht sind, dass eine Sache, die nützlich und praktisch gebaut ist, auch gut aussieht, haben wir uns aus Zwang und Überzeugung bemüht, alles am Haus einfach, handlich und nützlich zu gestalten. Wenn ich nicht flog oder die Maschine wartete, tüftelte ich daheim ständig neue Verbesserungen für den Stützpunkt aus ... Das Badezimmer nimmt allmählich Gestalt an. Um den Abfluss habe ich einen Verschlag gebaut. Darin ist eine Seite für das Fotozubehör gedacht. Bald werden wir uns auch eine Dusche anlegen. Unbeschreiblich war unsere Freude, als wir die Kisten auspackten. Bei jedem Gegenstand dachten wir an die Menschen, die ihn uns geschenkt haben. Am meisten beeindruckte uns die Nützlichkeit des vielen Hausrats. In den letzten Tagen konnte man sich kaum im Haus bewegen. Aus den Kistenbrettern zimmerten wir uns überall Regale und Schränke, um alles unterzubringen. Selbst die Verschläge kamen uns zupass. Die Kühlschrankkiste gab einen ausgezeichneten Schrank ab. Jetzt haben wir auch einen kleinen Fleischschrank, sodass das Räucherfleisch nicht mehr von den

Balken unserer halb fertigen Küchendecke herabhängen muss. Durch die Seitentür betritt man den kombinierten Ess-Wohn-Funk- und Sonntagsschul-Raum. Vom Küchenfenster aus können wir die startenden und landenden Flugzeuge beobachten und uns gleichzeitig an der Gebirgslandschaft und an der üppigen Dschungelvegetation im Vordergrund erfreuen. Das verführt leicht dazu, das Kinn auf die Fensterbank zu legen und vor sich hin zu träumen. In den nächsten Tagen erwarten wir ein halbes Dutzend Missionarskinder. Sie kommen aus der Schule in Quito und wollen ihre Ferien auf den Dschungelstationen bei ihren Eltern verbringen. Aus Dos Rios kam die Nachricht, dass man dringend eine Ampulle mit Tetanus-Serum brauche. Auf dem Zettel stand nur: ›Nancy Gail hat eine tiefe Fleischwunde davongetragen.‹ Nancy ist das kleine Mädchen der Coopers. Wenn erst einmal die Sprechfunkanlage aufgebaut ist, können wir derartige Nachrichten täglich empfangen und sofort Abhilfe schaffen. Das Material für das Funknetz ist endlich eingetroffen, wenn auch noch nicht ganz ausgepackt. Vom Sender HCJB kommt einer der leitenden Techniker, um die Anlage für uns aufzubauen. Die Geräte arbeiten mit Autobatterien, die durch Hilfsaggregate aufgeladen werden, sodass die Verbindung bei einem Motorschaden nicht unterbrochen werden kann.«

Das Haus mit dem winzigen Flugzeugschuppen wurde der Luftstützpunkt der MAF am Tor zum Dschungel. Für Nate und Marj war es zugleich eine Heimstatt ihrer Liebe und der strategische Ausgangspunkt ihres Dienstes.

Absturz in Quito

30. Dezember 1948. Quito. An Hauptquartier MAF stop Heftiger Luftwirbel verursachte Absturz auf Flughafen Quito stop Nate und zwei Passagiere außer Lebensgefahr stop Flugzeug unbrauchbar stop Einzelheiten folgen stop Truxton.

Mit diesem Telegramm teilte Jim Truxton dem Hauptbüro mit, dass Nate bei einem Start über dem Flugplatz von Quito abgestürzt und verletzt worden war.

Seit Anfang Dezember hielt sich Marj in der Hauptstadt auf und wartete auf die Ankunft ihres ersten Kindes. An einem Wochenende fand Nate Gelegenheit, nach Quito mit seinem 2800 m hoch gelegenen Flugplatz hinaufzufliegen. Beim Rückflug in den Dschungel hatte Nate Mrs. Tidmarsh und ihren zwölfjährigen Sohn Robert als Passagiere an Bord. Kurz nach dem Start geriet die gelbe Stinson in die gefährlichen Luftwirbel, die sich an den umliegenden Bergen bildeten, und fiel auf die Erde zurück.

Sieben Tage nach dem Unfall diktierte Nate vom Bett aus einen Brief an seine Eltern: »Ihr Lieben daheim! Höchste Zeit, dass wir euch über die letzten Begebenheiten berichten. Vermutlich war es für euch schwerer als für uns, da ihr aus der Ferne nicht helfen konntet. Aber die Menschen hier haben sich fast umgebracht und uns rührend versorgt.

Gott sei Dank waren weder Marj noch Dr. Tidmarsh am Flughafen, als wir nach Shell Mera starteten. Alles ging völlig normal, bis wir etwa 60 m über dem ziemlich großen Flugplatz von Quito waren. Da packte uns eine heftige Fallböe, und wir stürzten wie ein Stein. Um unseren Sturz etwas abzudämpfen, drehte ich das Flugzeug etwas nach links in den Wind, aber wir krachten gleich darauf in ein gepflügtes Feld. Beim ersten Aufschlag lösten sich Motor und Fahrgestell vom Flugzeug, und dann wurde das Wrack durch den Schwung zehn Meter weit durch die Luft geschleudert und kam kopfüber zu liegen … Ich sah nur noch den Boden auf uns zurasen – und dann weiß ich nichts mehr. Nicht, dass ich in diesem Augenblick sonderlich Furcht gehabt hätte. Auch jetzt noch nicht, nachdem ich mir den Vorfall immer wieder durch den Kopf habe gehen lassen. Bei diesem Erlebnis habe ich mich der Ewigkeit nicht näher als sonst gefühlt, weil ich fest davon überzeugt bin, dass wir in jedem Augenblick aus Gottes Gnade leben, zumal wir eine Aufgabe zu erfüllen haben, bevor wir ihn von Angesicht zu Angesicht sehen. Ich wüsste nicht, warum unser Heimgang dramatisch sein sollte, hängt er doch nicht von gefährlichen oder dramatischen Umständen ab, sondern vom Willen Gottes. Wenn Gott uns heimruft, werden wir es gewiss nicht bedauern. Da Mrs. Tidmarsh den Absturz bei vollem Bewusstsein miterlebt hat, konnte sie uns erzählen, wie es sich abgespielt hat. Robert kam frei und schrie vor Angst. Er hatte erhebliche Schnittwunden an Stirn und Fuß davongetragen. Mrs. Tidmarsh selbst hing in ihrem Sicherheitsgurt und konnte sich nicht daraus befreien. Über ihre Nase lief eine breite Wunde, ihre Stirn war zerschnitten und blutete, und beide Fußgelenke waren eingeklemmt. Ihrer Erzählung nach war ich die ganze Zeit über äußerst munter und fragte sie, ob sie freikommen könne, und redete allerhand Zeug. Meinen Gurt hätte ich ablegen können, doch dann sei mein Körper zwischen Gepäck und Steuerknüppel eingeklemmt gewesen, und mein linker Fuß habe auch festgesessen. Meine Stirn trug eine Platzwunde, und mein linker Kiefer schwoll an. Beim Aufschlag hatte das Wrack haufenweise trockenen, staubigen Schmutz aufgewirbelt, der uns bedeckte und mit Blut vermischt war. Es muss furchtbar ausgesehen haben. Die Pedale für das Seitenruder hingen an der Stelle, wo eigentlich das Armaturenbrett hingehörte. Die Steuersäule war verbogen und eine Seite abgebrochen, als wäre sie aus Gips.

Nach ungefähr zehn Minuten kamen ein paar ecuadorianische Soldaten angerannt. Es waren nette Kerle, und sie meinten es bestimmt gut, aber laut Mrs. Tidmarsh verloren sie völlig den Kopf, als sie das Durcheinander sahen. Sie zerrten uns kurzerhand heraus, was vielleicht immer noch besser war, als uns langsam verbluten zu lassen. Dabei soll ich die ganze Zeit mit den Burschen Spanisch geschwatzt haben. Das finde ich interessant, denn bis jetzt kann ich nur ein paar spanische Brocken. Dann brachte uns ein Lastwagen der ecuadorianischen Luftwaffe in die Ayora-Klinik ... Als Marj in mein Zimmer kam, muss ich schrecklich ausgesehen haben. Meine Zähne waren derart schwarz von Schmutz, dass sie zuerst glaubte, sie seien alle ausgeschlagen worden. Am meisten beunruhigte sie der tiefe Einschnitt in meinem Rücken, an dem die Ärzte gerade arbeiteten. Anfangs glaubte ich, ich sei blind. Ich hatte mir immer vorgestellt, Blindheit sei das Schlimmste, was einem Menschen zustoßen könnte, aber in dem Augenblick war es mir gleichgültig ... Jetzt merke ich erst, dass ich noch gar nicht über die verschiedenen Verletzungen berichtet habe. Mrs. Tidmarsh ist im fünften Monat schwanger, aber der Sturz hat ihr nicht geschadet. Gott sei Dank! Neben den Schnitt- und Schürfwunden stellte man bei ihr eine beiderseitige Schienbeinfraktur fest. Bob[15] kam mit leichteren Verletzungen davon. Was mich anbelangt, so weise ich außer Schnittwunden und Hautabschür-

15 Kurzform von Robert

fungen einen Quetschbruch des vierten Lendenwirbels und eine böse Sehnenzerrung im linken Fußgelenk auf. Im Operationssaal spritzten sie mir eine anständige Dosis von dem lieblichen Saft ein, den man Morphium nennt, bevor sie darangingen, meinen Rücken wieder hübsch zurechtzubiegen. Dann bauten sie einen Gipspanzer um meinen Leib und vervollständigten die Uniform durch einen weiteren Gipsverband am Fuß … Wahrscheinlich fragt ihr euch, ob der Schock mir etwas getan hat. Offen gesagt, soweit ich feststellen kann, sind weder Furcht noch Zweifel zurückgeblieben. Eine Erhörung eurer Gebete sehe ich in der Kraft und dem Mut, die Marj in diesen Tagen gezeigt hat. Eigentlich muss unser Kind jeden Tag eintreffen, aber sie war ständig um mich, hat es mir bequem gemacht, vorgelesen, Diktate aufgenommen und mir beim Essen geholfen. Ihre Fröhlichkeit und ihr Glaube waren ein wirklicher Segen und haben mir alles sehr erleichtert. Sie war so heiter und ruhig, als ginge sie in den nächsten Tagen zum Zahnarzt und nicht ihrer schwersten Stunde entgegen … Betet mit uns, dass Gott die Trümmer dieser Schlacht zum Appell für die Herzen vieler werden lässt. Eure Kinder Nate und Marj.«

Immer wieder machte sich Nate Gedanken darüber, wieso es zu diesem Unfall kommen konnte. »Sollte ich jemals wieder um diese Hügel fliegen, dann werde ich ungefähr dreimal so viel Abstand von ihnen halten wie diesmal.« Dann fasste er alles in einem charakteristischen Brief an das Hauptquartier zusammen. »Gott allein weiß, wie oft ich schon meine alte, übermütige Art hassen musste. Ich hasse sie – doch ich bin dankbar, dass sie für geheiligte Zwecke auch eine recht nützliche Art sein kann. Anscheinend sollte ich meine Aufmerksamkeit weniger auf einen kleinen Punkt konzentrieren und dafür sorgfältig meine gesamte Flugpraxis überprüfen, ob nicht vielleicht Fehler in der Technik dabei sind. Den Unfall habe ich abgelegt unter der Rubrik *Erledigte und gesammelte Risiken*.«

Aus den ausführlichen Untersuchungen resultierte ein ständig stärker werdendes Gewicht, das die MAF auf die fliegerische Schulung ihrer Missionspiloten legte. Nebenher fing sie auch an, alle ihre Flugzeuge mit Anschnallvorrichtungen auszustatten, um bei künftigen Unfällen schwerere Verletzungen weitgehend zu verhindern.

Neun Tage nach dem Unfall wurde Nate nach Panama geflogen, wo sein Rücken von den dort stationierten US-Militärärzten genauer untersucht werden sollte. Am Tag darauf, dem 10. Januar 1949, wurde Kathy Joan in Quito geboren.

»Gott sei Dank für diese herrliche Nachricht«, schrieb Nate in seinem ersten Brief. »Mir war gar nicht klar, welche Sorgen ich mir um dich gemacht hatte, bis der Telegrammbote in das Krankenzimmer kam. Beim Aufreißen des Umschlags nahm ich all meinen Mut zusammen. Liebes, überhäufe die Kleine ruhig mit Liebe. Sie muss daran gewöhnt sein, wenn ihr Vati nach Hause kommt ... Ich liebe euch beide mehr, als du dir vielleicht vorstellen kannst, und so wird es immer bleiben. Nur der Tod kann uns scheiden, und selbst dann wird es nur für kurze Zeit sein. Ich kann es kaum erwarten, bis ich unser Kleines sehen darf. Möge Gott unsere Schritte lenken, bis wir unseren Weg wieder Seite an Seite gehen können.«

Als er wieder bei Marj und Kathy in Quito war, passte sich Nate allmählich den neuen Verhältnissen an. Am 30. Januar schrieb er an Marjs und seine Eltern: »Liebe Muttis und Vatis! Heute Morgen zwängte Marj mich in meinen Anzug, der kaum um den Gips herumgeht, und ich besuchte mit den Clarks die Kirche. Als wir heimkamen, stand Marj mit Kathy am Tor und wartete auf mich. Die beiden hatten inzwischen die schöne, warme Gebirgssonne genossen. In ein paar Wochen hoffen wir, wieder in den Dschungel fliegen zu können. Nach der Zeit im Gebirge wird uns die Luft dort unten in Shell richtig gut tun. Hier oben in 2800 m Höhe ist sie zwar sehr gut, aber so dünn, dass man nicht viel spazieren gehen kann ... Vorne reicht mein Gipspanzer genau bis unter den Adamsapfel, sodass ich den Kopf nicht vorbeugen kann, aber unter meinen Schultern und am Rücken ist er niedriger. Er schließt meine Hüften ein, ist unten ausgeschnitten, und ich kann mich setzen. Aber ich bin gezwungen, sehr aufrecht zu sitzen und zu stehen. Marj behauptet, ich sähe aus wie eine Kleiderpuppe. Jetzt ist der Gips nicht mehr so schlimm.

Manchmal juckt er fürchterlich, dann ziehen wir eine Mullbinde zwischen dem Verband und meinem Körper durch und verschlingen sie außen zu einem Knoten. Wird der Juckreiz zu lästig, dann zieht Marj an der Mullschlinge, bis der Knoten genau über der juckenden Stelle sitzt. Das gibt ein überraschend angenehmes Gefühl. Nachdem der Gips vom Fuß abgenommen war, wackelte ich beim ersten Gehversuch wie eine Ente und musste einen Stock benutzen. Aber jetzt merkt man kaum mehr, dass etwas nicht in Ordnung war. Heute Abend hat ein Besucher nicht einmal gesehen, dass ich einen Gipsverband trage. Ich wollte, ich hätte die eindrucksvolle Haltung, die er mir zutraute.

Anfangs machten wir uns Sorgen, dass der Unfall einen Rückschlag für die Missionsfliegerei bedeuten könnte, aber die vielen wundervollen Briefe von unseren Freunden im Dschungel bestätigten uns, dass sie voller Ungeduld auf den Tag warten, an dem wir wieder fliegen werden. Wie ihr wisst, ist Sicherheit eine sehr relative Sache. Seit unser Flugdienst unterbrochen ist, hat der Dschungel fast ein Missionarsleben gefordert. Sechs Tage lang waren drei Männer täglich zehn bis zwölf Stunden vom entlegenen Macuma aus unterwegs. Als sie einen sehr reißenden Fluss auf einem Floß überquerten, verloren sie einen Teil ihrer Ausrüstung und einen indianischen Träger, der in letzter Minute gerettet werden konnte. Dann erkrankte einer der Missionare. Während sie kaum mehr etwas zu essen hatten, quälte sich der Kranke mit den anderen weiter fort und erreichte Shell Mera mit so geschwollenen Füßen und Beinen, dass er kaum noch laufen konnte … Von der MAF in Los Angeles hörten wir, dass sie uns bald ein anderes Flugzeug schicken werden. Anscheinend soll der ehemalige Flugkapitän Hobey Lowrance den Flugdienst übernehmen, bis ich aus dem Gipsverband heraus bin.

In Kathy sind sie hier alle ganz vernarrt. Wir verstehen nicht, warum sie sich so aufregen – nur weil sie das hübscheste Ding der Welt ist? Das hätten sie doch voraussehen müssen, nachdem sie ihre ›Mamasita‹ kannten. Zu komisch, wie eingebildet Eltern doch sind. Vermutlich kommt es einfach daher, dass wir den kleinen Kürbis so sehr lieben. Bis ich zum nächsten Mal vor dieser Druckmaschine aufgebaut werden kann, übermittelt bitte allen unsere Dankbarkeit, die für uns gebetet haben. Eure Kinder.«

Vor dem Aufbruch nach Shell Mera hielt Nate eine kurze Ansprache über den Sender HCJB. »Zu unserer Arbeit gehört weitgehend das, was man im letzten Krieg allgemein Einsatzbereitschaft nannte. Die Fliegerei steckt voller Beispiele für dieses wichtige Prinzip. Gott hat es gefallen, ein Fahrzeug zu schaffen, das besonders für den Fortschritt eingesetzt werden kann; immer wird man einen Preis dafür zahlen müssen.

Gott gab die Gesetze, als er das Weltall schuf. Und er kannte auch bereits den Preis. Gottes Ratschluss im Blick auf sein Lamm stand fest, ehe noch die Welt erschaffen wurde. Wenn Gott seinen Sohn nicht schonte, sondern ihn hingab, um den Preis für unsere Schwäche und Sünde zu zahlen, wie können wir Christen dann unser Leben schonen – das Leben, das doch ihm gehört?

Der Herr sagt uns Folgendes: Wer sein Leben liebt – wir können auch sagen, wer mit seinem Leben eigennützig umgeht –, wird es verlieren. Das ist unausweichlich. Missionare setzen ihr Leben ständig ein. Menschen, die Gott nicht kennen, fragen sich, warum in aller Welt wir unser Leben als Missionare verschwenden. Dabei vergessen sie, dass auch sie ihr Leben ständig einsetzen. Sie vergessen, dass sie nach Ablauf ihres Lebens nichts besitzen werden, was die Jahre, die sie vergeudeten, vor der Ewigkeit aufwiegt.

Vielleicht fragt der eine oder andere: Ist der Preis nicht zu hoch? Wenn Missionare über sich nachdenken – über ihr Leben vor Gott –, dann sind sie zum Einsatz bereit. Gilt das nicht genauso für unser persönliches Christenleben? Ist der Preis nicht gering, gemessen an der unendlichen göttlichen Liebe? Wer weiß, wie viel Freude es bereitet, einen Fremden zu Christus zu führen, und wer zu Stämmen gegangen ist, die zuvor nie etwas vom Evangelium gehört haben, dessen Haltung ist klar: Voller Freude setzt er sich ein.

›Wenn das Weizenkorn nicht in die Erde fällt und erstirbt, so bleibt's allein.‹[16] – Der Apostel Paulus sagte: ›Ich sterbe täglich. Ich ermahne euch nun, liebe Brüder, durch die Barmherzigkeit Gottes, dass ihr eure Leiber gebet zum Opfer, das da lebendig, heilig und Gott wohlgefällig sei. Das sei euer vernünftiger Gottesdienst.‹[17]

Und Jesus sagte: ›Und wer verlässt Häuser oder Brüder oder Schwestern oder Vater und Mutter oder Kinder oder Äcker um meines Namens willen, der wird's vielfältig empfangen und das ewige Leben ererben.‹«

---

16 vgl. Johannes 12,24
17 vgl. Römer 12,1 in Bezug auf den zweiten Satz

Ringen um Sicherheit

»Die allerbeste Nachricht: Man hat ein Flugzeug gekauft, ein neueres Modell, das derzeit in Los Angeles für den Überführungsflug und die hiesige Arbeit umgebaut wird«, schrieb Nate. »Anscheinend soll Grady Parrott von der MAF es herfliegen, während Hobey Lowrance auf dem hiesigen Flugplatz das Einfliegen besorgt, bis ich aus dem Gips heraus bin und alle meine Gelenke wieder geölt und in Betrieb habe ... Als wir nach Shell Mera kamen, sah das Haus noch ungefähr so aus, wie wir es verlassen hatten, nur der Flugzeugschuppen machte einen öden Eindruck. Unsere Felder waren in besserem Zustand denn je. Der eingeborene Christ, der in dem ziegelgedeckten Bambushäuschen hinter dem Lager wohnt, hat dafür gesorgt.

Nate und Marj kümmerten sich wieder um die Sonntagsschule auf dem Shell-Gelände und um die spanische Sonntagsschule in Shell Merita, die von Woche zu Woche wuchs.

Von einem der Dschungelmissionare bekamen sie eine alte tragbare Orgel zur Unterstützung der Sonntagsschularbeit geliehen. Als Mrs. Larson vom Sender HCJB die Orgel sah, erkannte sie darin das Instrument wieder, das der jetzige Leiter des Wheaton College, Dr. V. Raymond Edman, ihr geschenkt hatte, als er aus Gesundheitsgründen die Missionsarbeit in Ecuador aufgeben musste.

Trotz seines Gipskorsetts nahm Nate die Arbeit am Haus und am Schuppen wieder auf, grub kniend Löcher für Pfosten und ebnete die Rollbahn für das Flugzeug.

»Mit einem steifen Rücken muss man halt überall sonst doppelt gelenkig sein«, sagte er.

Nates Drang nach größerer Sicherheit war nach dem Absturz in Quito nur noch größer geworden. Er beschäftigte sich so sehr mit diesen Fragen, dass manche es schon für eine Art fixe Idee hielten. Aber seine Haltung war verständlich und schuf die Voraussetzungen für Nates spätere Erfindungen, die jegliches Fliegen über unbewohnten Gebieten gefahrloser machten.

Als am 9. Mai der Absturz eines neuen Grumman-Flugzeugs, das von einem erfahrenen Piloten der Shell Oil Company eingeflogen wurde, zwei Männern das Leben kostete, berichtete Nate nach Los Angeles: »Diese Vorfälle tragen dazu bei, dass ich zum sichersten Piloten in der Urwaldfliegerei werde, und ich sage das ganz ernsthaft. Möge Gott uns Weisheit verleihen und vor Fehlern bewahren, möge er hören, wie wir um Behebung der nervenaufreibenden Begleiterscheinungen unseres Dienstes beten, damit wir länger und wirksamer dienen können.«

Dann stürzte eine ecuadorianische Transportmaschine 25 km von Shell Mera entfernt in den Bergen ab, wobei alle elf Insassen ums Leben kamen.

So standen die Gefahren der Gebirgs- und Urwaldfliegerei dem Mann ständig vor Augen, der gerade erst auf wunderbare Weise bei einem Absturz dem Tode entronnen war.

Aber das MAF-Flugzeug erwies sich als steter Segen für die Missionare. An einem Julitag wurde über den neu eingerichteten Sprechfunk gemeldet, dass der zehnjährige Sohn von Missionar Fuller auf der Station Ahjuana in eine Kreissäge gefallen war, wobei sein Arm aufgerissen worden war. Nate, der immer noch nicht fliegen konnte, sprach über Funk mit Hobey Lowrance, der gerade zu einer anderen Station unterwegs war. Lowrance flog sofort Ahjuana an. Inzwischen übergab Nate das Mikrofon an Marj und fuhr auf seinem Motorroller los, um den Arzt der Shell Company zu verständigen.

Nach ein paar Stunden hatte das Flugzeug Morrie Fuller und den verletzten Bob zu einem Arzt geschafft, wo zuvor vier Tagereisen durch den Dschungel nötig waren. »Es macht uns Riesenfreude, an dieser Missionsarbeit im Dschungel teilzuhaben«, schrieb Nate frohlockend.

Dann kam der Tag, an dem Nate seinen plumpen Gipsverband ablegte, mit Lowrance einen Probeflug unternahm und wieder Starterlaubnis erhielt. Der Adler war erneut in seinem Element.

Bereits vor seinem Absturz in Quito beschäftigte sich Nate in seinen Briefen an das MAF-Büro und an seinen Bruder Sam mit der Konstruktion einer Treibstoff-Reserveleitung, die zusammen mit der bereits eingebauten Doppelzündung der Gefahr eines in der Luft aussetzenden Einzelmotors vorbeugen sollte. »Wenn ich hoch über dem Dschungel auf unerwünschte Anzeichen eines Motorenschadens lausche«, schrieb Nate an Sam, »dann muss ich an allerhand Dinge denken wie an die Kraftstoffleitung, die ich vor einigen Jahren in Mexiko plötzlich in der Hand hielt. Da war ein Flansch am Rohrleitungsende abgebrochen, doch hatte die natürliche Federspannung die Leitung in der richtigen Lage gehalten. Ich denke auch an die Sumpfwespen, die rasch bei der Hand sind, wenn es gilt, einen Kraftstoffzufluss zu verstopfen. Ferner gibt es falsch anzeigende Benzinuhren, Wasser im Treibstoff, Risse im Tank, verschmierte Scheiben, verstopfte Düsen und ein verschmutztes sowie ausgeschlagenes Ventillager. Wie oft ist man versucht, mit ein paar Litern Treibstoff im Tank noch rasch eine kurze Strecke zu fliegen. Gewiss, manchmal geht es gut, aber ich will nicht an die schrecklichen Folgen für meine Fluggäste denken – gar nicht zu reden von meinen eigenen Knochen, wenn wir einmal irgendwo über diesen hohen Bäumen in Schwierigkeiten geraten sollten.«

Die Missionare in Ecuador wussten genau, dass Nates Angst vor einem in der Luft aussetzenden Motor keineswegs einer Übervorsichtigkeit entsprang.

Bevor die MAF ihre Arbeit in Ecuador aufnahm, hatte die GMU Bahnbrechendes in der Missionsfliegerei geleistet.

Als Bob Hart, der Missionsflieger des GMU-Flugzeugs, eines Tages in etwa 500 m Höhe flog, begann sein Motor zu stottern. Es handelte sich nicht um eine der eingebildeten Pannen, die häufig dann auftreten, wenn weit und breit kein Platz zum »Hinsetzen« zu entdecken ist. Unter sich sah Bob kein Luzernefeld und keinen Golfplatz, sondern einige Hundert Quadratkilometer fast undurchdringlichen Dschungels. Der nächste Landestreifen war 40 km entfernt. Während Bob noch seine Lage überdachte, wurde es plötzlich still, und der Tourenzähler ging auf 1500 Umdrehungen pro Minute zurück, bevor der Motor wieder einsetzte. Obwohl er verzweifelt an allen verfügbaren Hebeln herumprobierte, setzte der Motor dauernd aus, um dann wieder auf vollen Touren zu drehen. Da man das Flugzeug in einem weiten Flussbett am ehesten erspähen würde, nahm er direkten Kurs auf den Pastaza. Jedes Einsetzen des Motors brachte neue Hoffnung, aber der Höhenmesser verkündete unbarmherzig die bittere Wahrheit. Knapp über den Baumwipfeln bot Bob dem mitfliegenden George Poole das Steuer an. Da George keine besonderen Tricks auf Lager hatte und Bob seine Sache sehr gut machte, lehnte er das Angebot ab. Durch eine Art Wellental zwischen höheren Baumwipfeln schwebten sie ein. Vor ihnen ragte ein Dschungelriese als tödliche Bedrohung. Mit einem letzten Aufheulen des Motors rutschten sie über die Spitze des Riesenbaumes hinweg und rasten gegen eine Palme, die der linken Tragfläche einen Schlag versetzte. Kopfüber stürzten sie durch den grünen Vorhang dem Dschungelgrund entgegen.

Bei dem Absturz kamen beide Männer mit dem Leben davon, doch hatte sich Hart einen Knöchel und ein Knie gebrochen, sodass er nicht zu Fuß in die Außenwelt zurückkehren konnte. Sie kamen überein, dass der weniger verletzte Poole versuchen sollte, einen Dschungelpfad oder einen Fluss zu erreichen. Als Poole noch am selben Tag zur Absturzstelle zurückkehrte, war sein Partner verschwunden. Neun Tage irrte er im Dschungel umher und kam schließlich bei Shell Mera heraus. Ein sofort aufbrechender Suchtrupp konnte Hart nicht entdecken, der auf seiner verzweifelten Suche nach Nahrung davongehumpelt war. Von Regengüssen durchweicht, irrte er so lange weiter, bis er am elften Tag auf Missionar Dave Cooper und eine Gruppe von Indianern stieß.

Auch dieses schlimme Erlebnis beleuchtete schlagartig die Gefahren der Dschungelfliegerei und die Notwendigkeit aller erdenklichen Sicherheitsmaßnahmen.

Als er eines Tages im Schuppen arbeitete, sah Nate auf der Straße einen Lastwagen vorbeirollen, der nach Ambato hoch oben in den Anden fuhr.

»Oben auf dem Dach des Führerhauses saß ein Junge mit einem Benzinkanister und einem Saugheber«, schrieb Nate.

»Das untere Ende des Saughebers hielt ein zweiter Junge, der vorne auf einem Kotflügel saß. Ein Arm und der Schlauch verschwanden dort unter der halb hochgeklappten Motorhaube in Richtung des Vergasers. Wohl ein jeder hat schon einmal seinen Wagen so gestartet, wenn das Benzin ausgegangen war, diese Burschen aber waren unterwegs zu einer fünfstündigen Fahrt, die weitgehend den zweiten oder dritten Gang und dauerndes Schalten verlangte. So dampften sie an unserem Haus vorbei, und alle Mann – darunter wenigstens 25 Passagiere – fühlten sich anscheinend wohl.«

Bei diesem Kunststück kam man mit wenig aus: ein Kanister, ein Schlauch und ein Junge, der die Treibstoffzufuhr regulierte, indem er den Schlauch auf- und zuhielt.

Nates Erfinderhirn begann auf Hochtouren zu arbeiten. Warum sollte man einem Flugzeugmotor den Treibstoff nicht in ähnlicher Weise zuführen?

Rasch hob er die Motorhaube seines Flugzeugs ab und spritzte Benzin in die Sammelleitung durch die Temperaturmessvorrichtung. Bei jedem Druck auf den benzingefüllten Schlauch lief der Motor schneller.

Als Nächstes lötete er einige Speiseöldosen seiner Frau zu einem Zwölflitertank zusammen.

Aus einem Stück Balsaholz, das im Dschungel reichlich wächst, schnitzte Nate eine Verkleidung für den neuen Tank, der an den Stützen unter der linken Tragfläche angebracht wurde. Durch ein Messingrohr, in dem Nate einen Hahn einbaute, verband er den Hilfstank mit der Ansaugsammelleitung. Dann führte er vom Hahn eine Bedienungsstange zum Instrumentenbrett und konnte so die Treibstoffzufuhr vom Behelfstank zum Motor regulieren. »In dieser Nacht fielen mir ein Dutzend Gründe dafür ein, dass dies unpraktisch sei und niemals funktionieren könne«, schrieb Nate. »Doch auf meinem Tiefpunkt erinnerte ich mich wieder des alten Lastwagens, der ohne Vergaser im zweiten Gang nach Ambato preschte. Dann sah ich Bob Hart vor mir, wie er hilflos am Gashebel arbeitete, während sich das Flugzeug auf den Wald hinabsenkte.«

Am nächsten Morgen erprobte er den neuen »Olio-Sasso«-Apparat, während das Flugzeug am Boden blieb. Er arbeitete einwandfrei. Nun war die Zeit für Versuche in der Luft gekommen.

»1600 m über dem Landestreifen stellte ich die Treibstoffzufuhr ab. Für jemanden, der schon oft auf das stotternde Spucken des Motors gelauscht und dabei gehofft hatte, dass er bloß weiterlaufen möge, war es ein ganz neues Gefühl. Aber nach einer Drehung des neuen kleinen Griffs am Instrumentenbrett atmete ich doch erleichtert auf, als der Motor wieder auf volle Touren ging. 20 Minuten lang blieb die normale Benzinleitung fest geschlossen, und der Motor setzte nicht einmal aus.

Ich brachte das Flugzeug unter wechselnden Tourenzahlen in jede erdenkliche Lage. Es gab keinen Versager. Mit einem Behelfsgriff die Kraftstoffmenge richtig zu dosieren, war nicht schwieriger als mit dem normalen Gemischregler.

Die ganze Vorrichtung mit dem Tank und allem Drum und

Dran wiegt keine 2 kg und steht lediglich mit dem Motor in Verbindung. Spielend wird sie mit den üblichen Störungen wie verstopften Auspuffrohren, Leitungsbrüchen, Wasser im Kraftstoff und Ähnlichem fertig. Warum fliegen wir angesichts eines derart einfachen und billigen Zusatzapparates weiter mit einer einzigen Kraftstoffzufuhr, die zwischen Tank und Motor einer Reihe von Gefahren ausgesetzt ist und keinerlei Reserveleitung aufweist? Zur Doppelzündung sind wir alle übergegangen – warum nicht zu einem Doppeltanksystem für Notfälle?«

Nach einiger Zeit genehmigte die Flugsicherheitsbehörde den Einbau des neuen Systems, das dann auch patentiert wurde. Heute weist jedes MAF-Flugzeug ein Reservetanksystem auf, womit Nate der Missionsfliegerei und allen übrigen gefahrenreichen Flugunternehmen einen unvergesslichen Dienst erwies. Vielleicht hat diese Reserveleitung auf lange Sicht sogar größere Bedeutung als die Eimerspirale, die in Nates späteren Erlebnissen eine entscheidende Rolle spielte.

Von den Dschungelfliegern wurde oft verlangt, dass sie einen Missionar versorgen, der weitab von einem Landestreifen stationiert ist. Hierbei hatte Nate Versuche mit Versorgungsfallschirmen angestellt. Aber der Wind trieb die Fallschirme auf hohe Bäume oder in unzugängliche Teile des Dschungels. Manchmal öffneten sich die Schirme auch nicht.

Dazu kam, dass es nicht immer leicht war, sich mit dem Empfänger zu verständigen. Hand- und Körpersignale wurden oft falsch oder auch gar nicht verstanden.

»Eines Tages«, schrieb Nate in sein Tagebuch, »überflog ich eine kleine Dschungelsiedlung und beobachtete, wie alle Einwohner auf dem Dorfplatz zusammenliefen und mit weißen Tüchern schwenkten. Während ich kreiste, legte sich einer mit dem Gesicht nach oben und mit ausgebreiteten Armen auf die Erde, während die anderen um ihn herumstanden. Was sollte diese Botschaft bedeuten? Im Augenblick konnte ich nicht mehr tun, als etwas Aspirin abwerfen, womit dem verzweifelten Dorf wohl kaum geholfen war. Höchstens ein Bote, der bald eine Woche bis zur Station benötigte, konnte das Flugzeug zurückholen.«

Dann fiel ihm ein, wie er in Wheaton einmal seinen an einem Bindfaden herabbaumelnden Bleistift beobachtet hatte.

»Ich überlegte, ob sich das gleiche Prinzip nicht auf einen Gegenstand anwenden ließ, der an einer Leine aus einem Flugzeug herabpendelte. Warum sollte ich es nicht gleich versuchen?

Wir begannen mit einem 500 m langen Seil und einem kleinen Segeltucheimer. Mit einem Helfer startete ich zu unserem ersten Versuch. Der Eimer wurde an dem Seil befestigt und aus der Flugzeugtür herabgelassen. Mit dem anderen Ende wurde das Seil so am Flugzeug befestigt, dass es bei einem Festhaken in den Bäumen leicht abreißen konnte.«

Als Nate zum ersten Mal auf Urlaub in die Vereinigten Staaten fuhr, übte er den Eimerabwurf auf einem Flugplatz bei Los Angeles.

»Während mein Freund die Leine wegfierte, kreiste ich in einer Höhe von 300 m. Die Kreise mussten weit sein, und nachdem der Eimer etwa 500 m hinter uns herflog, konnte der Versuch beginnen. Ich legte die Kiste schräg, wendete schärfer und ließ den Kreis allmählich immer enger werden, wobei wir den Eimer im Auge behielten. Wie ein gehorsames Bremserhäuschen am Ende eines unsichtbaren Zuges folgte er in unserem Luftwirbel. Merkwürdigerweise befand sich der Eimer schließlich uns genau gegenüber, wenn auch ein wenig tiefer, und bewegte sich in entgegengesetzter Richtung. Er schien sich selbstständig gemacht zu haben und unsere Flugbahn nachzuahmen.

Als ich nun noch enger zu kurven anfing, trat etwas Merkwürdiges ein. Bisher war der Eimer mit etwa 100 km/h dahingerast. Jetzt fing er an, sich langsamer zu bewegen. Die große Seilschleife hinter ihm hing schließlich in den von uns beschriebenen Kreis hinein und erlaubte dem Eimer, in die Spitze eines riesigen, unsichtbaren Kegels abzusinken.

Während der Eimer abwärtsfiel, schien er jede horizontale

Bewegung verloren zu haben. Schließlich legte er sich ganz ruhig mitten auf dem flachen Feld unter uns nieder.

Als wir, noch immer kreisend, ein wenig höher stiegen«, fuhr Nate fort, »hob sich der Eimer gehorsam vom Boden und schwebte in der Luft.«

Nach der Landung fanden die Männer in dem Eimer Gräser von einem Acker, auf dem sie nie hätten landen können und dem sie sich höchstens auf etwa 250 m genähert hatten.

Bei den nächsten Versuchen wurde der MAF-Pilot Dane Derr am Boden postiert, um den Eimer in Empfang zu nehmen und ihn mit »Postpaketen« zurückzuschicken.

Von Anfang an war Nate der Überzeugung, dass man in dieser Technik keinesfalls eine Spielerei für neugierige oder ein Kunststückchen für unerfahrene Flieger sehen durfte. An sich war sie ungefährlich, aber wie alles bei der Fliegerei duldete sie keinerlei Unachtsamkeiten.

In Ecuador hatte Nate bald Gelegenheit, den Eimerabwurf unter Dschungelverhältnissen auszuprobieren.

»Frank Mathis von den Wycliff-Bibelübersetzern hatte aus dem großen Dorf Arapicos einen Hilferuf erhalten. Nachdem er bereits unterwegs war, erfuhren wir, dass in der Gegend eine äußerst ansteckende Krankheit herrsche.

Inzwischen waren wir nicht mehr allein auf den alten Segeltucheimer angewiesen, nachdem wir uns zwei Feldtelefone und 500 m Telefonkabel besorgt hatten. Mit mir flog Bob Hart, und wir waren bald über dem Dorf. Frank war bereits zu Fuß angekommen. Als wir kreisten, sahen wir ihn heraufwinken.

Als Nächstes wickelten wir das Kabel ab, an dessen Ende das Telefon im Eimer ruhte. Er landete genau auf der Lichtung inmitten des Dorfes.«

›Hallo, Frank!‹, rief Nates Passagier in den Apparat. ›Hier spricht Bob Hart.‹

Während Hart sich ein paar Minuten mit Mathis unterhielt, meldete Nate über Sprechfunk einem Arzt in dem über 300 km entfernten Quito die angegebenen Symptome: Magenbeschwerden, Kopfschmerzen, Beinkrämpfe, Kältegefühl in den äußeren Gliedmaßen und verkrampfte Kiefer. Als sie hörten, dass Mathis nicht in Gefahr sei, flogen sie nach Shell Mera zurück und holten die Medizin, die der Arzt den kranken Indianern verschrieben hatte.

Mit Zeichnungen und Briefen wandte sich Nate an eine Reihe von Flugzeugkonstrukteuren und machte Vorschläge hinsichtlich einer für die Dschungelfliegerei geeigneten Maschine.

»Für den Flugzeugtyp, den wir brauchen, gibt es keinen Markt, und folglich wird er nicht gebaut. So beißen wir einfach die Zähne zusammen und behelfen uns mit dem, was zur Verfügung steht, weil wir wissen, dass unsere Arbeit getan werden muss.«

Selbst als er von keinem der befreundeten Ingenieure ermutigt wurde, blieb Nate hartnäckig bei seiner Idee. Er untersuchte sogar, wie man an einem Leichtflugzeug Fallschirme anbringen könnte, die bei einer Notlandung die Schwerkraft des Flugzeugs abbremsen sollten.

»Einen Freund in Kalifornien habe ich um diesbezügliche Auskünfte gebeten, und ich werde mich weiter umhorchen, was für ein Haken bei der Sache ist. Sollte sich keiner zeigen, dann würde ich gern eine alte 40-PS-Cub auftreiben, ein paar gewöhnliche Fallschirme an ihr anbringen und einige Versuche unternehmen. Anfangs würde ich sie einfach als Landungsbremsen am Boden einsetzen und sie dann in immer größeren Höhen aufgehen lassen, bis die Maschine zusammenzuklappen droht.

Dem Gewicht der Fallschirme gelten meine größten Bedenken. Zwei Achtmeterschirme wiegen 15 kg. Wenn ich mit 40 statt mit 100 km/h auf Bäumen oder in einem Flussbett aufsetzen kann, muss ich notfalls die 15 kg an anderen Stellen einsparen.«

Wegen seiner ständigen Versuche, einen kleinen dreimotorigen Doppeldecker zu entwerfen, wurde Nate von den einen als Genie und von anderen als Fantast bezeichnet, der die aerodynamischen Gesetze herausfordere.

Von seinen Freunden wurde er wegen seines unermüdlichen Sicherheitsstrebens belächelt. »Schließlich«, sagten sie, »sollte ein Missionar auf Gott vertrauen.«

»Wir können und dürfen nichts unversucht lassen, Dave«, schrieb er an seinen Bruder. »Denk einmal an deinen kleinen Sammy und stell dir vor, sein Vater müsste sich in eine einfache, von Menschenhand gebaute, starke Maschine setzen, die beim geringsten Versagen Sammy als Waisenkind oder mit einem verkrüppelten Vater dastehen ließe.

Vielleicht sind meine Überlegungen heidnisch, wie man mir gesagt hat, aber all das berührt mich nicht, und ich kann jetzt auch nicht auf menschliche Ratschläge hören. Was ich jetzt brauche, das ist die Weisheit, die nur Gott schenkt. Ich glaube an Wunder. Natürlich sind sie Gott ohne Weiteres möglich. Aber es kommt doch wohl darauf an, das zu tun, was Gott von uns verlangt. Ohne Gottvertrauen stünde ich nicht hier. Es ist gut möglich, dass diejenigen, die es mit einem Achselzucken abtun und sagen: ›Der Herr wird dich behüten‹, sich kaum den Ansteckungsgefahren in einer Großstadtmission aussetzen. Verzeih, wenn ich in diesem Punkt ein wenig empfindlich bin.

Ich mache mir Sorgen um die Sicherheit, aber ich lasse mich dadurch nicht davon abhalten, für die Sache Gottes zu arbeiten. Bei jedem Start bin ich bereit, das Leben hinzugeben, das ich Gott schulde, aber ich meine, wir sollten uns schnell jeder möglichen Verbesserung bedienen, die uns die Arbeit, die vor uns liegt, besser verrichten lässt.

Mir sind Leute begegnet, die fliegen los, als könnten diese kleinen Motoren niemals versagen. So sagt es die Statistik, auf die sie sich ganz und gar verlassen. In Kansas mag das ja ganz gut sein, aber dieses gute Gefühl der ›statistischen Sicherheit‹ vergeht einem, wenn man über die Anden kommt und am Rand des Dschungelgebiets auf der anderen Seite niedergeht. Auch du würdest die Sache anders sehen, wenn dein Entwurfs- und Grübeltisch eine Pilotenkanzel hinter einem einzigen Motor wäre, der über große, alte Bäume dahinbrummt. Nun, wir werden jedenfalls all diese Fragen gründlich durchforschen und in unsere Gebete einbeziehen.«

An die Männer der MAF schrieb Nate: »Eine Menge Ideen, die bis jetzt eingefroren waren, beginnen aufzutauen. Ich kann die Erfindungen nicht daran hindern, in meinem Kopf zu rumoren, aber ich bemühe mich, dasjenige herauszufinden, was von einigem Wert sein könnte.

Was mich bisher einzig und allein von der Dreimotorigen abgebracht hat, waren die Worte meines Bruders: ›Das dürfte unmöglich sein. Seiner Meinung nach müsste ich dazu erst Ingenieur werden und so weiter. Dazu habe ich keinerlei Lust, aber ich kann ein bisschen rechnen. Als Erstes möchte ich beweisen, dass ein Flugzeug, wenn es erst einmal in der Luft ist, mit zwei der drei Motoren geflogen werden kann und dann noch für Spezialzwecke wie hier in Ecuador wirtschaftlich genug sowie außerdem noch klein und leicht genug ist, um allen unseren Anforderungen zu genügen. Wir werden sehen. Wenn das Leben eines Burschen in unserer Arbeit überhaupt etwas wert ist, dann stecken wir meiner Meinung nach nie zu viel Geld in eine Sache, wenn wir sie damit ein Stück sicherer machen.

Dabei dreht es sich nicht allein um Marj und die Kinder. Genauso geht es um alle anderen Frauen und alle anderen Kinder, die nach einem winzigen Fleck am Himmel Ausschau halten und auf das Brummen des einen Motors lauschen.«

Daneben machte sich Nate auch Gedanken über Einsparungsmöglichkeiten bei der Ausrüstung. Wie nüchtern er dachte, geht aus einem Brief hervor, den er an eine Klasse junger Menschen in den Staaten richtete: »Wir sorgen dafür, dass wir nichts Entbehrliches im Flugzeug mitschleppen. Als unsere Mission das Flugzeug kaufte, hatte es wunderbare, weiche Sitze. Bald merkten wir jedoch, dass jeder dieser Sitze fast 4 kg wog. Also nahmen wir härtere Sitze, die nur 0,5 kg wogen, und können nun mehr Lebensmittel und andere wichtige Ladung an Bord nehmen.

So ist es mit vielen Dingen; sie sind angenehm, sie sehen gut aus, aber sie nützen uns bei unserer Arbeit nichts oder halten uns auf, also müssen wir uns von ihnen trennen. Leicht ist die Arbeit nicht, die Jesus Christus für euch und für uns bereithält. Wenn ihr ihm dienen wollt, wenn ihr dazu beitragen wollt, andere Menschen für Christus zu gewinnen, müsst ihr euch für das eine oder andere entscheiden.« Seiner Art entsprechend knüpfte Nate daran ein geistliches Bild: »Wenn der Lebensflug zu Ende ist und wir unsere Fracht am Ziel ausladen, dann kann derjenige dem Herrn die wertvollste Ladung vorweisen, der allen unnötigen Ballast über Bord warf. Und nicht nur das. Es gibt noch ein anderes Geheimnis. Zwei Flugzeuge mögen sich äußerlich gleichen, und doch kann das eine doppelt so viel Fracht in die Luft tragen. Der Unterschied liegt in der Leistung des Motors. Im Lesen der Bibel liegt die Stärke des christlichen Lebens. Ballast ist zu nichts gut, und eine große Maschine mit geringer Leistung kommt nicht weit.«

Nates Einstellung war völlig richtig. Persönlich interessierte er sich mehr für die Sicherheit als für den äußeren Schein. Mit fast pedantischer Gewissenhaftigkeit achtete er darauf, dass keine unnötige Ausrüstung mitgeführt wurde. »Ich habe beschlossen – so Gott mir hilft – eine Nase zu entwickeln, die alle Fallen riecht, die der technische Fortschritt mir stellen könnte.«

Neben seinen fliegerischen Aufgaben verwandte Nate viel Zeit darauf, Shell Merita wohnlicher zu gestalten.

Da es in dem primitiven Dorf Shell Mera keine Elektrizität gab, staute er den Fluss hinter dem MAF-Gelände und baute ein kleines Wasserkraftwerk. Für den Notfall lieferte ein Dieselmotor mit Generator den Strom, der ständig vorhanden sein musste, um das Sprechfunksystem in Gang zu halten. Außerdem benötigte ihn Marj für die verschiedenen Haushaltsgeräte, mit denen sie als Einzelne den gewaltigen »Hotel«-Betrieb bewältigen konnte, der sich in Shell Merita entwickelte. »Was anfangs nur eine Hoffnung und ein Hobby war, liefert jetzt Tag und Nacht kostenlos Strom ins Haus«, schrieb Nate. »Wir reden von der ›Shell-Mera-Elektrizitätsgesellschaft mit beschränkter Wattstärke‹. Anfangs habe ich mir viele Gedanken gemacht wegen der Zeit, die ich in dieses Unternehmen steckte, denn es sah doch sehr nach einer der Sachen aus, durch die viele Diener Gottes verleitet werden, ›etwas anderes zu tun‹. Schätzungsweise kostete die ganze Bauerei 150 Dollar und rund einen Monat meiner Arbeitszeit. Radio HCJB schenkte uns den Generator und das meiste andere Material, das wir Stück für Stück im Laufe der letzten anderthalb Jahre gesammelt haben. Ich habe mich bemüht, den Bau im Rahmen eines Hobbys zu halten, indem ich nur daran arbeitete, wenn ich gerade Zeit hatte.«

Das Haus erwies sich bald als zu klein für die vielen Menschen, die auf dem Weg in den Dschungel waren oder in umgekehrter Richtung durch Shell Mera kamen. Die Missionare von den verschiedenen Dschungelstationen machten in Shell Merita halt, wenn sie zu Einkäufen nach Quito oder nach Guayaquil unterwegs waren, wenn sie zum Arzt oder Zahnarzt mussten oder an einer Arbeitstagung für Missionare teilnehmen wollten. Aus den Staaten kamen Besucher, die das Leben der Saints interessant machten. Marj schrieb nach Hause, dass der Ausbildungsleiter für Missionstechniker am Moody Bible Institute und »ein anderer Bursche von Moody« auf Besuch kämen. Der »andere Bursche« stellte sich später als der leitende Vizepräsident des Moody Bible Institute heraus, der als einer der ersten den Einsatz von Missionsfliegern befürwortet hatte.

»Mr. Growell von Moody war zuerst recht zurückhaltend und außerdem halb tot von einer ziemlich aufregenden Autofahrt über den Baños-Pass«, schrieb Nate an seine Eltern.

»Manchmal ist die Straße sogar noch schlechter, und dann setzen sie ein Ding ein, das sie ›Taravita‹ nennen. Was das Wort bedeutet, weiß ich nicht, aber wenn ich die Vorrichtung betrachte, dann bin ich sicher, dass das Wort nicht dazu passt. Das Ganze besteht aus einem Kabel, das über die Schlucht führt, wo sonst die Straße oder eine Brücke sein sollte. Unter das Kabel hängen sie eine hölzerne Plattform ohne Seitenwände, die von zwei selbst geschmiedeten Eisenrollen getragen wird. Dann bleibt einem nur die Wahl zwischen einem steilen Pfad hinab zu einem schmalen Steg, wo zwei Balken über ein schäumendes Wildwasser führen, oder dieser Seilbahn – einer flügellosen Abart der ersten Flugzeuge. Dabei schaukeln die Passagiere über einen fast 400 m breiten Abgrund, während sechs Männer sie an einem abgeschabten Seil auf die andere Seite ziehen.

Schon oft hatten wir überraschende Besuche, aber der überraschendste dürfte gestern Jimmy Doolittle gewesen sein. Als Mr. Humphries von der Shell Company ihn vorstellte, dachte ich, er wollte sich nur wegen der Ähnlichkeit einen Scherz erlauben, und fast hätte ich geantwortet: ›Sehr erfreut, ich bin George Washington‹, wie es zu mir und meinem großen Mundwerk passt. Aber es war wirklich General Jimmy Doolittle in Zivil und mit der üblichen Baseballmütze. Er erkundigte sich nach der Missionsarbeit und nach unserer ›kleinen Luftwaffe‹. Dann erzählte er von Jake DeShazer, der während der ersten, besonders gefährlichen Bombenflüge nach Japan zu seiner Einheit gehörte. DeShazer geriet in japanische Gefangenschaft und kehrte später als Methodisten-Missionar nach Japan zurück.«

Ja, das Flugzeug hatte der Missionsarbeit großen Auftrieb gegeben. Als Nate und Marj 1948 in den Dschungel gingen, wurden zwölf Missionare auf sechs Stationen von ihnen betreut. Ende 1954 waren es 25 Missionare auf neun Stationen.

Das braun gestrichene Haus musste immer wieder erweitert werden, bis ein geräumiges Bauwerk daraus wurde, in dem 20 und mehr Personen Schlafgelegenheit hatten.

»An dieser Stelle muss ich betonen, dass wir mit dieser Hauserweiterung keineswegs den Bau eines weiteren Hauses für MAF-Personal überflüssig machen wollen«, schrieb Nate an das Hauptquartier. »Die Erweiterung soll lediglich der Bewältigung des jetzt üblichen Gästeverkehrs dienen. Für meine Familie steht nur ein Schlafzimmer zur Verfügung. Kathy schläft in ihrem Bettchen unter der Treppe, die unser Zimmer an einer Ecke schneidet. Kürzlich übernachteten 19 Gäste bei uns … fremde

Missionare, ecuadorianische Mitarbeiter, ein Lehrer samt seiner Familie und einige Indianer. Die Tage, an denen unsere Familie in der letzten Zeit allein war, kann man bestimmt an zwei Händen abzählen.

Marj und Nate waren stolz auf ihr wachsendes Haus, das mit seinem weit heruntergezogenen Dach einem Schweizer Chalet sehr ähnlich sah. Nate führte die Regenrinnen, die das Wasser vom Aluminiumdach sammelten, zu einer fest gebauten Betonzisterne. Um die Zisternenkuppel hatte er eine 60 cm breite Rinne angelegt, die ein sicheres Planschbecken für die Kinder abgab.

Die erste Dusche baute Nate gerade an dem Tag in Shell Merita ein, an dem seine Schwester Rachel auf dem Wege zu ihrer Sprachforschungsarbeit in Peru durch Ecuador kam. Nate beschrieb die neue Errungenschaft: »In ein Zwanzigliterfass schraubten wir einen gewöhnlichen Wasserhahn und daran löteten wir die Brause. Das Ganze läuft in Holzschienen und wird mit einem Seilzug zur Decke hinaufgezogen. Auf dem Küchenherd machen wir einfach einen Topf Wasser heiß, lassen das Fass herunter, gießen das heiße Wasser hinein und vermischen es mit kaltem, ziehen dann den Apparat in die gewünschte Höhe und erfreuen uns fünf Minuten lang eines wahren Hochgenusses. Durch ein warmes Brausebad fühlten wir uns schlagartig so erfrischt, dass es unserer Meinung nach in der hiesigen Gegend für alle MAF-Mitarbeiter obligatorisch gemacht werden müsste.«

An der vorderen Hauswand hatten Marj und Nate liebevoll Bougainvillea-Ranken hochgezogen, die noch zur Schönheit dieser christlichen Wegstation in den Dschungel beitrugen.

»Schönen Dank für deine Briefe«, schrieb er an Jim Truxton. »Es tut mir leid, dass wir so lange nicht geantwortet haben. Das Fach mit meiner unerledigten Post sieht aus wie ein Dinosauriernest und enthält wahrscheinlich noch Dienstschreiben von George Washington. Aber ich bin entschlossen, die wichtigsten Dinge zuerst zu erledigen, und will mich nicht mit Müdigkeit entschuldigen. Wenn ich nicht jetzt gleich an dich schreibe, könnte es leicht sein, dass der Umschlag eine Briefmarke aus dem Jahr 2000 trägt.

Ich wollte, du könntest die ›Budenstadt‹ jetzt sehen. Die neue Bodega ist ringsum umrankt, in zwei Vorgartenbeeten blühen Blumen, und das Gras steht so hoch, dass wir uns nach einem Rasenmäher umsehen. Manchem mag es luxuriös vorkommen, aber wir haben unsere Freude daran. Ich kann klarer denken und bin umgänglicher, wenn ich unsere niedliche, kleine Kükenschar abends füttern kann, ohne gleichzeitig an 16 Notlösungen denken zu müssen.

Wenn mir aber noch einmal jemand vorschlägt, Enten zu halten, dann weiß ich die Antwort schon im Voraus. Denn sie lieben den Dreck wie die Schweine, und hinterlassen Dreck, wo sie auch immer vorüberwatscheln. Sollte es dich reizen, zu einem Entenessen zu uns zu kommen – wir liefern die Entchen, alle 16 auf einmal.

Jetzt geht bald alles seinen guten Gang. Manchmal sehen wir nun schon ein wenig Himmel zwischen den dichten Haufen dringender Arbeit. Heute hoffen wir, die Bretter an der Hausseite auswechseln zu können. Beim Hausbau verwandten wir hier ganz frisches Holz, und jetzt sind die Bretter so zusammengeschrumpft, dass man bald die Hand hindurchstrecken kann … An einem der letzten Abende hatten wir Besuch im Vorratsraum. Auf alle Fälle muss es jemand gewesen sein, der die Hunde kannte. Der arme Schelm hatte Pech. Beim ersten Paket, das er in die Hand nahm, saß die Schnur nicht fest, und ein paar Kochtöpfe fielen mit einem Lärm zu Boden, der ihm wie Donnergetöse vorgekommen sein muss. Jedenfalls zog er sich eilig zurück und ließ nur eine Bettdecke, ein Kissen und ein paar persönliche Dinge mitgehen … ein billiger Denkzettel. Ich werde mir wohl einen Vorderlader und ein wenig Schrot besorgen müssen. Angeblich soll das beste Mittel gegen ungebetene Eindringlinge eine der uralten Jivaro-Feuersteinflinten sein, die man mit Insektenpulver und Steinsalz vollpfropft. Wer so eine

Ladung aufs Fell gebrannt bekommt, der glaubt, ein Kaktus wüchse ihm von innen durch die Haut.

Draußen baut ein Zimmermann unsere Werkstatt, und aus Guayaquil kommt Material für das Aluminiumdach. Die Sache nimmt Gestalt an. Noch ein paar Steine und ein wenig Mörtel, und die Senkgrube ist fertig, und bald danach werden wir eine Toilette im Haus haben. Sicher werden wir das Vergnügen vermissen, durch den Schlamm den Hügel hinabzuschlittern und unser dreiwandiges Häuschen mit dem Ausblick nach Norden zu benutzen. Bei uns arbeitet jetzt auch eine kleine Schweißerei. Sauerstoff kann man in Ambato für neun Dollar pro Flasche bekommen. Azetylen-Generatoren sind hierzulande zu teuer, und so haben wir uns mit 30 Dollar Materialkosten und in sechs Arbeitsstunden selbst einen gebaut. Er funktioniert sicher und sieht genau so aus wie ein handelsüblicher.«

Die Küche, die Nate baute, hielt jeden Vergleich mit derartigen Einrichtungen in der Heimat aus. Seiner Ansicht nach musste das einstöckige Haus so einfach wie möglich gebaut sein, und daher wies keiner der Räume eine Decke auf, und die Zimmer waren nur durch einfache Bretterwände abgeteilt. Dadurch sollten Fledermäuse, Ratten oder anderes Dschungelgetier keine Schlupfwinkel finden.

Sein handwerkliches Geschick und seine Fähigkeit, sich mit dem vorhandenen Material zu behelfen, machten ihn zu einer Hilfe für alle Dschungelstationen. Für den praktisch veranlagten Nate Saint war das ein Teil seiner Reichsgottesarbeit und ein Mittel, um die Missionsarbeit in Ecuador erfolgreicher zu gestalten.

Tagebuch eines Dschungelfliegers

Der MAF-Stützpunktbetrieb in Shell Mera war komplizierter, als ein Außenstehender sich vorstellen kann. »Die Funkzeiten, dazu der Einkauf für so viele Dschungelstationen, die Postverteilung, die Nachrichtenübermittlung, das Abfüllen von monatlich mehreren Tausend Litern Treibstoff sowie Öl und nebenher noch das Fliegen und die Motorenwartung … wer daneben noch hier draußen Haushalt und Familie versorgen soll, der kommt sich vor wie der Leiter eines Waisenhauses, dem eine Getränkebude und ein Würstchenstand am Broadway angegliedert sind«, schrieb Nate.

Die Fässer mit Flugbenzin mussten eingelagert werden. Nate entwickelte ein Verfahren, um den Treibstoff direkt zum Hangar zu leiten, wodurch beim Auftanken des Flugzeugs die schweren Fässer nicht mehr bewegt zu werden brauchten.

Ebenso war auch Marj den ganzen Tag über damit ausgelastet, ihre Familie zu betreuen, zu der schließlich die Kinder Kathy, Stevie und Phil gehörten. Sobald das MAF-Flugzeug in der Luft war, hatte Marj den Kurzwellenempfänger eingeschaltet und verfolgte den Flug. Damit sie daneben die umfangreiche Buchführung und die anderen Schreibarbeiten erledigen konnte, bastelte Nate ihr ein Pedal zum Ein- und Ausschalten des Mikrofons.

Durch die Sprechfunkverbindung zwischen den einzelnen Dschungelstationen und Shell Mera hatte sich das Leben im Oriente ebenso verändert wie durch das Missionsflugzeug. Vor Kurzem erst hatten die Techniker zwei weitere Funkstationen in Quito und Guayaquil errichtet. So wurden wichtige Dinge schnellstens erledigt, und vor allem konnte eine Art funkmedizinische Behandlung eingerichtet werden, bei der Ärzte von HCJB Anweisungen für tief im Dschungel lebende Indianer durchgaben, die dann die verordneten Medikamente von ihrer »Buschapotheke« in Shell Mera erhielten.

Neben ihren Funk- und Buchführungspflichten und ihrem Haushalt leitete Marj noch das »Dschungel-Warenhaus«.

»Um sieben Uhr morgens«, schilderte Nate, »während ich das Flugzeug für den täglichen Flugdienst fertig mache, sitzt Marj am Funkgerät und ruft die Stationen. Missionare geben ihre Bestellungen für Obst und Gemüse, Fleisch und Dauerwaren, Petroleum und Medikamente durch. ›Guten Morgen, Carol, guten Morgen, Carol; HC7NS steht auf Empfang für euch … Ende.‹ Wir sagen ›Ende‹, wenn wir auf die Antwort des anderen warten. Im nördlichen Dschungel, so wird behauptet, sagen alle Indianer ›Okay, Ende … Okay, Ende.‹ Sie hören es ziemlich oft, wenn sie sich bei den Häusern der Missionare herumdrücken und die Köpfe zu den Fenstern hineinstrecken, um die ›Stimmen aus dem Kasten‹ zu hören. ›Ende, an Frank‹, dann Morrie, Mike, Jerry und Henry usw. rundum. Wir verwenden lieber die Vornamen der Missionare als die Kennbuchstaben. Weiter oben im Gebirge hören Missionare bei uns mit, obwohl sie keine Sendeeinrichtung haben. Angeblich bildet die ›Dschungelsendung‹ ihr liebstes Radioprogramm, weil es keine Wiederholungen kenne. Entweder erzählt Frank, er sei mit seinem Einbaum über einen anderthalb Meter langen Alligator hinweggefahren, oder – gerade heute – berichtet Mike von einem Mann, der sich an einem Pfahl den Leib aufgerissen hat und wahrscheinlich ausgeflogen werden muss.«

Wenn sie die Aufträge gesammelt hatte, bestellte Marj die Konserven, das Gemüse und das Obst, die von Ambato mit dem Lastwagen nach Shell Mera gebracht wurden. Dann wurden Lieferscheine für die einzelnen Stationen ausgeschrieben, und danach half sie Nate, die Ladung für das Flugzeug auszuwiegen und die Postsäcke fertig zu machen, deren Inhalt den einsam wohnenden Missionaren so viel bedeutet.

Alles Mögliche wurde eingeflogen – Lebensmittel, Menschen, Öfen, leichte Pflanzen, Aluminium, Kühlschränke: Dinge, die das Leben im Dschungel verändern. Manchmal wurden auch Kälber, Schweine, Kaninchen, Ziegen, Truthähne und Esel im Flugzeug festgebunden und zu einer Dschungelstation gebracht.

Bei der Vielzahl der Besucher musste Marj auch einen reichlich bemessenen Lebensmittelvorrat halten und dafür sorgen, dass für die Gäste mitgekocht wurde, die »immer wie die Scheunendrescher aßen«.

Nates Tage waren randvoll ausgefüllt. Seine Aufzeichnungen über einen Maitag verdeutlichen am besten »ein Stück aus seinem Leben«.

Heller Sonnenaufgang. Sieht nach einem schönen Tag aus.

6.30 Uhr: Flugzeug auftanken und überprüfen, während Marj Dringlichkeitslisten der Missionsfrachten durchsieht.

7.00 Uhr: Marj steht in Funkverbindung mit den Dschungelstationen, während ich etwas Frühstück in mich hineinstopfe. Die Maschine ist beladen und startbereit. Dos Rios meldet Bodennebel. Pano ist nebelfrei. Ich könnte dort landen, falls der Nebel sich nicht lichtet, bis ich nach Dos Rios komme. Erstes Ziel: Dos Rios, 75 km.

7.21 Uhr: Start in Shell Mera.

7.44 Uhr: Der Nebel ist gestiegen und hat sich ein wenig gelichtet. Ich bereite Landung in Dos Rios vor.

8.00 Uhr: Post für Dos Rios wurde ausgegeben, restliche Ladung neu verstaut. Start nach Pano, sieben Kilometer entfernt.

8.03 Uhr: Landevorbereitungen für Pano.

8.10 Uhr: Lebensmittellieferung für eine Woche. Frischgemüse und Post ausgeladen. Weiter nach Shandia, zehn Kilometer von Pano entfernt. Das ist der Routineflug über dem nördlichen Dschungel.

8.15 Uhr: In Shandia gelandet. Post und Lebensmittel ausgeladen.

8.18 Uhr: Start zum Rückflug nach Pano. Ein Missionar muss zum Zahnarzt geflogen werden. Da die Startbahn Pano kurz ist, musste das Flugzeug leer gemacht werden, bevor es mit einem Passagier startete.

8.26 Uhr: Start von Pano nach Shell Mera. Während ich die Positionsmeldungen durchgebe, höre ich Marj den morgendlichen Sprechverkehr mit den östlichen Dschungelstationen und mit Quito sowie Guayaquil abwickeln.

Wir erfahren, dass die Einfuhrbewilligung für den neuen Motor vorliegt, den wir im nächsten Monat dringend brauchen. Das ist ein Grund zur Freude. Seit Ende Januar bemühen wir uns um diese Importlizenz.

8.33 Uhr: Position: IIa, 1350 m Höhe.

8.45 Uhr: Landung in Shell Mera.

9.00 Uhr: Marj ist noch mit dem Funkverkehr beschäftigt. Kathy und Stevie sind aus den Schlafanzügen in die Spielkittel umgestiegen. Sie haben anscheinend schon gefrühstückt. Ralph Stuck, ein Missionsbruder, der bei dem nächsten Flug auf seine Station gebracht werden soll, hat sein Gepäck beieinander und verstaut es im Flugzeug, während ich nachtanke und den Ölstand prüfe.

9.15 Uhr: Start von Shell Mera nach Sucua, 120 km nach Süden im Dschungel. Es fliegen mit: Ralph Stuck, ein hiesiger Arbeiter und ein siebenjähriger Jivaro-Junge, der vor einer Woche mit einem gebrochenen Arm ausgeflogen worden war.

Mit einem Gipsverband und einer Menge toller Geschichten

über die ›große Stadt‹ kehrt er zurück und wird seine Spielgefährten im Dschungel damit sehr beeindrucken.

9.54 Uhr: Setze zur Landung in Sucua an.

10.08 Uhr: Start von Sucua nach Shell. Passagiere: G. Christian Weiß vom Vorstand einer Missionsgesellschaft, der das Missionsfeld zuletzt im Jahre 1946 zu Fuß besuchte und von den Auswirkungen der Missionsfliegerei begeistert ist: Señor Carlos Malordo, ein ecuadorianischer Soldat, der allein zurückblieb, als ein Militärflugzeug gestern ohne ihn davonflog.

10.47 Uhr: Landevorbereitungen für Shell Mera.

11.00 Uhr: Während wir das Flugzeug überholen, überlegen wir, wohin wir als Nächstes fliegen sollen. Frank Mathis wartet 140 km östlich von Montalvo auf die Maschine. Er ist bei den Wycliff-Bibelübersetzern und hat kein Funkgerät. Wir hatten vereinbart, ihn heute abzuholen. Ich entscheide, dass er als Nächster an die Reihe kommen soll, aber wir können über Macuma fliegen und bei der Gelegenheit dort gleich eine Ladung absetzen. Es liegt 90 km südostwärts, und so werden wir ein Dreieck fliegen.

11.15 Uhr: Wir sind gerade startbereit, als der Militärbefehlshaber für den östlichen Dschungel eintrifft. Er erklärt, dass man Vorräte für den Militärstützpunkt in Montalvo abgeworfen habe, aber ein großer Teil sei beim Aufprall geplatzt und unbrauchbar geworden. Dort brauche man dringend 100 kg Reis, und unser Flugzeug könne weit und breit als Einziges auf dem kurzen Landestreifen aufsetzen, den die Soldaten vor Kurzem angelegt haben.

11.17 Uhr: Start von Shell Mera nach Macuma. Miss Dorothy Walker, Missionarin bei den Jivaros, und Linda Drown, die Tochter von Frank Drown, fliegen mit.

11.48 Uhr: Von Macuma nach Montalvo mit 100 kg Reis und einer guten Landkarte. Der Flug führt über ein fast unbewohntes Gebiet, das abgesehen von den Flüssen ziemlich unerforscht ist.

12.17 Uhr: Ich sichte den Bobanaza und gehe tiefer. Esse das

Käsebrötchen, das Marj mir mitgegeben hat. Thermosflasche mit kalter Milch ist gerade das Richtige. Die Sonne scheint hell und heiß durch die Windschutzscheiben, obwohl es draußen in dieser Höhe kalt ist.

12.30 Uhr: Landevorbereitungen für Montalvo. Beim Anflug entdecke ich Frank. Er ist planmäßig von seiner Inspektionsreise zurück. Ich hatte mir deswegen ein wenig Sorge gemacht. Der Landestreifen scheint in Ordnung. Ich setze zur Landung an.

12.35 Uhr: Etwa 50 ecuadorianische Soldaten umringen das Flugzeug. Der Hauptmann erklärt, ihr Sprechfunk sei durch Ausfall des Stromerzeugers gestört. Er übergibt uns die Teile, die repariert werden müssen. Hauptmann Jacome ist ein guter Freund, der oft nach Shell Mera kommt. Er hat nichts dagegen, dass ich Traktate und biblische Schriften an seine Männer verteile. Anschließend kann ich noch eine Minute zu ihnen sprechen.

12.50 Uhr: Starte von Montalvo nach Shell Mera. Spreche über Funk mit Marj. Frank freut sich über ein kümmerliches halbes Käsebrötchen. Trotz vereinzelter Schauer scheint sich das Wetter zu halten. Wir folgen dem Bobanaza eine halbe Stunde lang in nordwestlicher Richtung, dann entschließen wir uns zu einem kleinen Umweg, um Frank unterwegs auf seiner Missionsstation absetzen zu können. Der Landestreifen ist nur kurz, aber wir haben keinen allzu großen Ballast dabei, und der Wind steht günstig.

13.31 Uhr: Vorbereitung zur Landung in Llushin. Franks Familie freut sich, dass er wohlbehalten zurück ist. Aufgrund von Franks Erkundungen beschließt Miss Cathy Peeke, nach Quito zu fahren, um Vorbereitungen für die Arbeitsaufnahme in Montalvo zu treffen. Sie klettert in die Maschine und wir starten nach Shell Mera, wo sie einen Bus nach Quito abwarten will.

13.49 Uhr: Vorbereitung zur Landung in Shell Mera.

14.00 Uhr: Der Wetterbericht aus Macuma ist noch gut. Hier in der Nähe braut sich ein Unwetter zusammen. Frank Drown und Roger Youderian helfen uns beim Tanken und beim Beladen des Flugzeugs für Macuma. Sie waren in der Stadt, wo sie ihre großen Jahreseinkäufe erledigten. Mrs. Stuck und ihr Baby fliegen als Einzige mit. Sie will in Macuma noch etwas in Ordnung bringen und dann morgen nach Sucua weiterfliegen, wo sie ihren Mann trifft, der dort eine neue Station aufbaut.

14.23 Uhr: Start nach Macuma. Die Regenwand ist dicht herangerückt. Aber für Macuma und weiter nach Osten hin wird gute Sicht gemeldet.

14.52 Uhr: Setze zur Landung in Macuma an.

15.10 Uhr: Start von Macuma nach Shell Mera über Llushin. Marj erzählt mir per Funk, dass Mary Sargent, Cathy Peekes Mitarbeiterin bei den Jivaros, ebenfalls nach Quito möchte, bevor sie zu dem Stamm aufbrechen. Da Llushin auf dem Weg liegt und die Maschine leer ist, lässt sich das einrichten.

15.28 Uhr: Landung in Llushin.

15.40 Uhr: Start von Llushin nach Shell Mera.

15.46 Uhr: Landung in Shell Mera. Das Wetter hält sich noch immer, aber ich bin fertig. Wir machen Feierabend.

Jetzt haben wir euch den heutigen Tag miterleben lassen. Nicht alle Tage gibt es so viel zu fliegen, aber jeder Tag ist angefüllt. Da gilt es, die einzelnen Stationen instand zu halten, das Flugzeug zu warten und sich um das Bauprogramm zu kümmern, das dank der Ausdauer und des Könnens eines gläubigen Indianers Fortschritte macht.

An nicht ganz einem Tag legte Nate fliegend eine Strecke zurück, für die man auf der Erde 40 anstrengende Marschtage benötigt hätte.

Ein Weg zwischen den Wolken

Als Hobey Lowrance, der Nate während seiner Genesung vertreten hatte, noch in Ecuador war, kam die Weisung, gemeinsam ein neues Rollfeld für Chupientza zu erkunden, wo George Moffat und seine Frau seit 23 Jahren unter unglaublich schwierigen Bedingungen eine Missionsstation unterhielten.

Zusammen mit Marj stiegen die beiden Flieger in Sucua auf Pferde und machten sich auf den Weg nach Chupientza. Die Moffats hatten schon an ihre Pensionierung denken müssen, weil sie sich den langen Ritten einfach nicht mehr gewachsen fühlten. Ehe Shell Mera ins Leben gerufen wurde, hatten sie zwei bis drei Wochen lang über gefährliche, schlüpfrige Gebirgs- und Dschungelpfade reiten müssen, um in zivilisierte Gegenden zu gelangen.

Bald merkten die drei Reiter, dass es kein Vergnügen war, stundenlang im Sattel zu sitzen. Die Pferde wateten bis zu den Kniegelenken im Schlamm, der ihnen manchmal sogar bis an den Bauch hinaufreichte, durchquerten Flüsse und kletterten an Steilufern hoch, wo sie sich oft nicht trauten, die Hufe zu heben.

Nach sechseinhalb Stunden erreichten sie Chupientza, eine

hübsche Ansiedlung, die auf dem 200 m hohen Steilufer des Upano in einer Dschungellichtung liegt. Die Moffats arbeiteten mit Erfolg unter den Jivaro-Indianern, aber es gab sehr viele Indianer, die dem Ruf des Evangeliums noch nicht gefolgt waren.

Obgleich die Jivaros nach althergebrachter Sitte einander ständig umbrachten, bildeten einige ihrer Dschungelbräuche einen auffallenden Gegensatz zur viel gepriesenen Sicherheit der Zivilisation. Während all ihrer Jahre im Dschungel hatten die Moffats nie ihre Haustür verschlossen, und nie war ihnen etwas gestohlen worden.

Obwohl Nate, Hobey und Marj von ihrem langen Ritt erschöpft waren, so lauschten sie doch gern, als die Moffats aus der Frühzeit ihrer Missionsarbeit erzählten. Mrs. Moffat berichtete von einem Zwischenfall, der die Gefahren der Dschungelarbeit bildhaft illustrierte.

»Wir waren zu Fuß zu unserer alljährlichen Missionskonferenz unterwegs«, sagte sie. »Die ersten vier Tage lang trug ein Indianer unser sechs Monate altes Töchterchen in einem Korb auf dem Rücken. Als wir den Ort erreichten, wo wir Maultiere mieten konnten, war kein einziger Träger aufzutreiben, und so schnürte George unsere Kleine in eine Matratze und nahm sie zu sich auf sein Tier.

An einer baufälligen Brücke schickten wir die Lasttiere hinüber, dann folgte George, ohne abzusteigen. Das Maultier scheute und rutschte mit dem Hinterbein von der Brücke ab. Der Eseltreiber packte rasch die Zügel, und so konnte das Tier wieder Fuß fassen. Doch George und die Kleine sausten in den Abgrund. Ich schrie auf. Vor mir sah ich nur eine über 100 m tiefe Schlucht und unten einen tosenden Wildbach. Hier konnte nur Gott meinen Mann und mein Kind retten, und so flehte ich zu ihm. Mir kam es vor wie eine Ewigkeit. Dann sah ich plötzlich Georges Kopf am Abhang auftauchen. ›Er lebt‹, war mein erster Gedanke, ›aber das Kind ist sicher den Hang hinuntergerutscht.‹ Ich konnte mir nicht vorstellen, wie er sich mit einem Baby auf dem Arm an diesem felsigen Steilhang hätte halten sollen.

Gleich darauf rief George dem Eseltreiber, er solle das Kind nehmen. Ich traute meinen Augen und Ohren kaum, aber dann konnte ich gerade noch rechtzeitig absteigen, um die Kleine in Empfang zu nehmen. Als ich sie in die Arme nahm, seufzte sie tief auf.

Auf der anderen Seite der Brücke blieben wir stehen, um das Kind genauer zu untersuchen. Seine Augen, Nase und Ohren waren voller Dreck, aber sonst schien es sich bei dem Sturz nichts getan zu haben. Ich wischte dem Kind den Dreck aus dem Gesicht, und wir zogen weiter.

Was meinem Mann geschehen ist? Oh, auch er blieb unverletzt, aber für seine schottische Seele war es ein schwerer Schlag, dass er seinen Hut dabei einbüßte.«

Die Mitglieder der MAF-Gruppe entdeckten ein schon vor Jahren gerodetes Stück Land, das leicht zu einem Landestreifen auszubauen war. Dann machten sie sich wieder auf den langen Marsch nach Sucua.

Endlich sahen sie das gelbe Flugzeug wieder. Mike Ficke begrüßte sie in aller Eile und sagte dann: »Wir warten schon auf euch. Henry Millers Kind ist schwer krank.«

Drinnen im Haus setzte sich Nate an den Kurzwellensender und rief die Station Pano, 160 km nach Norden. Bald schnarrte Henrys Stimme durch die atmosphärischen Störungen: »Es handelt sich um den kleinen Donnie. Wir haben alles versucht, aber es sieht aus, als müsse er schnell zum Arzt geschafft werden.«

Alle um das Funkgerät Versammelten wussten, was das noch vor ein paar Jahren bedeutet hätte. In drei Tagen hätte ein Indianer das Baby auf seinem Rücken zum nächsten Arzt oder in fünf Tagen zum nächsten Krankenhaus geschleppt.

Es war schon 14.30 Uhr. Nate musste das Flugzeug erst in Shell Mera auftanken. Während Henry Miller das Kind zur nächsten Landemöglichkeit trug, würden etwa zwei Stunden vergehen. So konnte Nate noch einen Umweg fliegen und einen anderen Missionar und Marj nach Macuma bringen, das etwa 80 km vom Weg entfernt lag.

»Wir starteten sofort und stießen auf 2500 m Höhe«, berichtete Nate. »Eine halbe Stunde später flogen wir über den Macuma-Pass und ließen uns zur entlegensten Station des östlichen Dschungels tief im Kopfjägerland hinuntergleiten.

In Macuma wurden meine Passagiere gegen einen eingeborenen christlichen Schullehrer ausgetauscht, der zu unserem 85 km entfernten Stützpunkt wollte. Die Berge waren ungewöhnlich klar, was gutes Flugwetter bis zum Sonnenuntergang verhieß.«

In Shell Mera entlud Nate das Flugzeug und tankte es auf. Minuten später war er wieder in der Luft und unterwegs nach Tena. Während er nordwärts flog, beobachtete er die verstreuten Indianerlichtungen dort unten, die aussahen »wie winzige Korken, die auf einem endlosen Meer von wirrem Grün« schwammen. Bei einigen konnte er ein Stück lang den nördlichen Pfad ausmachen. Seit zwei Jahren brauchte kein Missionar mehr diesen Pfad zu benutzen.

Nach 25 Minuten schwebte er bei Tena zur Landung ein. Er sah Henry und Vera Miller am Rand des Landestreifens stehen, der neben dem Pfad angelegt war.

»Noch am selben Nachmittag waren das Baby und seine Mutter im Behandlungsraum eines Arztes«, schrieb Nate, »und Henry wieder an der Arbeit auf seiner Missionsstation. In den zwei Stunden, die er für den Dschungelmarsch brauchte, hatte ich fast den Weg einer dreiwöchigen Expedition zurückgelegt und war genau rechtzeitig eingetroffen.«

Nate Saint war es gewohnt, Notflüge durchzuführen, die ihm sein ganzes fliegerisches Können abverlangten. Wenn er sich auch ständig um eine verstärkte Flugsicherheit bemühte, so musste er doch immer wieder ›vorhersehbare Gefahren‹ auf sich nehmen.

Der Missionar Morrie Fuller hatte in Ahjuana am Ufer des nördlich und ostwärts von Shell Mera dahinfließenden Napo eine neue Station gegründet. Die erste Ausrüstung der Fullers hatte Nate auf dem früheren Landestreifen der Shell Company in Arajuno abgesetzt. Von dort wurde das Material in Kanus auf dem gefährlichen Arajuno flussabwärts befördert.

In Ahjuana war eine Pockenepidemie ausgebrochen – diesmal musste ein schnellerer Transportweg gefunden werden, da die Medizinmänner sonst die Missionare für die Todesfälle verantwortlich machen würden. Da gab es nur eines – sofort Impfstoff nach Ahjuana bringen.

»Die kalte stählerne Luftschraube fühlte sich gut an, als ich den Motor durchdrehte, um die einzelnen Zylinder zu überprüfen«, schrieb Nate. »Jeder Kolben erwiderte meinen Druck auf die Propellerblätter und versprach, auf die leiseste Bewegung des Gashebels zu reagieren.

Dunkel türmten sich die Anden vor dem heller werdenden Himmel im Westen. Im Süden konnte ich erkennen, wie die Lava aus dem Vulkan ausströmte. War die Glut des Sangay zu sehen, dann konnten wir uns auf gutes Wetter verlassen.

20 Minuten später«, fuhr Nate fort, »nahm ich das Gas zurück, und der Motor lief von da an mit einem tiefen Dröhnen. Die Nadel des Höhenmessers zeigte auf 400 m, als wir in einen schmalen Einschnitt zwischen den hohen Bäumen glitten. Unter mir lag der Landestreifen von Arajuno.

Während ich am Ende des verlassenen Rollfelds die Fracht auslud, fielen mir die Geschichten von den Aucas ein, die hier irgendwo ca. 20 km entfernt hausten.

Vorübergehend aller Ladung ledig, löste sich das Flugzeug leicht vom Rollfeld, und bald schlängelte sich unter mir das breite silberne Band des Napo, der sich irgendwo weit im Osten mit dem mächtigen Amazonas vereint. Als ich näher kam, machte ich längs des Flusses hellbraune Flecke aus. Sandbänke?

Ja, tatsächlich. Ich nahm das Gas weg und fuhr die Landeklappen aus. Kanus schossen auf die Flussufer zu. Wir kurvten ein wenig nach links, dann nach rechts und folgten mühelos den Windungen des breiten Flusses. Genau am gegenüberliegenden Ufer vor der Missionsstation lag die größte Sandbank der Gegend. Beim zweiten Anflug entdeckte ich, dass sie mit Steinen übersät war. Wenn ich mir einen Reifen aufschnitt, wären nicht nur die Fullers, sondern auch die anderen Missionare eine Zeit lang ohne Nachschub. Als ich noch einmal knapp über die Sandbank hinflog, konnte ich sehen, wie Morrie begeistert sein Hemd schwenkte und zu einem Kanu rannte. Sicher hatte er gedacht, dass ich dort landen wollte.

Während ich wieder Höhe gewann, ließ ich mir die Gefahren des Unternehmens durch den Kopf gehen. Die Sache eilte, weil der Motor mit jeder Minute kostbares Benzin fraß, und so kritzelte ich auf einen Notizbuchzettel: ›Brauche 200x10 m. Beseitigt alle größeren Steine, möglichst in einer Stunde.‹«

Als die Maschine knapp über die Köpfe der Indianer hinwegflog, die mit Fuller warteten, warf Nate den Zettel ab und riss dann die Maschine steil zum Himmel. Er kehrte nach Arajuno zurück und lud neu. Nach einer Stunde fegte er wieder über das Wasser hinweg auf die Sandbank zu, wo die Indianer inzwischen die größten Steine fortgeräumt hatten.

»Beim Anfliegen ging ich mit dem Flugzeug so vorsichtig wie noch nie um«, schrieb Nate. »Ich behielt den Geschwindigkeitsmesser im Auge und nahm ein wenig Gas weg. Es ging knapp über das Wasser dahin, jetzt ein wenig hoch und über einige Felsblöcke hinweg. Die Räder setzten auf dem steinigen Grund auf. Sogleich war das Flugzeug von Indianern umringt, und Sekunden später sah ich, wie sich Fuller durch die aufgeregte Menge drängte. ›Impfstoff?‹, rief er. Ich drückte ihm die kostbare Medizin in die Hand.«

Nicht weit davon entfernt befindet sich am Eingang des Dschungels das Städtchen Tena. Dort beabsichtigten die Missionare, einen Evangelisationsfeldzug durchzuführen. Sie hatten sich ein Zelt, Farbdias und passende Platten besorgt. Jim Savage, ein durchreisender, ansonsten in Venezuela arbeitender Missionar, sollte sprechen, und Nate flog ihn nach Tena.

Am selben Tag hatte sich in Tena ein Arbeiter heftige Verbrennungen und schwere Handverletzungen zugezogen, als eine Sprengladung zu früh hochging. Als Jim und Nate ankamen, waren die meisten Einwohner am Rollfeld. Nate flog sofort den schwer verletzten Ecuadorianer aus und brachte ihn zu einem Arzt. Dieser Zwischenfall machte die Herzen in Tena für Savages Verkündung empfänglich.

Da die MAF in Ecuador im Sinne der Regierung arbeitete, hatte sie die Erlaubnis für einen nicht kommerziell ausgerichteten Flugdienst erhalten. Das erwies sich für beide Teile als vorteilhaft, denn das Flugzeug beförderte oft Regierungsbeamte und Heeresangehörige.

Am 18. Februar 1950 erhielt Nate die Nachricht, dass eine Maschine, die Oberst Edmundo Carbajal, der Oberbefehlshaber der ecuadorianischen Luftstreitkräfte, steuerte, über einem winzigen Landestreifen 270 km südlich von Shell Mera im Dschungel abgestürzt war. Nähere Einzelheiten über den Unfall waren nicht zu erfahren.

Nate war im Nu startbereit. Über schwieriges Gelände flog er das Gebiet an. Irgendwo in dem Tal musste ein winziger Landestreifen aus dem Dschungel herausgehauen sein. Als ein Sonnenstrahl blinkend auf das Aluminiumwrack fiel, entdeckte er die Lichtung. Während Nate zur Landung ansetzte, sah er über sich in etwa 1800 m Höhe eine Heerestransportmaschine. Das größere Flugzeug konnte nicht eng genug kreisen, um in das tief eingeschnittene Tal zu gelangen. Da Nate das kleine Rollfeld nicht kannte, kreiste er 20 Minuten lang und flog dicht über die Lichtung, um die Luftströmungen und Hindernisse zu studieren. Bei den letzten Anflügen setzte er leicht mit den Rädern auf dem Boden auf. Dann gab er über Sprechfunk an das Transportflugzeug durch, dass er zur Landung ansetzen werde. Die Landung war nicht sonderlich aufregend. Aber dann stürmten von allen Ecken des Rollfeldes Leute auf das Flugzeug zu. Schließlich erhielt Nate einen zusammenhängenden Bericht über den Zustand des Obersten. Man sagte ihm, er würde zum Landestreifen gebracht werden. Daraufhin gab Nate an den Transporter durch, dass er den verletzten Offizier 110 km nordwärts nach Sucua fliegen werde, wo er in eine Maschine der ecuadorianischen Luftwaffe umgeladen werden könne.

Die Dorfbewohner genossen das große Ereignis und veranstalteten sogleich ein Fest. Als Nate es freundlich ablehnte, sein Flugzeug zu verlassen und ins Dorf zu gehen, brachte man ihm etwas zu essen. Er »speiste königlich« im Schatten der Tragflächen, machte sich aber dabei Gedanken über das Wetter und darüber, wie lange es noch dauern würde, bis er mit dem Verletzten starten könnte. Unterdessen legte Nate vor der seine Maschine umdrängenden Menschenmenge Zeugnis von seinem christlichen Glauben ab. Alle hörten ruhig und achtungsvoll zu. Den Beamten des Ortes schenkte er Neue Testamente in spanischer Sprache, und die Polizei unterstützte ihn beim Verteilen von Evangeliumsschriften. Dann half die gesamte Bevölkerung mit, das Rollfeld in Ordnung zu bringen, Steine aus dem Weg zu schaffen, Löcher auszufüllen und weiche Stellen hart zu stampfen.

Unter Gesang und Geschrei geleiteten schließlich 200 Menschen den verletzten Offizier auf einem Pfad zum Landestreifen. Von ihnen aus hätte es noch stundenlang so weitergehen können. Nate musste zusehen, wie das Wetter sich rasch verschlechterte. Kaum 1,5 Kilometer entfernt regnete es bereits.

Mit entblößtem Haupt betete Nate, dann löste er die Bremsen des Flugzeugs und jagte zwischen den jubelnden Menschen die Startbahn entlang.

»Eine Minute später rief ich Shell Mera über Funk«, schrieb Nate. »Dort war das Wetter noch in Ordnung. Ein großes Problem bildeten nur die nahen Granitfelsen. Wir konnten es uns nicht leisten, mit ihnen in Berührung zu kommen … In 2500 m Höhe hatten wir hinter uns und zu beiden Seiten schwarze Kumuluswolken. Aber vor uns lag das Flusstal mit unserem Bestimmungsort.

Das ganze Tal glich einem schmalen, sonnendurchfluteten

Korridor zwischen dunklen, drohenden Wolken. In Flugrichtung hatten wir etwa 40 km Sicht. Dieser Flug war kein Zufall. Er war ein Missionsflug, den Gott gewollt hatte.«

Shell Merita

Obgleich die ständig wachsenden Anforderungen an Nates und Marjs Kräften zehrten, nahmen sie sich doch viel Zeit für die Kinder. Nate war ein Mann mit ausgesprochenem Familiensinn. Infolge seiner Verletzungen konnte er bei Kathys Geburt nicht dabei sein, aber das machte er reichlich wett, als die Familie wieder vereint war und die drei nach Shell Merita zurückkehrten. Kaum konnte Kathy krabbeln, da folgte sie ihrem Vater wie ein Hündchen. Beim Frühstück brauchte Nate seine Zeit, weil er ein langsamer Esser war. Dann saß Kathy in ihrem Kinderstuhl neben ihm.

Kathys Lachen und ihr freundliches Wesen machten Shell Merita zu einem fröhlichen Heim. Selbst wenn sie einmal einen Klaps bekommen hatte, kam sie gleich wieder liebevoll zu ihrem Vati.

Zwei Jahre darauf wurde am 30. Januar 1951 Stephen Farris Saint geboren, und diesmal war Nate in der HCJB-Klinik in Quito dabei. Hinterher schrieb er an die Großelternpaare: »Es war eine ziemlich lange Wache, und dann nur ein paar geschickte Bewegungen, und der Arzt hob den Kleinen an den

Beinen hoch. Erst seit diesem Erlebnis empfinde ich das richtige Dankbarkeitsgefühl.«

Von Anfang an prägten Nate und Marj ihren Kindern ein, wie wichtig es ist, dass Jesus in ihre Herzen kommt und ihr Leben leitet. Für gewöhnlich wurde nach dem Abendessen eine Andacht gehalten.

Wenn es eben ging, brachte Nate die Kinder zu Bett, erzählte ihnen eine Geschichte und betete mit ihnen, bevor sie zugedeckt wurden.

»Während er bei den Kindern auf dem Bett lag oder saß, erzählte er ihnen vom guten Hirten, vom Himmel oder davon, was es heißt, gut zu sein«, erinnerte sich Betty Elliot. »Dann stellte er ihnen auch Fragen, betete oder sang Glaubenslieder mit ihnen. Manchmal sprachen sie auch über die Sünden, die die Kinder tagsüber begangen hatten, und darüber, was sie dagegen tun müssten.«

»Mit den Kindern unserer eingeborenen Mitarbeiter hat sich Kathy rasch angefreundet«, schrieb Nate an Freunde. »Es ist lehrreich und anspornend zugleich, wenn man sieht, wie sie mit den Indianerkindern spielt und auf kindliche Weise in drei Sprachen schwätzt.«

In einem Brief an seine alte Großmutter schrieb er: »Die Kinder wachsen heran und werden jeden Tag interessanter. Wir freuen uns, wie selbstverständlich Kathy über Jesus und den Himmel spricht. Man könnte meinen, sie sei schon dort gewesen.«

Früher hatte Nate der Lebenseinstellung seines Vaters kritisch gegenübergestanden, die so sehr von seiner eigenen, aufs Praktische eingestellten Haltung abstach.

Dann aber hatte Nate auch wieder voller Bewunderung und Stolz von seinem Vater gesprochen, besonders in der Zeit, da er älter wurde und selber Kinder hatte. Dabei bemühte er sich, all sein falsches Verhalten seinem Vater gegenüber wiedergutzumachen.

»Neulich träumte ich«, schrieb er an seinen Vater, »ich sei in der Küche in Huntingdon Valley und du kamst bei strömendem Regen herein. Als du dicht an mir vorübergingst, beugtest du dich herab und flüstertest mir liebevoll ins Ohr: ›Ich habe es eilig, ich muss fort und meinen neuen Leib holen.‹ Ich dachte, du lägest im Sterben und wachte auf.

Schuld an dem Traum dürfte ein Artikel in ›Reader's Digest‹ gewesen sein, wo von Menschen erzählt wurde, denen der Tod eines geliebten Menschen über weite Entfernungen hinweg ›mitgeteilt‹ worden war. Das mit dem ›neuen Leib‹ hören wir oft von Kathy. Sie fragt uns immer wieder, wann wir unseren neuen Leib bekämen.

Als ich aufwachte, war ich davon überzeugt, dass Gott mir deinen Heimgang mitgeteilt hätte. Und als ich recht wach wurde, fiel mir ein, dass du nun 70 Jahre alt sein musst. Durch diesen Traum wurde mir segensreich bewusst, wie tief und herzlich ich dich und Mutter immer geliebt habe, und wie sehr mich mein schlechtes Benehmen und meine Achtungslosigkeit als junger Bursche bedrückt. Ich bedaure beides aufrichtig, bin mir aber darüber im Klaren, dass du es mir bereits verziehen hast, auch wenn ich dich nicht um Verzeihung gebeten habe.

Vielleicht – ja, gewiss – waren deine Geduld und die Gnade Gottes, die sich in deinem Wesen offenbarte, meine besten geistlichen Lehrmeister. Ich glaube, dass Gott mir diese Kindheitserlebnisse geschenkt hat, damit ich Zeuge eines reifen Glaubens und der natürlichen Auswirkungen von echt christlicher Gnade und Erfahrung würde.

Neulich in der Nacht habe ich geweint, weil ich daran denken musste, wie schrecklich es wäre, wenn du heimgerufen würdest, ohne dass ich dir gesagt hätte, wie dankbar ich dir für deine aufrichtigen Sorgen um meine Seele bin. Möge Gott mir die Glaubenstreue erhalten, solange wir eine Kathy dazu erziehen, eines Tages Mutters Dienst zu übernehmen, und einen Stephen, dass er – 2000 Jahre nach dem Tod seines Namensvetters – ebenfalls ›im Leben oder im Tod‹ freudig für seinen Herrn Zeugnis ablegt.«

Nate hatte immer eine tiefe Liebe für seine Mutter empfunden. Ihr Wesen schilderte er in einem seiner Kriegsbriefe: »Mutter setzte mit einer äußerst energischen, ja, beinahe fanatischen Selbstlosigkeit und Aufopferung ihr letztes Quäntchen Kraft für uns Kinder ein. Es gelang ihr, immer im Hintergrund zu bleiben, sodass mir erst vor Kurzem klar zu werden begann, was sie uns gegeben hat – sie, die immer anderen das Verdienst zuschob.«

In einem Brief aus Ecuador sang er seinem Vater erneut das Loblied auf seine Mutter. »Hoffentlich geht es Mutter wieder besser. Was verdanken wir alle ihr doch! Welch große Bedeutung hat ihr fürbittender Dienst gerade in diesen Tagen, da der Sieg weder durch Macht noch durch Menschenkraft errungen werden kann. Wir glauben fest, dass das Kommen des Herrn nahe sein muss.

Dank dir, Mutter, dass du weiter die Stellung hältst. Dank für viele Tausend Suppentöpfe hinten auf dem alten Herd, für tausendmaliges Ausbessern unserer Hemden und Stopfen unserer Socken, für unzähliges Waschen. Hab Dank, liebe Mutter, für die vielen heimlich vergossenen Tränen, die Gott zum Eingreifen in das Leben deiner Kinder veranlassten. Niemals wird es uns an Verständnis, Opferbereitschaft und Ausdauer mangeln – vielmehr werden wir immer um den Wert einer Menschenseele wissen, denn von klein auf wurde unser Blick nach Golgatha hin gelenkt.«

Die gleiche Hochachtung und Liebe empfand Nate auch für seine Frau. Kurz nach der Hochzeit schrieb er ihr: »Deine Liebe hat mich durch allerschwerste Krisen und kleine, ermunternde Erfolge hindurchgetragen. Hätte ich dich früher schon gekannt, wie ich dich jetzt kenne, dann hätte ich dem Pastor nicht mit einem einfachen Ja, sondern mit einem Jubelruf geantwortet. Ich bin ja so glücklich, dass du immer an meiner Seite arbeitest. Mir war klar, dass ich für die Kurzstrecken genügend ›Puste‹ und Tempo besaß, doch Gott wusste, dass ich ein ›Schwungrad‹ brauchte, das mir auf den langen Strecken Beständigkeit verleiht.«

Seinen Eltern erzählte Nate, dass »Marj nach wie vor alles in Ordnung und in Händen hält. Jeder will wissen, wie sie es schafft. Mir ist es auch unklar. Der Herr hat bestimmt gewusst, dass ich bei dieser Arbeit eine Gefährtin brauchte, deren Gehirn wie eine Registratur arbeitet und die niemals sagen kann: ›Das geht nicht.‹ Marj beteiligt sich derart an der Arbeitslast, als säße sie bei mir in der Maschine und hätte ihren eigenen Steuerknüppel. Ihre Aufgabe ist sogar schwieriger als meine.«

In seinen Briefen in die Heimat stand manches von dem, was die Kinder sagten oder taten: »Kathy trägt ihre Puppe huckepack in einem Schal, den Marj und ich aus Quito mitgebracht haben.

Kürzlich war Kathy mit, als ich eine Ladung Gläubiger nach einem Sonntagabendgottesdienst heimbrachte. Auf der Rückfahrt fragte sie aus heiterem Himmel heraus: ›Warum hat Gott uns zwei Arme gemacht?‹ Mir fiel keine bessere Antwort ein, und so sagte ich: ›Wahrscheinlich hat er gedacht, wir könnten sie gebrauchen.‹ Im überzeugten Ton eines Theologen sagte sie: ›Er hat nicht gedacht, dass wir sie gebrauchen könnten. Er wusste, dass wir sie gebrauchen würden. Er weiß alles.‹

Ich halte sie nicht für etwas Besonderes oder für ein Wunderkind, aber wir haben sie zu gern, sie hat immer für alle und besonders für die Indianer ein Lächeln. Wir vertrauen darauf, dass ihre Liebe zu den Menschen der zarte Keil sein wird, der ihnen die Herzen öffnet, damit sie der frohen Botschaft von der Hoffnung und Liebe und dem Vertrauen auf Christus lauschen. Euch würde das Herz brechen, wenn ihr die leeren Gesichter von manchen dieser Leute sähet. Ihnen bedeutet das Leben wenig, und der Tod viel, nämlich Dämonen und Qualen.

Eines Tages fand Kathy ein Bilderbuch, wie es Gottesdiensthelfer zur Auslegung des Evangeliums verwenden. Ich wurde Zeuge, wie sie es Stevie und einem seiner Freunde erklärte. Wie ein Lehrer stand sie vor den Jungen und fragte:

›Was bedeutet Schwarz?‹

Stevie schwieg und dachte angestrengt nach.

›Nun, wie nennen wir es, wenn Satan uns sagt, wir sollten etwas tun?‹, half Kathy nach.

›Sünde!‹

›Richtig!‹ Dann erklärte sie, dass mit Rot das Blut Christi, mit Weiß die Vergebung der Sünden und mit Gold der Himmel gemeint sei.

›Jetzt kann Randy singen. Stevie, du gehst hinaus und erzählst den Leuten von Jesus. Das ist sehr wichtig, denn wir wollen nicht, dass Menschen in die Hölle kommen. Sogar die reichen Leute sollen in den Himmel kommen!‹

Die Kinder sind darauf verfallen, beim Essen gedruckte Bibelverse unter unsere Teller zu legen. Nach dem Essen lesen wir sie alle vor. Stevie hält seine Karte stolz in die Höhe, studiert sie und sagt dann ganz ernsthaft Johannes 3,16 auf: ›Also hat Gott die Welt geliebt, dass er seinen eingeborenen Sohn gab, auf dass alle, die an ihn glauben, nicht verloren werden, sondern das ewige Leben haben.‹ Dabei spielt es keine Rolle, was tatsächlich darauf steht und ob er sie verkehrt herum hält.«

Sam Saint hatte einmal die Befürchtung ausgesprochen, Nate würde seine Kinder zu streng behandeln. Dem konnte Nate entgegenhalten: »Wir strafen sie nie so, dass sie bockig werden oder das Strahlen in den Augen verlieren, das sich sofort wieder einstellt, wenn ein paar Tränen geflossen sind.«

Wenn die Kinder etwas angestellt und sich dabei verletzt hatten, dann kümmerte sich Nate erst um die Wunde und hielt ihnen danach eine Strafpredigt. Er machte ihnen ihre Dummheit klar, er schimpfte sie aus, und später zeigte er ihnen wieder, wie lieb er sie hatte.

Bei mehr als einer Gelegenheit trat Nates Zärtlichkeit zutage. So erinnerte sich Marj, dass Kathy krank war und Nate sich deswegen Sorgen machte. Müde von der schweren Arbeit in Shell Merita schlief Marj ein. Als sie in der Nacht aufwachte, sah sie, dass Nate still über seiner Tochter betete.

Als Nate einmal dahinterkam, dass die Achse an Stevies kleinem Seifenkistenwagen verbogen war, fragte er, wie das gekommen sei. Stevie sagte, er habe es nicht getan. Ob er wisse, wer es getan habe?

»Da überzog sich Stevies Gesicht mit der betonten Aufrichtigkeit, die einer Lüge vorausgeht wie die Wolken dem Regen«, sagte Nate. »Als ich meinen Gürtel abschnallte, meldete sich einer seiner Spielgefährten als Missetäter. Stevie hatte gelogen, um den anderen Jungen zu decken. Natürlich kam es gar nicht auf die Achse an, aber wir möchten unseren Kindern beibringen, dass sie die Wahrheit sagen müssen, ohne an die Gründe oder die Folgen zu denken. Nun gut, Stevie und ich gingen in die Werkstatt, und fünf Minuten später lief er in seinen Cowboystiefeln so fröhlich wie immer umher. Stets frage ich, wer daran schuld ist, dass er bestraft wird, und stets antwortete er: ›Es ist meine Schuld, Vati.‹«

Als es eines Abends Zeit zum Schlafengehen war, bemerkte man, dass Kathy kein sauberes Nachthemd hatte. In solchen Notfällen zog sie an, was gerade greifbar war – diesmal war es eines von Nates fleckigen Polohemden.

»Hmm«, sagte sie, »das riecht gut – genau wie mein lieber Vati. Wenn ich jetzt in der Nacht aufwache, meine ich, er läge neben mir im Bett.«

Zweifellos entsprang Nates glückliches Familienleben der liebevollen Atmosphäre, die ihn während seiner Kindheit in Huntingdon Valley umgeben hatte. Marj erwies sich als ideale Gefährtin, und ihre gegenseitige Liebe übertrugen sie auch auf die Kinder, die diese herzlich erwiderten. Nates Stellung zu Liebe und Ehe kam in einem Brief zum Ausdruck, den er seinem jüngeren Bruder Ben schrieb, als dieser ans Heiraten dachte.

»Erinnerst du dich noch der Vernarrtheit, an der ich vor einigen Jahren litt? So wie ich es jetzt sehe, beruhte das nur auf Einbildung. Ich machte mir Gedanken um Alice, bevor ich sie überhaupt richtig kannte. Immer wieder verfällt man dem Zauber des Unbekannten oder vielmehr dem Reiz des Neuen. Wir treffen ein Mädchen, sagen uns einige Nettigkeiten und gehen dann unseres Weges, wobei wir uns allerlei Schönes über das reizende

Wesen ausdenken können, das wir gerade kennengelernt haben. In unserer Einbildung können wir das Bild so vergolden, dass es uns die grundlegenden Tatsachen vergessen lässt, die zum Eheleben und zum täglichen sowie lebenslänglichen Miteinander gehören.

Als ich noch fest davon überzeugt war, Alice zu lieben, lernte ich Marj kennen. Wenn wir auch meinten, dass unsere Freundschaft lediglich ein rein ›geschwisterliches‹ Verhältnis sei, so sah ich doch deutlich, welch begabtes, empfindsames und liebenswertes Mädchen Marj war. Auch ihren Fehlern gegenüber blieb ich nicht blind. Ich war unvoreingenommen und konnte sie klar und vernünftig beurteilen. Nach und nach bewunderte ich Marj richtiggehend. Dabei handelte es sich nicht um das schwache, verwirrende Gefühl oberhalb der Magengegend. Nein, mich erfüllte die feste Überzeugung, dass der Mann zu beglückwünschen war, der sie einmal heiratete.

Dann verlobte ich mich brieflich mit Alice, während ich in Südmexiko war. Auf der Heimfahrt kam ich durch Los Angeles und sagte bei der Gelegenheit Marj, dass es wohl besser wäre, wenn wir unseren Briefwechsel einstellten. Sie lächelte verständnisvoll und vergoss ein paar Tränen, als sie mir Gottes Segen wünschte. Ben, ich sage dir, ich hatte einen Kloß im Hals, als säße mir ein Fußball darin. Ich hätte wie ein kleines Kind weinen können. Mir war wie einem Raumfahrer zumute, der plötzlich die sichere Mutter Erde verlässt und einem unbekannten Leben in einer unbekannten Atmosphäre auf dem Mond entgegenfliegt. Ich hatte den Schalthebel umgelegt und befand mich nun auf meinem beklemmenden Weg. Ein anständiges Zurück gab es nicht mehr. Ich hatte meine Entscheidung getroffen und musste dabei bleiben. Richtig traurig war ich nicht, doch ich fand es jammerschade, eine derart schöne, reife Freundschaft aufgeben zu müssen, bloß weil ich heiraten wollte …

Zurückblickend wird mir jetzt klar, dass mehr Sex als alles andere hinter dieser Verwirrung steckte. An dieser Stelle darf ich erwähnen, dass das Geschlechtliche ganz klar eine gottgewollte

Rolle in der Liebe spielt. Aber Sex ist die Blüte, nicht die Wurzel. Liebe ist die Wurzel, die den Stamm und das Blatt sowie die Knospe stützt und trägt. Die göttliche Ordnung heißt: erst Liebe, dann Sex. In der menschlichen Ordnung steht das Geschlechtliche an erster Stelle, und dann erst folgt die Liebe. Wenn aber für den Christen keine echte Liebe daraus erwächst – wehe, wehe seiner todgeweihten Seele. Die heutige Tendenz ist, Blumen zu züchten. Wir sollten uns mehr um die Wurzel kümmern …

Versteh mich nicht falsch. Ich verurteile das Geschlechtliche nicht. Gott hat es geschaffen, und wirklich Gläubigen ist es etwas Heiliges.

Von den jungen Männern, die ans Heiraten denken, sind sich nur wenige darüber im Klaren, inwieweit das Geschlechtliche einen Mann treibt. Wer nur deshalb die nächsten 20 Jahre mit einer Frau zusammenleben will, für den müssen die entsprechenden Worte (›bis dass der Tod uns scheidet‹) ein furchtbarer Kerker sein. Sie sollten die Kameradschaft, Freundschaft, Hilfe, Unterstützung, Opferbereitschaft, Zusammenarbeit und Ähnliches genießen. Daran sollte die Liebe gemessen werden.«

Nie wurde Nate müde, über Gottes Güte zu staunen, die ihm die richtige Gefährtin zuführte. »Was der Herr für uns getan hat, als er unsere Wege sich kreuzen ließ, wozu nach menschlichem Ermessen keinerlei Aussicht mehr bestand, das ist eine der großen Segnungen, die meinen Glauben immer wieder stärken werden. Du bist mir sehr teuer, Marj.«

Das Leben in Shell Mera brachte allerlei Aufregungen mit sich. Nicht nur um die vielfältigen Wünsche der Missionare und Indianer, sondern auch um die Tiere auf dem Stützpunkt musste man sich kümmern.

Dave Cooper hatte den Saints eine Polizeihündin namens Dolorina geliehen, die das Flugzeug bewachen sollte. Nate glaubte, Dolorina würde schon wegen des Motorenlärms und des Propellersausens nicht an das Flugzeug herangehen, aber da irrte er. Als er eines Tages zum Schuppen gerollt war und eben den Motor abstellte, kam Dolorina zu dicht an das Flugzeug heran, bevor sich die Luftschraube in Ruhestellung befand. Eines der Blätter traf sie am Kopf. Vom Pilotensitz aus konnte Nate den Hund nicht sehen, aber er wusste sofort, was los war.

Das Tier lag betäubt am Boden. Eine große Wunde hatte den Knochen über seinen Augen freigelegt. »Es sah aus, als würde der vordere Teil ihres Schädels gleich abfallen«, schilderte Nate so plastisch. »Ich beschloss, die Pistole zu holen und ihr Leiden zu beenden.«

Marj kam herausgerannt und sagte: »Nein, vielleicht können wir Dolorina retten!« Also nähten sie die Wunde. Am nächsten Tag tobte das Tier wieder umher.

Bald nach diesem Unfall brachte die tapfere Dolorina mehrere Welpen zur Welt. Eines Nachts hörte Nate, wie die Hündchen ein fürchterliches Gefiepe anstimmten. Als er Dolorina untersuchte, fand er heraus, dass sie ein großes Loch in ihr Gesäuge gerissen hatten. Wieder wurde das Leben der Patientin gerettet. Eine Nadel und ein Faden beseitigten das Übel, aber die jungen Hunde mussten von da an mit der Flasche großgezogen werden.

Oft bereute Nate seine Ungeduld. Mehrmals geriet er mit Mitarbeitern in Streit. Meist redete er zu derb mit ihnen, aber er bemühte sich ständig, seine Fehler abzulegen. Nach einer solchen Meinungsverschiedenheit schrieb er dem Betreffenden:

»Geld liegt sicher, wenn man es zur Bank bringt, aber ich möchte nicht, dass auch unsere Streitigkeit dorthin getragen wird. Meiner Meinung nach kämen wir alle besser miteinander aus, wenn wir uns nur dazu überwinden könnten, mit unseren Gefühlen genauso behutsam umzugehen wie mit einer Einzahlung auf dem Zahltisch zwischen Gott und dem ›Kunden‹. Was meinst du dazu?

In der Heiligen Schrift steht: Wenn ein Bruder an dir sündigt, so halte es ihm vor. Und wenn es ihn reut, vergib ihm (vgl. Lukas 17,3). Ich bin dahintergekommen, dass es am leichtesten ist, zwischen Versündigung und Missverständnis zu unterscheiden, wenn man gleich miteinander redet. ›Lasset die Sonne nicht über eurem Zorn untergehen‹ (vgl. Epheser 4,26) … ›Wenn du deine Gabe auf dem Altar opferst und wirst allda eingedenk, dass dein Bruder etwas wider dich habe, so lass allda vor dem Altar deine Gabe und gehe zuvor hin und versöhne dich mit deinem Bruder‹ (vgl. Matthäus 5,23-24).

Unser Hauptanliegen soll sein, Gott zu gefallen, aber in schwachen Augenblicken denken wir auch gern, dies und jenes gefiele vielleicht denjenigen, denen wir dienen. Der derzeitige Fahrplan hält einen ganz schön in Trab, und so hat man gar keine Zeit für die netten und langen Reden, durch die man sich sonst lieb Kind macht. Aber ich bin davon überzeugt, dass du meinen Versöhnungsversuch nicht als kalte Berechnung auslegen wirst. Ich halte nämlich große Stücke von dir!

Wenn du irgendwie schlecht über mich oder meine Arbeitsweise denkst, dann musst du mir den Gefallen tun und es mir sagen. Ich bin jung und weiß, dass ich viele Fehler und Mängel habe.«

Weil er seine Sünden und Schwächen erkannte, sah Nate auch so klar hinsichtlich der Rolle eines Missionars. Seiner Meinung nach machten die Christen in der Heimat allzu viel Aufhebens von den Missionaren. »Es ist schon schade, dass bei so großem Tamtam und so viel Trara so wenig herauskommt«, vertraute er seiner Mutter an. »Ich frage mich, ob nicht manche Leute die Missionare zu Helden abstempeln, um sich selbst damit trösten zu können, dass der Missionar eigentlich etwas schier Unmögliches zu leisten hat, weshalb man einem auch keinen Vorwurf machen kann, wenn man nicht in die Missionsarbeit hinausgeht … Schlimmer noch als einer, der aus verschwommenen theologischen und psychologischen Gründen daheimbleibt, ist derjenige, der aus derartigen Gründen hinausgeht.«

Oft sann Nate über die Wege nach, die Gott ihn geführt hatte. An seine Freunde zu Hause schrieb er:

»Wenn ein Mensch dahinterkommt, was Gott aus seinem

Leben machen will, dann stellt sich immer ein sichtbarer Zusammenhang heraus zwischen den Anlagen, der Begabung oder der Vorbereitung, die Gott ihm gewährte, und der Arbeit, in die Gott ihn rief. Habt ihr das nicht auch erfahren?

Gleich nachdem Marj und ich unser Leben der Mission weihten, meinten wir, dass all unser vorhergehendes Mühen und Planen in völlig falscher Richtung verlaufen sei. Wir waren bereit und hielten das hinter uns Liegende als unnütz für Christus und das Evangelium. Doch kaum hatten wir uns ernsthaft auf die Missionsarbeit eingestellt, da ließ uns Gott erkennen, welch entsetzlicher Mangel an Transportmöglichkeiten auf den vorgeschobenen Missionsfeldern herrschte – in Gebieten, in die man infolge der körperlichen Leistungsgrenze kaum eindringen kann. Jetzt freuen wir uns, dass der Herr bereits liebevoll für unser Leben gesorgt hat, als es ihm noch gar nicht recht gehörte. Er hat uns mit Vorbedacht und völlig zweckmäßig auf die Arbeit vorbereitet, die er für uns vorgesehen hat!«

Chupientza

1949 erfuhr Nate, dass die Shell Company beabsichtigte, ihre elfjährige Arbeit im Oriente einzustellen. Schnell ergriff er die Gelegenheit, Land und Ausrüstung der Gesellschaft für die Mission zu erwerben.

»Marj und ich haben eine Geschäftsführersitzung abgehalten«, schrieb er an die MAF-Leitung. »Nun konnten zwar die vielen Probleme aus Zeitmangel nicht hinreichend in unseren Köpfen ausreifen, aber das Beste scheint uns zu sein, wenn wir das Fleckchen, auf dem wir jetzt wohnen, samt dem umliegenden Land kaufen würden. Dann besäßen wir zum einen natürliche Grenzen, einen Zugang zum Fluss, das Stück Land, auf dem die Antennen stehen, und etwas mehr Ellenbogenfreiheit. Alles in allem zwei Hektar. Ein Stückchen die Straße hinauf liegen weitere zwei Hektar, die man ebenfalls günstig erwerben könnte.

Zum anderen sehen wir nun die Möglichkeit, einen Missionsarzt zu stationieren. Wenn Shell die Zelte abbricht, gehen mit ihr die einzigen Ärzte im ganzen Oriente. Ein Arzt könnte einen äußerst wichtigen Dienst verrichten, wenn er von Shell Mera aus ambulant mit dem Flugzeug arbeiten würde, weil man die Indianer mithilfe der Medizin selbst von weither in die Missionsstationen locken kann.

Immer wieder staunen wir, wie viele Kranke in den Dschungelstationen von ärztlich ungeschulten Missionaren betreut werden. Sie können einfach nicht tatenlos zusehen, wie die Menschen sterben, und so tun sie alles, was in ihrer Kraft steht. Auch hier in Shell Mera nimmt Krankenpflege einen wichtigen Platz ein. Gerade jetzt liegt wieder ein Indianerjunge mit einem gebrochenen Bein vor der Küchentür in einem kleinen Zelt, das wir errichtet haben, weil im Haus einfach kein Platz mehr ist. Sogar meine Werkstatt ist belegt. Kürzlich haben Marj und die Missionskrankenschwester droben in der Bibelschule um Mitternacht einem Kind auf die Welt geholfen. Am Vorabend waren sie zu einem Herzanfall gerufen worden.«

Sein gewohntes Geschick bewies Nate, als er den in die Heimat zurückkehrenden Ölsuchern riesige Mengen Bauholz, Werkstattausrüstung und allerlei Material für einen lächerlichen Betrag abkaufte. Den Inspektoren der GMU riet er, einige Gebäude aus dem Shell-Besitz zu kaufen, um darin eine Bibelschule einzurichten. Die Mission erwog schon länger, eine Schule für Landesbewohner in einer Gegend zu eröffnen, wo sie fern von den Ablenkungen der Stadt lernen konnten.

Für 570 Dollar konnte die GMU ein Anwesen erstehen, das die Shell seinerzeit 60 000 Dollar gekostet hatte. Nate und Marj schrieben nach Hause: »Wir sind begeistert. Nicht nur, weil wir reizende Nachbarn bekommen werden, so erfreulich das auch ist, sondern weil uns die Gebäude für eine Bibelschule, die Ecuador so dringend braucht, in einer Geschenkpackung mit einem roten Bändchen darum überreicht werden.«

Keith und Doris Austin, die mit Frank Drowns Familie in Macuma gearbeitet hatten, wurden mit der Leitung der neuen Bibelschule beauftragt. Schnell war ein Lehrerkollegium zusammengestellt, und die ersten Schüler fanden sich schon bald ein.

Die Shell Company, von deren Hilfe Nate beim Start seiner

Flugarbeit sehr abhängig gewesen war, würde nun bald von der Bildfläche verschwinden. Statt einer Ölstadt sollte Shell Mera nun eine christliche Ausbildungsstätte werden. Nate sprach oft davon, dass Gott den Ingenieuren und Arbeitern der Shell Company die Gnade erwiesen hatte, als Vorläufer seiner Sache im Oriente zu wirken.

Marj schrieb über einen gebrauchten Ölherd, den sie Shell abkauften: »Ich kann euch gar nicht sagen, wie sehr wir uns über den Herd und den Backofen freuen. Heute gab es bei uns den ersten selbst gemachten Braten, dazu mit etwas Speckschwarte gewürzte grüne Bohnen und Mus aus Äpfeln, die einer der Missionare im vergangenen Jahr für mich getrocknet hat. Und dass ich´s nicht vergesse, einen Heißwasserboiler konnten wir neben dem neuen Herd auch noch kaufen. Was für eine Annehmlichkeit ist es doch, wenn einem heißes Wasser aus der Leitung zur Verfügung steht!«

Monatelang hatte Nate einen Flug nach Quito aus Respekt vor denen hinausgeschoben, die seit seinem Unfall Bedenken hatten. Manche waren geradezu abergläubisch besorgt, es würde neue Schwierigkeiten geben, sobald Nate, das Stinson-Flugzeug und Quito miteinander in Berührung kämen. Als jedoch seine Bordfunkanlage ausfiel, blieb ihm keine andere Wahl, denn das Gerät war so eingebaut, dass es nicht ohne Weiteres aus dem Flugzeug entfernt werden konnte. »Es war wirklich herrlich, dort oben in fast 5000 m Höhe zwischen den schneebedeckten Gipfeln zu fliegen und sich frei wie ein Vogel zu fühlen. Auf alle Fälle war ich froh, den Flug endlich hinter mir zu haben und zu wissen, dass die Menschen nun wieder ruhig atmeten … Puh! War das bitterkalt! Und gleich wieder brennend heiß, wo die Sonnenstrahlen hinfielen. Diesseits des Quito-Passes, der von der Talsohle bis auf fast 4000 m ansteigt, verdichtete sich die Wolkendecke bei etwa 4500 m derart, dass ich beschloss, durch ein Wolkenloch hinunterzugehen und das letzte Stück unter den Wolken zu fliegen. In den ungefähr 30 Sekunden, die ich dafür brauchte, erlebte ich einen Temperatursturz, als käme ich aus dem sonnigen Kalifornien in die Arktis. Unten herrschte grässlich-grauer Winter mit strenger Kälte. Nach kaum einer halben Stunde war ich unten im gemütlich warmen Shell Merita und aß ein zweites Frühstück mit Marj.«

Im selben Brief erzählte er seinen Eltern von dem Kampf, den er gegen die Ameisen geführt hatte: »Draußen erholen sich die Rosen wieder von einem heftigen Angriff der Ameisen. Unsere Ameisen arbeiten nachts. Ein Bäumchen können sie innerhalb von Stunden völlig kahl fressen. In das Haus kommen sie nicht, denn wir haben Ölrinnen rund um das ganze Fundament gelegt. Kürzlich haben die Ameisen auf der Station Dos Rios in einer Nacht einen ganzen Zentner Getreide körnchenweise davongeschleppt ... Henry Miller hat einmal beobachtet, wie sich Ameisenkrieger an einem Flussufer zu einem dicken Ball zusammenscharten, in das Wasser rollten und den Fluss hinabtrieben, um in einer anderen Gegend ihr zerstörerisches Werk neu zu beginnen. Wenn sie an das schwer passierbare, kurz geschnittene Gras unseres Hofes kommen, machen sie sich die Mühe und schneiden sich knapp über dem Boden eine etwa acht Zentimeter breite Straße für ihren Lastentransport. Ich habe es mit Arsen versucht und büßte ein halbes Dutzend Küken ein, die vergiftete Ameisen gefressen hatten.«

Nate rechnete durchaus mit der Möglichkeit, dass er in Ausübung seines Dienstes ums Leben kommen könnte. Als er die Nachricht erhielt, dass er im Testament seines Großvaters bedacht worden war, schrieb er an seine Eltern:

»Zunächst ›gracias a Dios‹ für Großvater Proctors Treue und Fleiß. Sodann dies: Mögen wir treu und weise damit wuchern. Zuallererst möchte ich einen Betrag zur Seite legen, um Marj über die erste Zeit hinwegzuhelfen, falls mir etwas zustoßen sollte. Sie kann gut haushalten und würde mit den Füßen auf dem Boden bleiben. Dann wollen wir, so Gott uns die Zeit lässt und wir Urlaub erhalten, ein wenig an der Entwicklung von

Sicherheitsvorrichtungen arbeiten, was einiges Geld kosten wird. Für derartige Ausgaben möchten wir lieber keine Spendengelder nehmen. Marj ist von Herzen damit einverstanden, wenn ich das Geld auf diese Weise verwende. Sie sitzt Tag für Tag am Funkgerät und nimmt meine Positionsmeldungen auf, nur um genau zu wissen, wohin sie eine Rettungsmannschaft schicken muss, falls die Maschine ausfallen sollte. Und drittens wollen wir gern, dass der Rest des Geldes der Verbreitung des Evangeliums dient. Statt uns auf das schwankende Rohr des gebetslosen Scheckbuchs irgendeines Spenders zu verlassen, möchten wir zehnmal lieber auf Gott schauen, damit er uns durch die Gebetshilfe unserer Freunde unterstützt.«

Der »Pfennigfuchser-Thanny« hatte erkannt, dass Geld ein von Gott anvertrautes Gut ist. Es durfte nicht verschwendet oder für eigennützige Zwecke ausgegeben werden.

Die ecuadorianische Verkehrsmaschine, die den Pendelverkehr zwischen Quito und Shell Mera versah, stürzte im Gebirge ab. Viereinhalb Tage später tauchten der Pilot und zwei Passagiere aus dem Dschungel auf.

»Der Unfall hat mir zwar keine Gänsehaut verursacht, wie manche Leute erwartet haben«, schrieb Nate an die MAF, »aber er gab mir doch Stoff zum Nachdenken. Mir ist der Gedanke gekommen, dass ich müde bin. Marj hasst das Wort ›müde‹ – sie wird höchstens ›schläfrig‹ –, aber nie im Leben würde sie Müdigkeit zugeben. Es lässt sich nicht vermeiden, aber wir müssen einmal an eine Pause denken. Gern gebe ich es nicht zu. Augenblicklich habe ich hier nicht viel zu tun, aber die letzten drei Jahre sind nicht spurlos an mir vorübergegangen, und manchmal ist mir danach, ein Weilchen auszuruhen und entspannt und sorglos tief Luft zu holen. Ich möchte für die nächste Runde in Form sein.

Ich habe mein Innerstes durchforscht und mich gefragt, ob es etwa an einem geistlichen Mangel oder etwas anderem liegt, aber Geist und Wille sind in Ordnung. Nur – wenn ich Gas gebe, dann tut sich kaum etwas, fast wie bei meinem alten Ford. Er ist überhaupt bloß noch dadurch in Gang zu halten, dass ich ihn überanstrenge. Ich schlucke Vitamintabletten, und der Arzt hat mir ein Proteinpräparat verschrieben, das Burschen helfen soll, denen die Haut um die Knochen schlackert ... So weit geht hier alles in Ordnung, nur sehen wir dauernd kleine Gebirge aus Maulwurfshügeln vor uns – jedenfalls wirken sie so für müde Augen. Es ist nicht schlimm, wenn alles routinemäßig läuft, aber es wird dann gefährlich, wenn etwas rasch zu entscheiden ist. Tatsächlich glaube ich, dass letztlich auch die MAF dabei zu kurz kommt. Mit Ferien allein ist es nicht getan. Von Zeit zu Zeit muss man die Hände ganz und gar von der Arbeit lassen, deren Erfolg (nächst der Hilfe von oben) von völliger Ausgeglichenheit abhängt, und jedes Schlaffwerden der Hosenträger, wie Grady es nennt, kann in entscheidenden Momenten zum Versagen führen.«

Nate machte für sein Leben gern Filmaufnahmen. Ihm waren einige ausgezeichnete Streifen vom Ausbruch des El Sangay gelungen, außerdem einige Szenen aus dem Leben der Jivaros, darunter die einer Frau, die gerade ein Ferkel säugt. Um dieses Bild zu bekommen, hatte er einen Spiegel auf den Bildsucher montieren müssen.

In den Jahren, die er im Dschungel flog, hatte sich Nate freiwillig immer strikt an die Flugvorschriften gehalten. »Als ich gestern am Ende der Startbahn in Macuma rollte«, berichtete er, »geriet ich in eine weiche Stelle und kippte etwas vornüber. Wäre ich auch nur etwas schneller gerollt, dann hätte ich den Dschungelpfad von Macuma beim Herbeischleppen eines neuen Propellers kennenlernen können. Moral: immer langsam zum Start rollen und auf der fest gestampften Bahn bleiben ... Ein ähnlich aufregendes Erlebnis hatte ich letzte Woche. Ein großer Polizeihund hatte sich in den Kopf gesetzt, den gelben Vogel beim Start von vorn anzugreifen. Ich hatte etwa 25 bis 30 km/h drauf. Als der Köter in Begriff war, sich unserer 225-Dollar-Schnell- und Dünnwurstschneidemaschine anzuvertrauen, zog ich die Bremsen. Die Maschine kam hinten hoch, und ich musste die Bremsen wieder lösen, um keinen Kopfstand zu bauen. Gott sei Dank gab es vorne kein Hickhack ... Bei einer kürzlich erfolgten Landung standen zu beiden Seiten des 20 m breiten Landestreifens Zuschauer! Das kann einen zur Verzweiflung bringen. Unlängst packte mich eine Indianerin, die zum ersten Mal flog, plötzlich am rechten Arm, während ich gerade zur Landung auf einem winzigen Feld ansetzte und am Gashebel hantierte. Sie zog nicht daran, aber es war mir doch eine Lehre. Künftig werde ich, wenn möglich, Flugneulinge nicht mehr auf den Vordersitz lassen und gegebenenfalls den Gashebel nur kurz bedienen und ihn nicht wie sonst festhalten.«

Inzwischen hatte George Moffat mit einer Gruppe von Jivaro-Indianern in monatelanger Arbeit in Chupientza einen Landestreifen angelegt. Schließlich traf in Shell Mera die Nachricht ein, dass das neue Flugfeld fertig sei.

Man verständigte D. Stuart Clark, einen ehemaligen Missionar und den jetzigen HCJB-Direktor, dass der Landestreifen Chupientza vor der Eröffnung stünde. Vor Jahren hatte Mr. Clark dieses Gebiet erschlossen. Jetzt wollte er sehen, welche Bedeutung das Flugzeug für die Arbeit hatte.

Das erste Mal wollte Nate allein fliegen, um den neuen Streifen auszuprobieren. Er setzte deshalb Clark in Sucua ab und flog weiter südwärts nach Chupientza. Während er oben kreiste, sah er unten die Moffats aufgeregt winken. Nate flog langsam über den Streifen hinweg, landete aber nicht. Stattdessen warf er einen Zettel mit der Nachricht ab: »Tut mir leid, aber dieses Flugzeug hat Flügel. Deshalb solltet ihr besser die beiden Bäume am Rand des Landestreifens fällen. Gebt mir Bescheid, wann ihr die Arbeit geschafft habt.« Am folgenden Morgen sollte es so weit sein.

Am nächsten Tag kam Nate wieder und versuchte erneut, in Chupientza zu landen. »Meine Gefühle waren sehr gemischt, als ich über dieser im äußersten Südwesten des Jivaro-Landes gelegenen Siedlung kreiste«, schrieb er. »Mir war klar, dass Marj ähnlich empfand, als sie meine Meldung hörte: ›Zero Mike setzt zur Landung an.‹

Am Ende des Landestreifens sah ich die Stelle, an der Mr. Moffat einen Scherbenberg aus der Inkazeit freigelegt hatte ... Die Luft war still und trüb – ideal für eine Versuchslandung. Beim Einholen der Funkantenne und Ausfahren der Landeklappen konzentrierte ich mich ganz auf das vor mir liegende Landemanöver ... Ich hatte das Gefühl, als müsste ich einen Wagen mit 100 km/h in die Garage fahren.« Mit dieser Landung wurde dem Flugdienst eine weitere Dschungel-Missionsstation erschlossen.

Nun flog Nate nach Sucua zurück, um Mr. Clark zu holen. Als das Flugzeug mit dem ersten Passagier wieder auftauchte, waren die Moffats außer sich vor Freude und Begeisterung.

»Ich muss schon sagen, ihr dahinten im Urwald seid nicht an Flugzeuge gewöhnt – ihr benehmt euch gar nicht wie auf einem Flughafen«, rief Nate den Moffats zu. Lächelnd zeigte er auf Mrs. Moffat und fragte: »Wo ist es denn Brauch, sich mitten auf ein Rollfeld zu stellen und eine landende Maschine zu fotografieren? Außerdem schadet es den Kleidern ...« Am glücklichsten über dieses Geschenk waren aber die Moffats. »Mr. Moffat sprach ein Dankgebet, das ich euch gar zu gern ganz frisch von seinen Lippen schicken würde.«

Ein wenig später schreibt Nate: »Als die ersten Jivaros in Chupientza getauft wurden, durfte ich dabei sein. Mir lief es richtig den Rücken herunter, als ich sah (aber nicht hörte), wie fünf Jivaros ihren Glauben an Jesus Christus am Rande einer wilden Stromschnelle bezeugten, die ringsum alles übertönte.«

Es folgten weitere Flüge ins Jivaro-Land, bei denen Nate eine wichtige Rolle spielte.

Als Dr. Glenn Curtis vom Interamerican Health Service (Panamerikanischer Gesundheitsdienst) den Wunsch äußerte, er würde gern den Gesundheitszustand der Dschungelbewohner studieren, da war es Nate, der ihn drei Tage lang im MAF-Flugzeug zwischen Chupientza, Sucua und Macuma hin- und herflog.

Auf dieser Inspektionsreise behandelte Dr. Curtis von morgens bis abends Jivaro-Indianer, während Missionare seine Behandlungsanweisungen in Notizbüchern festhielten.

Zu den Höhepunkten des Jahres 1951 gehörte die Zeit, in der Nates Schwester, Rachel, in Shell Merita zu Besuch weilte.

Rachel berichtete von den Mühen und Freuden ihrer Spracharbeit in Peru. Dabei verriet sie auch ihren Wunsch, unter einem bisher unerreichten primitiven Stamm zu arbeiten. Als Nate einmal mit ihr über den Dschungel flog, zeigte er ihr von oben das Gebiet der Aucas … des Stammes, der noch nie von Christus gehört hatte. »Dort ist dein Stamm, Schwesterlein, gleich hinter jenem Bergrücken.«

Auf Nates Bitte um ein Vertreterehepaar teilte die MAF mit, dass Robert Wittig mit seiner Frau Keitha die Saints während ihres Heimaturlaubs vertreten würden. Nate sah darin eine sichtbare Hilfe Gottes. »Wir empfinden Dankbarkeit angesichts der Tatsache, dass ein so tüchtiges Paar in Shell Mera mitarbeiten wird.« Es dauerte noch einige Wochen, bis alle Reisevorbereitungen getroffen waren, aber im Februar 1952 konnten die vier Saints in ihre Heimat abfliegen.

Von Kontinent zu Kontinent

Ursprünglich dachten Nate und Marj daran, für die Zeit ihres Urlaubs einen Wohnwagen zu mieten, um so die Familie beisammenzuhalten. Diesen Plan ließen sie jedoch fallen, als sie in der Missionarssiedlung Glendale in Kalifornien ein hübsches Häuschen mieten konnten. So wurde Glendale zu ihrem Standquartier während des Aufenthaltes in den Vereinigten Staaten. Marjs Eltern zogen in ein benachbartes Haus und konnten so für die Kinder sorgen, wenn Nate und Marj zu Missionsveranstaltungen unterwegs waren.

Es folgte eine Zeit des fröhlichen Zusammenseins mit den alten Bekannten von der MAF, in die auch ein Gemeinschaftsabend mit anderen Mitgliedern und Fliegern der MAF fiel. Hier trafen sie Clarence Soderberg von der Sudan Interior Mission in Nigeria, Jim Buyers von einer Außenstelle der Presbyterianischen Mission, Larry Montgomery von den Wycliff-Bibelübersetzern in Peru und Jim Lomheim, der bald nach Mexiko ausreisen sollte. Es war eines jener Kameradschaftstreffen, die man nur einmal erlebt und die sich niemals wiederholen lassen.

Nach mancherlei Gesprächen mit diesen Inspektoren und

Fliegerkameraden von der MAF widmete Nate seine Urlaubszeit vorwiegend den Flugsicherheitsplänen, die ihm so am Herzen lagen, der Spiral-Technik, die meist unter dem Namen ›Eimerabwurf‹ läuft, und der Idee eines Flugzeugs mit zwei oder drei Motoren.

Mit Unterstützung von drei tüchtigen Ingenieuren machte sich Nate an dieses Projekt, und gegen Ende seines Urlaubs waren die Zeichnungen für ein Versuchsmodell fertig. Nates MAF-Vorgesetzte waren damit einverstanden, dass er an diesem Entwicklungsprogramm weiterarbeitete und deshalb seinen Urlaub verlängerte. Doch Nate hielt es letzten Endes für wichtiger, nach Shell Mera zurückzukehren, statt hier den Flugzeugplan weiter voranzutreiben.

»Die Entscheidung ist mir anfangs nicht leicht gefallen«, schrieb er einem Freund. »Aber jetzt hat Gott uns die Gewähr gegeben, dass weiter an dem Projekt gearbeitet wird, da die Ingenieure, die bisher die meiste Arbeit getan haben, sich bereit erklärten, daran weiterzuarbeiten, falls wir nach Ecuador zurückgehen sollten.«

Eine leichte Lungenentzündung gab Nate im Februar 1953 Zeit zum Nachdenken. »Der Herr hat sie dazu benutzt, mich von dem Flugzeugprojekt abzubringen«, sagte er. »So leicht kann man dazu gebracht werden, das wirklich Wichtige herauszufinden.«

In den 14 Monaten ihres USA-Aufenthaltes reisten Nate und Marj in den Staaten hin und her, sprachen in vielen Versammlungen von ihren Erlebnissen im Dschungel und riefen zur Gebetshilfe auf. Eine Reise führte sie bis in die nordwestlichen Bundesstaaten an der Pazifikküste, eine andere in den Osten, wo Nate von seinem Vater, seiner Mutter und anderen Verwandten voller Stolz begrüßt wurde. Im Gebiet von New York und Philadelphia sprach er in Kirchen und im Rundfunk.

Die Zeit verging rasend schnell. Im Frühjahr 1953 brannten Nate und Marj darauf, in ihr wirkliches Heim in Ecuador zurückzukehren. Angesichts der zunehmenden Missionsflugtätigkeit in Ecuador beschloss die MAF-Leitung, dass Nate ein zweites Piper-Flugzeug überführen sollte, während Marj und die Kinder mit einer privaten Fluggesellschaft befördert wurden.

An der Maschine wurden noch Änderungen vorgenommen, und Nate und Marj machten sich mit ein paar Freiwilligen daran, die zusätzliche Ausrüstung einzupacken, die sich inzwischen angesammelt hatte. Dieses Material füllte acht Holzkisten und neun Metallfässer.

Am 29. Mai startete Nate in Begleitung von Henry Carlisle nach Süden. Es ist bezeichnend für Nates Vorsicht, dass er in der hinteren Kabine des Flugzeugs einen 50-Liter-Reservetank festgezurrt hatte. Eine Fahrradpumpe lieferte den Luftdruck, um den zusätzlichen Treibstoff während des Flugs in den Haupttank zu pumpen. Die Kosten dieser Einrichtung: sieben Dollar!

»Fast die ganze Zeit führt der Flug über spärlich bewachsene Wüste«, schrieb Nate in sein Tagebuch. »Schlimmstenfalls würden wir eine Nacht in der Wüste verbringen, aber wir hatten reichlich Zeit einkalkuliert. Die Wüste ist eintönig. Unserem Sinn für Maßstäbe fehlt es an Anhaltspunkten. Entfernungen kann man kaum bestimmen. Die Sicht beträgt 80 km. Wir kamen so rechtzeitig nach Puerto Peñasco, dass wir noch einoder zweimal kreisen konnten, bevor wir landeten. Wir und die Sonne gingen gleichzeitig ›unter‹. Hier ist kein Treibstoff zu bekommen. Wir freuen uns über den Zusatztank.«

Nach einer Tankpause in Obregon ging der Flug weiter. Am Nachmittag stellte Nate fest, dass die Sonne sank, und dann fiel ihm ein, dass sie vergessen hatten, ihre Uhren vorzustellen, als sie von einer Zeitzone in die andere flogen. Sie fanden die Stadt, die sie hatten erreichen wollen, aber dort fehlte das Rollfeld, das auf der Landkarte verzeichnet war.

In der schnell einsetzenden Dämmerung suchten sie nach einer Landemöglichkeit. Nate entschied sich für die kaum befahrene Landstraße, die allerdings beiderseits eine zwei bis fünf Meter hohe Böschung aufwies. Er fragte sich, wie sie das

Flugzeug nach der Landung von der Straße fortbekommen würden, aber zunächst war es einmal wichtig, die Maschine sicher zu landen.

»Wir gingen hinunter und flogen die Straße in etwa sechs Meter Höhe ab, um Verkehrsschilder oder andere Hindernisse auszumachen«, fuhr Nate fort. »Als wir wieder hochzogen, um zur Landung zurückzukreisen, fuhr ein Auto in unserer Anflugrichtung vorüber. Während wir mit ausgefahrenen Landeklappen tiefer gingen, fuhr der Wagen, der uns offensichtlich jagte, an den Straßenrand und hielt. Sonst war weit und breit kein Verkehr, und wir hatten immer noch ausreichend Platz, um die Landung durchzuführen. Als wir zu ihm hingerollt waren, sahen wir, dass der Wagen an der einzigen Straßenabzweigung gehalten hatte, die es meilenweit gab. Am Steuer saß ein mexikanischer Viehzüchter, der uns half, das Gebüsch zu beseitigen und das Flugzeug etwa 50 m von der Straße wegzuschieben, sodass es von dort aus kaum zu sehen war. Dann ließ er einen seiner Leute holen, der unseren Vogel die Nacht hindurch bewachen sollte, und nahm uns mit auf seine Ranch. Während der Landung bewahrte Henry völlige Ruhe, doch meinte er beim Aussteigen, die Knie seien ihm weich geworden. Mir machte die Lage nur so lange Sorge, bis wir über die Straße hinwegbrausten und ich feststellte, dass wir einen besseren Landestreifen vor uns hatten als bei vielen Dschungel-Missionsstationen.«

Am nächsten Morgen erhoben sich die beiden Männer um vier Uhr aus dem Heu der Ranch und machten sich auf den Weg nach Ixtapa, den MAF-Stützpunkt an der guatemaltekischen Grenze. Die Suche nach einem Landeplatz bildete auch an diesem Tag das Hauptproblem. In Nates Tagebuch lesen wir: »Später Nachmittag, das alte Kunststück in neuer Umgebung. Das auf der Karte verzeichnete Rollfeld fehlte in der Landschaft unter uns. Schließlich machten wir den ›Flugplatz‹ aus: ein baumfreies Stück Eselpfad, auf dem sich vereinzelte Schweine und Esel tummelten, und das etwa acht Kilometer von dem auf der Karte bezeichneten Punkt entfernt lag. Allmählich hatte die

Karte jede Glaubwürdigkeit bei uns verloren. Am Nachmittag flogen wir nämlich an einem Berg vorbei, der darauf als 300 m hoch verzeichnet war. Bei 900 m hatten wir genau den Gipfel vor uns! Beim Landestreifen fanden wir eine ›Gästeunterkunft‹ mit einem dreiviertelbreiten Bett, das aus einem dichten, an einem Holzrahmen befestigten Seilgeflecht bestand. Dieser Bratrost aus Hanf war mit einer dünnen, geflochtenen Grasmatte bedeckt. Wahrscheinlich sollte sie verhindern, dass unsere harten Rücken die Hanfseile beschädigten. Es gab sogar ein Moskitonetz. Allerdings war es aus besserem Segeltuch. Außerhalb des Netzes veredelten die anwesenden Schweine die Luft. Nach 15 Minuten hielten wir es für Selbstmord, noch länger im Schutz dieses Sackes zu bleiben. So streckten wir unsere Köpfe hinaus und legten uns das Netz sorgfältig um den Hals. Die Hausbewohner wanderten munter hin und her. Ich weiß nicht, ob sie überhaupt zu Bett gingen. Möglicherweise hatten wir das Familienbett belegt. Als sie unsere Köpfe herausragen sahen, ließen sie uns freundlicherweise an ihrem Moskitoschutz teilhaben: ein glimmender Bienenstock, dessen Qualm die ausgehungerten Blutsauger vertreibt. Auf Henry wirkte er fast genauso. Wir bedankten uns freundlich und fütterten lieber weiter die Moskitos.

Endlich schien es Tag zu werden. Ich sah deutlich den Himmel durch Risse in der Bohnenstangenwand, die das Strohdach trug, Ich stand auf, zog mich an und sah im Dämmerlicht, dass meine Uhr kurz nach drei zeigte. Trotzdem kam keiner von uns auf die Idee, sich noch einmal hinzulegen. Unsere Hotelrechnung für Über-nachtung und einen Topf kochendes Wasser, in das wir Zitronensaft schütteten, belief sich auf einen halben Dollar.«

Gegen halb elf Uhr, sichteten die Flieger den MAF-Stützpunkt Ixtapa. Gleich nach der Landung wurden sie von Selma Brown und Ruth Weir, den dort eingesetzten MAF-Mitarbeiterinnen, begrüßt. Wo sie schon einmal in dieser Gegend waren, wollten die beiden Männer einen kleinen Umweg machen und die Tseltal-Indianer besuchen, deren Stamm von einer Erweckungsbewegung ergriffen war.

»Bei unserer Ankunft«, schrieb Nate, »wurden wir von einer ganzen Schar Indianer begrüßt, die von allen Seiten angelaufen kamen. Sie streckten uns die Hände entgegen und sprudelten lächelnd Begrüßungen und Fragen in ihrer Sprache hervor. Das einzige Wort, das wir verstanden, hieß ›Bruder‹. Sofort wollten sie wissen, ob wir ihre Brüder in Christus seien. Wir erlebten einen unvergesslichen Besuch bei den Indianern und ihren geistlichen Hirten, Marianne Slocum und Florence Gerdel von den Wycliff-Bibelübersetzern ... Früh am nächsten Morgen machten wir uns auf den Weg. Bald nach dem Start drosselten wir auf Sparverbrauch und schraubten uns langsam in die Höhe. Bei 3000 m lagen die dichten Wolken unter uns, und wir nahmen Kurs auf das Dschungellager der Wycliff-Bibelübersetzer. Nachdem wir dort alte Freunde begrüßt hatten, schauten wir noch geschwind auf Phil Baers Station bei den Lakandon-Indianern vorbei, das in der Gegend liegt, in der ich vor sieben Jahren mit Phil das Flugzeug repariert hatte.

Den ganzen Abend über, die Nacht hindurch und auch am nächsten Morgen hörten wir einen Beschwörungsgesang, der aus einem Heiligtum der Indianer herüberdrang. Man erlaubte uns sogar, unter dem Dachvorsprung der Weihestätte zu stehen und zuzusehen, wie sie sangen und die weit offenen Münder ihrer Steinbilder mit Nahrungsproben bestrichen. Welch tiefes und finsteres Heidentum und welch ungeheuerer Gegensatz zu dem frohen Erlebnis beim Stamm der Tseltal-Indianer mit ihren strahlenden Gesichtern!«

Nach ihrer Rückkehr zum Stützpunkt Ixtapa ging es schon bald auf die nächste Etappe, die ohne weitere Zwischenlandung zum MAF-Stützpunkt Siguatepeque in Honduras führte.

»Auf dieser Flugstrecke hatten wir es mit weniger guten Bodenkennzeichen zu tun, worunter unsere Navigation erheblich litt«, schrieb Nate. »Verfranzt hatten wir uns gerade nicht, aber eine Zeit lang wussten wir nicht mehr, wo wir eigentlich waren. Sobald wir dann die Grenzgebirge von Guatemala überquert hatten, kam wieder etwas Ordnung in die Bodenorientierung.«

Auf dem MAF-Stützpunkt besuchten die Flieger das Krankenhaus der Central American Mission (Mission für Mittelamerika) in Honduras, das eng mit der MAF zusammenarbeitet, bevor sie am nächsten Morgen ihre Reise fortsetzten. Dabei kam ein Nonstop-Flug von Honduras über Nicaragua nach Costa Rica heraus. Gewitter verhinderten eine Landung in der Gebirgshauptstadt San José, und so verbrachten sie die Nacht an der Küste auf einer Landebahn, wo sie sich der Moskitos kaum erwehren konnten. Anderntags flogen sie entlang einer elektrischen Schmalspurbahn, die einen Gebirgspass überquerte, nach San José und erreichten knapp zehn Minuten vor Ausbruch eines Sturms den Flughafen. Nach einem Besuch bei Freunden von der Latin American Mission (Mission für Lateinamerika) ging es weiter nach Panama.

»Wir hielten uns vor der Küste, um das Flugsperrgebiet über dem Panamakanal zu vermeiden«, schrieb Nate. »Spaßeshalber fragten wir uns, wie wohl unsere winzige Kiste da unten auf den Radarschirmen erscheinen würde. Vermutlich weniger wie ein Flugzeug und dafür mehr wie eine atmosphärische oder elektronische Störung. Wir landeten auf dem Flugplatz Paitilla.«

Als die beiden am nächsten Morgen weiterwollten, war die Tanksäule auf dem Flugplatz beschädigt, woraufhin sie den Sprung nach Tocumen machten und dort ihre Tanks und zwei Kanister füllten. Sie wollten direkt bis Ecuador durchfliegen, um so die hohen Flugplatzgebühren in Kolumbien zu umgehen.

»Etwa eine Viertelstunde hinter Tocumen«, schrieb Nate, »mussten wir steigen, um über das Gebirge an die Golfküste zu kommen. Wir hatten etwa 1500 m Höhe erreicht, Henry flog, während ich die Karte studierte. Als wir uns mitten im unangenehmsten Abschnitt der Strecke befanden, setzte der Motor aus. Wie von einer Tarantel gestochen, fuhr Henry von seinem Sitz hoch und lediglich sein Sicherheitsgurt bewahrte ihn davor, den

Schädel anzuschlagen. Mir wäre es bestimmt ebenso ergangen, wenn ich nicht kurz vorher einen Behelfslandeplatz ausgemacht hätte. Merkwürdigerweise hatte ich keinen Augenblick lang ein ungutes Gefühl bei der Sache. Hier war das Erlebnis, auf das ich gute 500 Flugstunden lang über dichtem Dschungel gewartet hatte. Schon oft hatte ich mich gefragt, was ich in einer solchen Situation wohl tun würde.«

In einer weiten Schleife gingen sie auf Gegenkurs und hielten mithilfe des Leitwerks ihre Höhe. Nate vermutete eine Ventilverstopfung, hervorgerufen durch das stark bleihaltige Benzin dieser Gegend. Sobald der Motor abgekühlt war, lief er wieder, ohne zu spucken, doch kam er nicht mehr auf volle Touren. Sie flogen nach Panama zurück, wo sie nach gründlicher Durchsicht ihre Vermutung bestätigt fanden.

Eigentlich hätten sie nun den Zylinder ausbauen müssen und dadurch einen weiteren Tag verloren. Darum versuchten sie es einmal mit einer anderen Lösung. »Wir entfernten die Saugleitung«, schrieb Nate, »und kamen so an das Ventilrohr mit dem Defekt heran, dann öffneten wir das Ventil und kratzten es mit einem Messer sauber. Nach einer Verschnaufpause kamen wir überein, dass das Ventil auch nach einer Generalüberholung nicht besser sein könne. Bei einem dreiviertelstündigen Probeflug brachte ich die Maschine in jede erdenkliche Lage.«

Am nächsten Morgen überflogen Nate und Henry erst die San-Blas-Inseln und gerieten dann über Kolumbien in schlechtes Wetter. »Anfangs glaubten wir, erneut aufgehalten zu werden«, schrieb Nate, »bis wir auf die einzige Straße stießen, die durch die Dschungelwildnis dieser Gegend führt. Wir folgten ihr in dem Bewusstsein, dass wir jederzeit nach Turbo an der Küste zurückfliegen konnten. Nach einer halben Stunde trafen wir über den Andenausläufern auf besseres Wetter. Wir landeten in einer Gummiplantage, die ein privates Rollfeld hatte, und füllten etwas vom Reservetreibstoff in die Haupttanks und Öl in den Motor, bevor wir wieder starteten.

Die Straße folgte nun einem Fluss, dessen Tal sich immer

tiefer in die Berge einschnitt. Eine Stunde danach flogen wir 2000 m über ihm, und kaum 400 m von beiden Tragflächen entfernt lagen zum Greifen nahe malerische Berghöfe. Angesichts der steilen Hänge fragten wir uns: Wie können Menschen dort überhaupt leben, ohne abzustürzen? Ja, wie können sie dort sogar Landwirtschaft betreiben? Mehrere Stunden lang erhielten wir einen stummen, bildhaften Unterricht über die Bedeutung unseres Wortes ›prachtvoll‹. Der Sonnenuntergang zwang uns, für heute aufzugeben und auf einem kleinen Behelfsflugplatz zu landen, den die kolumbianischen Fluggesellschaften unweit der Grenze von Ecuador unterhalten. Noch eine Stunde, und wir hätten es an diesem Tag bis Quito geschafft.«

Anderentags waren sie schon bald in Quito, wo sie in den Gebäuden des dortigen Missionssenders einen Tag blieben, um dann die Reise nach Shell Mera fortzusetzen. Nate fährt in seinem Tagebuch fort:

»Der Ambatopass war wolkenlos, und wir überflogen ihn knapp unter der 3500-m-Grenze. Nachträglich fällt mir erst auf, dass ich dabei kein einziges Mal an den Absturz vor knapp fünf Jahren dachte, der mich fast das Leben gekostet hätte. Wir kamen bis nach Baños, wo der Pass voller Wolken hing und Regen im Anzug war. Daraufhin landeten wir in Ambato und unternahmen später noch zwei erfolglose Durchbruchsversuche. Über Nacht blieben wir bei George und Naomi Docter, die unter dem Stamm der Salasaca-Indianer missionierten. Anderentags war ein Überfliegen des Passes aufgrund der Wettersituation noch immer unmöglich, und so kamen wir überein, dass Henry nach Guayaquil fahren sollte, um von dort aus in die Vereinigten Staaten zurückzufliegen. Gar zu gern hätte ich ihm noch denjenigen Teil im Weinberg des Herrn gezeigt, der uns anvertraut war, aber der Zweck seines Mitkommens war erreicht.«

Nate flog allein nach Shell Mera weiter, wo er genau eine halbe Stunde vor einem alles aufweichenden Regen, einem besseren Wolkenbruch, ankam.

»So etwas Paradiesisches werde ich in dieser Welt wohl nie mehr sehen«, schrieb Nate. »Bob (hier und im Folgenden Kurzform von Robert) und Keitha haben ausgezeichnete Arbeit geleistet, und der Herr hat ihre Mühe sichtlich gesegnet.«

Da ein paar neue Dschungelstationen in Betrieb genommen werden sollten, wurde es notwendig, Nachschub aus dem Flugzeug abzuwerfen. Aus Erfahrung wusste Nate, wie leicht man dabei in Gefahr kam, wenn sich z. B. Schnüre in den Verspannungen verfingen oder sich Fallschirme schon im Innern des Flugzeugs öffneten, während man seine ganze Aufmerksamkeit darauf konzentrieren musste, ein sehr kleines Ziel zu treffen.

Deshalb bastelte er sich aus einem 50-Liter-Ölfass einen liegenden Behälter, bei dem sich nach Entfernen eines Stiftes Klappen wie bei einem Bombenschacht öffneten. Mit dem Flugzeug war der Fallschirm oder die Last nur durch einen dünnen elektrischen Draht verbunden, der bei 10 kg Belastung riss. Der Behälter war zwischen die unteren Verstrebungen geschraubt, und nun brauchte der Pilot über dem Ziel nur die Reißleine zu ziehen, und schon traf er auf ungefähr 30 m.

In etwa einem Monat sollte in Puyupungu das Rollfeld fertig werden, an dem die Elliots bauten. Solange versorgte Nate die Elliots durch Fallschirmabwürfe.

»Gestern«, berichtete Nate, »band ich einen 50-kg-Sack Bohnen an einen 3,5-m-Fallschirm und brauste nach Puyupungu, wo Jim Elliot wohl einige Arbeiter hatte, aber nichts, um sie zu beköstigen. Die Bohnen waren wahrscheinlich etwas zu schwer für den Fallschirm, jedenfalls rissen sie sich los, als der Schirm aufsprang. Zum Glück befanden sie sich in einem doppelten Sack und kamen gut am Boden an. Kurz davor hatten wir einen von den großen orangefarbenen Fallschirmen benutzt und den Mitarbeitern frische Lebensmittel – darunter Kartoffeln, grüne Bohnen, Gefrierfleisch, Erbsen, Gurken, Salat und Butter – abgeworfen. Mir macht diese Arbeit viel Spaß.«

Offenbar war Aluminium das beste Dachdeckmaterial für

Dschungelstationen, und so baute Nate unter sein Flugzeug eine Hängevorrichtung für zwei Meter lange Platten. »Der Hänger«, beschrieb Nate, »ist so eingerichtet, dass er hinunterfällt, falls sich eine der vier Ecken lösen sollte. Zum Schutz der unteren Bespannung schieben wir eine Luftmatratze zwischen Aluminiumplatten und Rumpf und blasen sie leicht auf. Das Aluminium reist so ganz bequem und bietet wenig zusätzlichen Widerstand, da es sich der Rumpfunterseite gut anpasst.

Bisher hat es keinerlei Schwierigkeiten gegeben. Aber ich vergesse dabei nie, dass wir mit dem Feuer spielen, wenn wir derartige neue Wege beschreiten. Meiner Meinung nach müssten wir neuartige Dinge der MAF-Leitung unterbreiten und ihre Genehmigung einholen. Beim Aluminiumtransport nehmen wir niemals Passagiere mit.«

Bis beide Maschinen richtig flugklar waren, blieben Bob und Keitha Wittig noch auf dem Stützpunkt, aber schließlich wurde Bob zu HCJB abgestellt, um die Dieselmotoren zu betreuen, die den Sender Pivo mit Energie versorgten. So lag die Last der ständig zunehmenden Flugtätigkeit allein auf Nate. Nebenher nahm er noch die Erweiterung des Stützpunktes Shell Merita in Angriff, die mehrere Monate dauerte.

Um diese Zeit herum erhielt er einen Brief vom MAF-Büro in Los Angeles, in dem ihm ein ›kleiner, freundlicher Tadel‹ ausgesprochen wurde, auf den er mit folgendem Brief antwortete: »Lieber Hobey, deine Spitzen hinsichtlich des abenteuerlichen Flugs von Los Angeles nach Quito haben gesessen. Ja, ich stimme mit dir völlig überein: Das Handbuch, von dem wir alle gesprochen haben, wird auch dazu dienen, mich selbst zu kontrollieren. Wenn ich ganz ehrlich sein soll, dann hat mich anscheinend all das Gerede, ich sei vielleicht ein bisschen übervorsichtig, dazu verleitet, es auch einmal so zu machen wie die anderen. Das Pendel hat aber ein wenig zu weit ausgeschlagen, aber sei beruhigt, es kommt schon wieder zurück. Vor Kurzem half ich Henry Miller und Jerry Conn beim Ausbau eines Ford-V8-Motors, mit dem sie eine Sägemühle in Gang setzen wollten.

Die Sache dauerte so lange, dass ich über Nacht bleiben musste. Ich schlief (?) im Flugzeug, während die Kameraden die Arbeit beendeten. Bevor ich es mir bequem machte, überdachte ich die Lage. Mir fielen so manche Erzählungen über Auca-Morde bei Arajuno ein. Der beste Schlafgefährte schien mir deshalb ein Pistole zu sein. Später überlegte ich, was ich wohl tun würde, wenn ich beim Aufwachen ein dunkles Gesicht vor dem offenen Fenster entdeckte. Würde ich beim ersten verdächtigen Geräusch in die Luft schießen? Ich bekäme sicher einen Todesschreck, aber den würde ich ja gern in Kauf nehmen, wenn nur mein Gegenüber die gleiche Reaktion zeigte.«

Einmal war Nate gerade dabei, auf dem Rollfeld von Shell Mera seinen Eimer-Abwurf auszuprobieren, als ein indianischer Bote Marj einen Zettel in die Hand drückte: »Anscheinend habe ich mein Bein gebrochen. Die Burschen haben auf der Sandbank einen 220 m langen Streifen freigelegt. Glaubst du, dass du es schaffen kannst? In Eile, Bob.«

Bob Schneider arbeitete auf dem Wycliff-Stützpunkt Llushin.

»Unverzüglich pumpte ich alles Zuviel an Benzin aus den Tanks, entfernte die Sitze und überflüssigen Geräte und nahm die Kabinentür heraus, um das Flugzeug zu erleichtern«, schrieb Nate in sein Tagebuch. »Dann ließ ich einen Teil der Luft aus den Schläuchen, um ihr Einsinken in den losen Sand zu verhindern, und belastete die Kabine mit 82 kg, dem geschätzten Gewicht Schneiders. Auf einer abgesteckten Strecke des Rollfeldes unternahm ich eine Reihe von Versuchen. Unter den ungünstigsten Umständen, das heißt bergauf und mit Rückenwind, kam ich jedes Mal nach 250 m vom Boden. In der günstigeren Richtung brauchte ich 110 m und weniger. Ich beschloss, das Wagnis zu unternehmen.

Wenn ich ihn nicht holte, dann hatte Bob qualvolle acht Stunden Dschungelpfad auf einer behelfsmäßigen Tragbahre vor sich. Gelang es, dann war er in zehn Minuten in Shell Mera … Frank Mathis und Ralph Eichenberger hatten die Bahn mit Palmzweigen markiert. Nach einigen Anflügen setzte die Maschine glatt und weich auf dem schmalen Streifen auf. Beim Start kamen wir auf die gleichen Werte wie bei den Versuchen in Shell Mera. Zehn Minuten später landeten wir auf unserem Stützpunkt, tankten und flogen nach Ambato weiter, wo Harvey Bostrom uns mit seinem Wagen erwartete und Bob zur Operation nach Quito fuhr.«

Gleich nach diesem Rettungsflug unternahmen Nate und Marj eine Überlandreise durch die Anden in den 650 km entfernten kolumbianischen Grenzort Ipiales. Sie mussten dorthin, weil sie sich zu lange in den Vereinigten Staaten aufgehalten und dadurch die Aufenthaltsgenehmigung für Ecuador verloren hatten. Von Ipiales aus konnten sie als dauernd in Ecuador Wohnhafte ohne Weiteres einreisen. Die Fahrt war anstrengend, aber die ordnungsgemäße Erledigung der Passformalitäten nahm ihnen eine Last von der Seele.

Bis dahin war Nate auf die HCJB-Techniker angewiesen gewesen, wenn das Dschungel-Sprechfunknetz nicht in Ordnung war. Da aber HCJB weitere Aufgaben übernahm, war es dem Sender nicht mehr möglich, jemanden hierfür freizustellen, und so übernahm Nate die zusätzliche Aufgabe.

»Als unser Zeug ankam, kramten wir erst einmal das Röhrenprüfgerät heraus – ein Zauberding mit so vielen Schaltern und Knöpfen, dass selbst ein Radiofachmann daraus nicht schlau werden kann … Ich gab mir einen Stoß und ging an die Arbeit. Am ersten Tag erlag der Empfänger, an dem ich herumbastelte, meinem Geschimpfe, meinen bösen Blicken und dem Herumblättern in einem technischen Handbuch. Ein Kondensator war schuld. Er arbeitet wieder! Ich kam mir vor wie ein Schmetterling, der gerade den Kokon mithilfe einer Spritze in den Hintern verlassen hat. Ihr könnt euch nicht vorstellen, wie mir davor graut, diese Empfangsgeräte nach Quito schaffen zu müssen, nur damit sich unterwegs durch das Gerüttel noch irgendein Teil lockert, vor allem jetzt, da Straßentransporte schwierig sind.«

Er berichtete dem Büro auch, dass sein Wasserkraftwerk jetzt 500 Watt lieferte. Später erreichte es 1000 Watt.

Um keine Missverständnisse zwischen dem Missionsfeld und dem Heimatbüro aufkommen zu lassen, schrieb Nate an Grady Parrott: »Dies ist kein überlegt formulierter Brief, Grady. Ich weiß genau, dass ich die Dinge nicht behutsam schildere und meine Vorschläge nicht sorgsam in Watte packe. Aber ich vertraue darauf, dass Gott dir Geduld schenkt und einiges Vertrauen und Verständnis zwischen uns zulässt. Solch eine Kleinigkeit wie meine Vorliebe für ein Flugzeug mit langen Flügeln und meine von dort stammenden Vorurteile sollten nicht dazu führen, dass du und die Brüder mit dem Rechenschieber vollkommen verzweifelt über mich seid. Braucht man nicht alle Arten von Menschen? Ich weiß sehr die Freiheit zu schätzen, die du uns immer gelassen hast. Uns allen geht es nur um die Sache … uns geht es darum, dass das Eigentum der Mission sicher, wirtschaftlich und pünktlich transportiert wird. Möge Gott uns auf allen erdenklichen Wegen zu guten Ergebnissen führen – durch Logarithmen, Zeichentische, Kataloge und Wunderöle, durch persönliche Erfahrungen, Ahnungen und guten Sitz der Hosen … oder durch eine Mischung aus beidem … Wahrscheinlich könntest du meine Ansichten in eine Vierliterkanne gießen, meine Ansicht über Einsteins Relativitätstheorie dazuschütten, das Ganze kräftig schütteln, und was du dann bekommen würdest, wären vier Liter heiße Luft und ein minimaler Anteil an Wasserdampf. Ich predige niemandem, Grady, ich schreibe nur auf, was ich gerade denke, damit du mir von Amts wegen den Puls fühlen kannst, wodurch möglicherweise spätere Missverständnisse vermieden werden.«

Nate gab gern seine Fehler zu und scheute sich nie, seine Überzeugungen zu äußern. Dabei war er immer bereit, mit anderen an einem Strang zu ziehen.

Endlich kam die Nachricht, dass bald ein weiterer Pilot als Besatzung für das zweite Flugzeug eintreffen sollte. So lange arbeiteten Nate und Marj unverdrossen weiter. Ihre zweite Dienstzeit in Ecuador sollte noch spannender werden als die erste.

Oase im Jivaro-Land

Von Anfang an bestand eine echte Freundschaft und ein gutes Vertrauensverhältnis zwischen den Ehepaaren Drown und Saint. Frank Drown war auf einer Farm in Iowa aufgewachsen und hatte Marie, die aus Berkeley in Michigan stammte, auf der Schule in Minneapolis kennengelernt.

Die Drowns waren 1945 in Macuma zu der Familie Ernest Johnson gestoßen. Sie konnten ihre Arbeit auf der entlegenen Dschungelstation hauptsächlich dank der Unterstützung hilfsbereiter Shell-Piloten durchführen, die von Zeit zu Zeit Nachschub zu dem Landestreifen Ayuy flogen, der einen Tagesmarsch von Macuma entfernt war. Später wurde Macuma von dem Flugzeug versorgt, das Bob Hart flog. Als es abstürzte, waren die Drowns in einer argen Klemme, bis die MAF 1948 ihre Arbeit aufnahm. Einer von Nates ersten Flügen führte nach Macuma.

Ebenso wie Nate war Frank Drown ein Missionar, der mit beiden Füßen auf der Erde stand. Als Erstes lernte er fließend Spanisch sprechen und dann auch die schwierige Sprache der Jivaros. Diese Indianer besitzen keine Wörter für abstrakte

Begriffe wie ›Glaube‹, und so muss man sich der beiden Wörter ›hören‹ und ›gehorchen‹ bedienen, wenn man ihnen den Sinn verständlich machen will.

Die Jivaros sind gut gewachsene Krieger von hoher Intelligenz. Sie verfügen über einen ausgeprägten Sinn für Humor und kichern ständig. Dies liegt teilweise daran, dass sie etwas belustigt, und z.T. daran, dass sie ihre Verlegenheit oder ihre tieferen Gefühle nicht zeigen wollen. Eine weitere Eigenheit ist ihre Vorliebe für das Spucken.

Im Laufe der Jahre verhielten sich die Jivaros dem weißen Mann gegenüber im Allgemeinen freundlich, aber bei ihren Stammesfehden, die sich teilweise über Generationen hinziehen, sind sie grausam und herzlos. Vor noch gar nicht langer Zeit schnitt der Sieger in diesen Kämpfen auf Leben und Tod seinem Opfer den Kopf ab und ließ ihn dann durch ein geheimnisvolles Verfahren zu einer grausigen Trophäe von Faustgröße zusammenschrumpfen. Noch immer versuchen Wissenschaftler herauszufinden, nach welchem Verfahren die Schrumpfköpfe hergestellt werden.

Als die spanischen Eroberer auf den Osthängen der Anden hinab vorwärtsdrangen, stießen sie auf den Widerstand der Jivaros. Einmal wurde der Anführer einer spanischen Goldsuchertruppe gefangen. Als grausige Antwort auf die spanische Habgier stemmten die Jivaros ihrem Gefangenen den Mund auf und gossen ihm geschmolzenes Gold in den Hals.

Doch zu der Zeit, da die Missionare zu ihnen kamen, beschränkten die Jivaros ihr Morden auf das eigene Volk oder die Nachbarstämme – vor allem auf die ihnen entfernt verwandten Achuaras –, mit denen sie dauernd in Fehde lagen.

Auch heute noch ist das Leben der Jivaros voller Furcht vor Zauberei und bösen Geistern. Sie leben in einem dauernden Zustand der Unruhe – mal ist es die Angst, von einem Medizinmann behext zu werden, mal die Furcht, böse Geister könnten sie verfolgen, mal die Angst vor einem plötzlichen Tod bei den vielen Vergeltungsüberfällen. Sie impfen ihren Kindern den

Hass ein und lassen sie die Namen derer aufsagen, die auf der schwarzen Liste des Stammes oder der Familie stehen.

Als einst halbnomadisches Volk sind die Jivaros geschickte Jäger, deren Lebensgrundlage der Wald ist. Sie gehen auf die Jagd und zum Fischen. Hierzu verwenden sie zwei Meter lange Blasrohre, deren scharfe, an den Spitzen vergiftete Holzpfeile Vögel und Kleinwild zielsicher erreichen. Erst in neuerer Zeit haben sie gelernt, mit Flinten und Gewehren umzugehen, die sie stets mit sich führen, sogar in der Kirche.

Männer und Frauen tragen langes, blauschwarzes Haar, wobei die Frauen weniger kunstvolle Frisuren aufweisen als die Männer. Die Frauenkleider sind lehmfarben und sackartig. Da die Handarbeit – die einzige von ihnen verrichtete Arbeit – fast ganz von den Frauen getan wird, sitzen die tapferen Jivaros herum, kämmen ihr Haar, schmücken sich mit langen Perlenketten, die aus Peru kommen, oder bemalen ihre Gesichter mit den Kennzeichen ihres Stammes. Mit Vorliebe reden sie stundenlang, doch wenn sie sich treffen, erledigen sie zunächst immer eine eigenartige, förmliche Begrüßung, die strengen Regeln folgt. In der übrigen Zeit jagen sie oder sind auf dem Kriegspfad gegen die Feinde ringsum.

Da eine Bekehrung der Jivaros nur möglich war, wenn sie sesshaft wurden und Gemeindehäuser bauten, machte sich Frank Drown daran, ihnen die Grundbegriffe des Ackerbaus beizubringen. Die Jivaros lernten schnell, und Macuma wurde allmählich eine Art Dschungel-Versuchsfarm. Nebenher unterhielten die Drowns und ihre Mitarbeiterin Dorothy Walker eine Schule für Jivaro-Kinder und eine Ambulanz, in der sie die vielfältigen Krankheiten der Indianer behandelten.

Je mehr sich die Missionare dem Leben der Jivaros anpassten und alle Freuden und Sorgen mit ihnen teilten, desto mehr gewannen sie das Vertrauen dieser anziehenden, gescheiten Indianer. Nach und nach entstand eine Gemeinde, die mehr den kulturellen Vorbildern der Jivaros als den Grundsätzen des Mittleren Westens entsprach. Angesichts der hier üblichen Vielweiberei hielt Drown es für besser, einen bekehrten Jivaro samt seinen Frauen in die Gemeinde aufzunehmen, statt ihm die Einehe als Zeichen für seine Bekehrung abzuverlangen. Sobald man die Nebenfrauen zwang, ihre Männer zu verlassen, trieb man sie in die Unmoral und nahm ihnen die Lebensmöglichkeit.

Mit der Zeit brachte Drown die Indianer so weit, dass sie die Angelegenheiten ihrer Gemeinschaft als Gläubige, die interne Gemeindezucht, den eigenen Unterhalt und den Gottesdienst selber in die Hand nahmen. Von sich aus entschieden die Jivaros dann, dass ein Mann, der Christ geworden war, sich von nun an keine weiteren Frauen mehr nehmen durfte.

Bald schon erkannten die Missionare und Inspektoren der GMU, dass der Flugdienst ihnen die Möglichkeit gab, ihre Grenzen vorzuschieben und tief im Innern des Jivaro-Gebiets Vorposten zu errichten. So hatte Nate Saint schon vor seinem Heimaturlaub Frank Drown über den südlichen und östlichen Dschungel geflogen, um geeignete Plätze für weitere Stationen ausfindig zu machen.

Als der Platz Macuma von einer Grippeepidemie heimgesucht wurde, machte ein Jivaro-Medizinmann den Drowns und Keith Austin, der zu dieser Zeit mit ihnen arbeitete, das Leben sauer. Nate schrieb darüber: »Es zerrt an ihren Nerven, denn ein Jivaro greift niemals offen an. Immer geschieht es aus dem Hinterhalt, und dieser Bursche hat andere Weiße umgebracht, was im Jivaro-Land ungewöhnlich ist. Er behauptet, Frank habe einen Jungen des Stammes so verhext, dass er gestorben sei. Mehrmals sind in letzter Zeit freundlich gesinnte Jivaros in der Dunkelheit gekommen und haben vor den Feinden gewarnt, die sich im nahen Unterholz herumtrieben.

Die Jivaros verkörpern eine seltsame Mischung aus kalter Grausamkeit und ausgelassenem Humor. Im Grunde genommen sind sie nicht grausam, sie werden es nur durch ihre Religion der Ängste und bösen Geister. Vor Monaten besuchte ein Medizinmann, der aus einem anderen Teil des Waldes kam, die Indianer von Macuma. Aus irgendeinem Grund geriet er in Wut und verfluchte eine Frau. Frauen sind seelenloser Besitz der Männer und werden häufig gestohlen oder als Handelsobjekte benutzt. Jedenfalls starb die verfluchte Frau innerhalb von 24 Stunden. Daraufhin fühlten sich der Mann, ihre Brüder und ihr Vater verpflichtet, ihren Tod zu rächen, denn der Medizinmann war genauso schuldig, wie wenn er sie erschossen hätte. Sie zogen zum anderen Stamm hinüber, brachten den Medizinmann und einen ihm zu Hilfe Geeilten um, kamen zurück und baten Frank, er möge sie vor der zu erwartenden Vergeltung beschützen. Frank sagte ihnen, das sei ihre Sache, mit der sie selbst fertig werden müssten. Sie wollten nicht auf das Evangelium hören und fürchteten sich nun vor dem Lohn ihrer Sünde. Im Augenblick geht das Leben in Macuma wieder seinen normalen Gang, aber eines Tages wird es neue Morde geben. Die Jivaros haben Angst, umgebracht zu werden, aber sie fürchten sich auch davor, nicht zu töten, wenn auf sie das Los fällt, die Familienpflicht, oder das Urteil, wie sie es nennen, zu vollstrecken. Am schlimmsten dabei ist, dass sie nicht unbedingt denjenigen töten müssen, der einen der Ihren umgebracht hat. Es kann auch ruhig einer seiner Verwandten sein. Ihre ständige Furcht beeinflusst sogar die Bauweise ihrer Häuser, die sich nur wenig von Festungen unterscheiden.

Roger und Barbara Youderian kamen 1953 als Verstärkung nach Macuma. Roger stammte aus Montana und war als Junge ein Opfer der Kinderlähmung geworden. Trotzdem hatte er es später auf der Schule und im College zu sportlichen Ehren gebracht. Wie Frank Drown hatte auch Roger seine Frau auf der Schule in Minneapolis kennengelernt.

In Roj Youderian lernte Nate einen Gleichgesinnten, einen temperamentvollen Mann von großer natürlicher Begabung und einen hingebungsvollen Streiter für das Kreuz kennen. Von ihm sagt er: »Roj zeigt ein echtes Dringlichkeitsgefühl bei der Aufgabe, Seelen zu gewinnen.«

Rollfeld Cangaime

Unermüdlich suchte die Leitung der GMU nach neuen Möglichkeiten, ihre Arbeit im südlichen Dschungel auszudehnen; die Youderians hatten sich kaum in Macuma eingearbeitet, als sie zum Landestreifen Taisha versetzt wurden, der später den Namen Wambimi erhielt.

Kurze Zeit danach schrieb Roger an Nate: »Jedes Mal, bevor du kommst, schreite ich das Rollfeld ab, um sicher zu sein, dass sich keine Jaguare, Tapire oder Dschungelhirsche darauf herumtreiben. Um anderes lebendes Inventar brauchen wir uns hier nicht zu kümmern. Letzte Nacht strich ein Jaguar eine Stunde lang um unser Haus und knurrte und fauchte uns vor, was er von unserer Anwesenheit in seinem Gebiet hält. Sehr angenehm war der Ton nicht, in dem er mit uns sprach.«

Wie Roger geartet war, zeigte sich bei einer späteren Hilfsaktion, an der er und Nate beteiligt waren. Ein Jivaro-Indianer hatte beim Bau des Landestreifens Cangaime mitgeholfen, wo 30 km von Wambimi eine neue Außenstation entstand. Dabei war er unter einen umstürzenden Baum geraten. Über Sprechfunk wurde Nate herbeigerufen. Abgesehen von der Dringlichkeit dieses Notrufs handelt es sich hier um einen Präzedenzfall in einem Gebiet, in dem das Evangelium noch nicht gepredigt worden war. Zunächst aber musste festgestellt werden, ob der von den Indianern angelegte neue Landestreifen die Räder des Flugzeugs trug, ohne das Flugzeug beim Ausrollen auf den Rücken zu werfen. Als sich Wambimi ins Gespräch einschaltete, wurde der Punkt geklärt. Roger erbot sich, sofort den Marsch über den Dschungelpfad zu dem neuen Landestreifen anzutreten. Selbst erfahrene indianische Waldläufer hielten es für ausgeschlossen, dass er die Strecke an einem einzigen Tag schaffte, aber Roger erklärte, er werde um vier Uhr nachmittags am Ziel sein.

»Ich bat ihn, am Ende des Landestreifens vor einer Felswand Rauchfeuer anzulegen, damit der Rauch mich vor gefährlichen Abwinden warnte, die sich an dem 90 m abfallenden Hang leicht bildeten«, berichtete Nate. »Es war bereits zehn Uhr vormittags. Innerhalb von sechs Stunden 30 km auf diesem Pfad zurückzulegen, war ein gewaltiges Vorhaben. Wenn es aber in diesen Wäldern einen Mann gab, der es schaffen konnte, dann war es Roger.

Um 15.15 Uhr ließ ich den Motor warm laufen und startete zu dem 120 km entfernten Treffpunkt. Um 15.55 Uhr näherte ich mich dem neuen Streifen – einer bloßen Einkerbung in dem dichten Grün, die erst zu sehen war, wenn man sich genau darüber befand«, fuhr Nate fort. »Mein Herz schlug höher, als ich am Felsenende der Rollbahn Rauch aufsteigen sah. Da war auch Roger, der von einem Feuer zum andern lief und sie anfachte, damit sie mehr Rauch erzeugten. Er signalisierte mir, der Streifen sei in Ordnung. Der Wind war sehr schwach und stand günstig. Keine Abwinde. Ich setzte zur Landung an.

Auf einer derart rauen Landefläche hatte ich seit Langem nicht mehr aufgesetzt, aber sie war fest und völlig sicher. Roger war nur noch ein Schatten seiner selbst. Hager, blass und schweißüberströmt stand er in seinem völlig zerfetzten Hemd vor der Maschine. Man konnte sehen, wie sein Herz schlug und er nach Atem rang, als er den Jivaros zurief, sie sollten den Verletzten so schnell wie möglich heranholen. Ich hatte im Flugzeug im Flugzeug etwas zu essen, aber er hatte nur Appetit auf eine reife Ananas, die er sofort verschlang. Seit dem Morgen hatte er nichts mehr gegessen.«

Nachdem Nate Roger nach Wambimi geschafft hatte, flog er zum neuen Landestreifen zurück, um den verwundeten Mann abzuholen. Es war schon spät am Tag. Da Nate die Jivaro-Sprache nicht beherrschte, mengte er eine reichliche Dosis Zeichensprache unter sein Spanisch und trieb die Indianer zur Eile an.

»Durch den Dschungel«, berichtete Nate, »konnte ich das aufgeregte Rufen der Männer hören, die das Opfer zwischen Schulterstangen auf einer Bambusmatte herbeischleppten. Sein Gesicht war schrecklich entstellt … Knochen waren gebrochen, ein Auge war glanzlos – wahrscheinlich schon vor dem Unfall erblindet –, das andere blutunterlaufen. Er sah wie tot aus, und ich bekam einen Schreck, als er sich bewegte.«

Wenige Minuten später war das Flugzeug wieder in der Luft und auf dem Weg nach Shell Mera.

»Neben mir auf dem Flugzeugboden lag ein stinkender, widerlicher und verstümmelter Jivaro. Beim Anblick der faulenden Wunden in dem entstellten Gesicht drehte sich mir fast der Magen um. Trotzdem versuchte ich, aufmunternd in die eine schwarze Pupille zu blicken, die von einem blutunterlaufenen Augapfel umgeben war. Hier war eine unsterbliche Seele, die an einem dünnen Faden über dem Abgrund der Unwissenheit hing. Hier war einer der hoffnungslos Verlorenen, die Jesus mit seinem Kommen finden und retten wollte … ein armer, alter, einäugiger Mörder, der wohl niemals Mitleid erlebt oder gezeigt hatte. Wahrscheinlich traute er mir nur, weil seine eigenen Leute ihn aufgegeben hatten. Für ihn bedeutete der Tod schreckliche Ungewissheit und Angst vor einer ewigen, sternenlosen Nacht. Er wusste nichts von Gott und noch weniger von Golgatha. Schaffte ich es noch bis Shell Mera, dann konnte Dr. Fuller ihn über die Nacht bringen. Wenn Gott wollte, konnte er dann noch gerettet werden.

Die Maschine war leicht, und bei 1800 m ging ich mit 180 Sachen auf Kurs. In dieser Höhe war es sehr kalt, und der arme Bursche zitterte. Daraufhin zog ich mein Hemd aus, legte es um ihn und schloss alle Lüftungsklappen der Kabine – bis auf eine in Kopfnähe, die mich den betäubenden Gestank aushalten ließ. Eine Hand legte ich beruhigend auf die zitternde Gestalt neben mir und dachte an Rogers Eilmarsch durch den Dschungel: Was wäre gewesen, wenn er aufgegeben hätte? … Was wäre gewesen, wenn er sich nur etwas weniger angestrengt hätte, was, wenn er sich Zeit zum Essen gelassen hätte? Mir fielen seine Kriegserzählungen ein … Ich dachte an die stahlharte Zielstrebigkeit, die diesen Menschen auszeichnete …

Irgendwie muss ich einen Schluss daraus ziehen, damit ich diese segensreiche Erfahrung nicht im Wirbel des Stützpunktalltags einbüße. Bestimmt lautet die Antwort: Gehorsam – Hingabe – Entschlossenheit … Christus ist der Führer.«

Als Nate zur Landung in Shell Mera ansetzte, sah er den Arzt mit einer Tragbahre neben der Landebahn stehen. Das Flugzeug setzte weich auf. Beim Aussteigen rief Nate: »Fein, dass Sie da sind, Doktor. Der Bursche ist übel zugerichtet.«

Der Indianer blieb am Leben!

Auch in den Ketschua-Gebieten des Dschungels tat sich einiges. Eines Morgens flog Nate in aller Frühe von Shell Mera nach Villano, das jetzt Armeestützpunkt war, um dort den Soldaten dringend benötigten Nachschub zu bringen. Kaum war die Maschine entladen, machte er sich zum Rückflug bereit.

Während er noch den Motor warm laufen ließ, kamen einige Soldaten herbeigerannt, die ihm zuschrien, dass zwei verwundete Ketschuas unterwegs seien, denen er helfen müsse. Eine Gruppe Aucas haben ein in der Nähe liegendes Dorf angegriffen und dabei einen Mann und seine Frau schwer verletzt.

Unterdessen schleppten ein paar Ketschuas eine Frau herbei,

die in der Achselhöhle und im Rücken von Speeren getroffen war. Ihr Mann, der noch gehen konnte, wies zwei Speerwunden in der Brust auf, eine weitere im Schenkel und dazu ein Loch in der Hand, mit der er versucht hatte, einen todbringenden Speer abzuwehren.

Als Nate zum ersten Mal in den Dschungel kam, hatte er bereits von dem Mörderstamm der Aucas gehört, die jede Verbindung mit der Außenwelt ablehnten, ob es sich nun um Indianer oder um weiße Menschen handelte. Jetzt aber war er mittelbarer Zeuge eines Auca-Überfalls.

Nate veranlasste, dass die beiden verletzten Indianer zur Maschine getragen wurden, und machte es ihnen in seinem improvisierten Lazarettflugzeug so bequem wie möglich. Kaum war er von der Dschungelgrasbahn gestartet, rief er ins Mikrofon: »56 Henry ruft Shell Mera. Habe Villano verlassen.«

Durch das Knacken und Brummen kam die geschäftsmäßige Antwort seiner Frau: »Okay, okay, okay, ich verstehe dich.«

»Ich habe zwei Ketschuas an Bord – einen Mann und eine Frau. Beide verwundet«, rief Nate. »Bereite zwei Betten in der Bodega vor. Ende.«

Wenige Minuten später krächzte es, nun aber lauter, aus dem Lautsprecher in Shell Mera: »56 Henry setzt zur Landung an. Ende.«

Wie gewohnt kam das Flugzeug schnell und sicher herunter, setzte auf dem Landestreifen auf und rollte zum Stützpunkt weiter. Beim Flugzeugschuppen überließ Nate die beiden Indianer schnell seiner Frau und der Krankenschwester Dorothy Brown. Sie brachten die Verwundeten in den Lagerraum, der zu diesem Zweck in ein Behelfskrankenzimmer umgewandelt worden war.

Als die beiden Krankenschwestern sich davon überzeugt hatten, dass die Indianer in die Hand eines Chirurgen gehörten, wurde alles vorbereitet, um sie mit einer Verkehrsmaschine nach Quito zu fliegen.

Dort stellten die Chirurgen fest, dass eine Speerspitze in das Rückgrat der Frau eingedrungen war und eine vorübergehende

Lähmung ihrer Beine und des ganzen Unterleibs hervorgerufen hatte. Der Fall wurde dadurch erschwert, dass die Frau im achten Monat schwanger war. Nachdem die Speerspitze operativ entfernt worden war, brachte die Frau nach einigen Tagen ein gesundes, wenn auch etwas zu früh geborenes, Kind zur Welt.

Später wurde das Paar nach Shell Mera zurückgeflogen, wo es sich in der Bibelschule erholte. »Direkt können wir nicht mit den Patienten sprechen«, schrieb Nate, »doch das bei uns arbeitende Indianer-Ehepaar spricht Spanisch sowie die Sprache der Ketschuas und unterhält sich ohne Schwierigkeiten mit ihnen. Gestern Abend las er ihnen aus der spanischen Bibel vor und übersetzte Satz für Satz in die Ketschua-Sprache. Sie hatten noch nie etwas aus der Bibel gehört. Bis jetzt haben sie noch wenig davon begriffen, denn der Ketschua fragte mich, ob ich nicht mit dem Flugzeug zurückfliegen und wenigstens einen der Aucas für ihn töten könnte. Daraufhin erklärte ihm mein Dolmetscher, dass wir nicht das Leben nehmen, sondern es vielmehr durch Jesus Christus retten wollen.«

So wurde Nate wieder daran erinnert, dass die gefürchteten Aucas noch immer nach alter Taktik leise aus dem Dschungel hervorkamen, um ihre arglosen Opfer aus dem Hinterhalt zu überfallen. Die Ketschuas, die bei Villano verwundet worden waren, ahnten nicht, warum es gerade sie getroffen hatte. Wohl lag die Ketschua-Siedlung in der Nähe des Auca-Gebiets, aber sie konnten höchstens vermuten, dass mit dem Überfall ein Angriff auf die Auca-Siedlungen gerächt werden sollte, den sie vor vielen Jahren durchgeführt hatten.

Schon oft hatte Nate darüber nachgedacht, wie man diese scheuen Aucas wohl erreichen könnte. Nur wenige Kilometer entfernt von einer der Missionsstationen, die er versorgte, lebte dieser mordlustige Stamm irgendwo im Dschungel.

Vermittler in einem Krieg

Wenn auch das Christentum schon den Weg in viele Herzen gefunden hatte, so schienen die dunklen Mächte des Bösen doch keineswegs geneigt, ihre Stellung im Dschungel aufzugeben.

Frank Drown hörte davon, dass einige unbekehrte Jivaros aus der Nachbarschaft aufgebrochen waren, um einen Vergeltungsangriff auf die Achuaras zu unternehmen. Kurz zuvor hatten Frank, Nate und Roger bei der Inbetriebnahme des neuen Landestreifens erfolgreich mit Santiaku und seinem Volk Verbindung aufgenommen. Nun fürchtete Frank, dass die vorsichtigen und misstrauischen Achuaras die beiden Ereignisse miteinander in Zusammenhang bringen würden. Durch den Eindruck, die Missionare seien Verräter, könnte die gerade erst geöffnete Tür für lange Zeit wieder zugeschlagen werden.

Für die Missionsfliegerei war die Vermittlung in einem Indianerkrieg etwas ziemlich Neues, aber Frank rief Nate trotzdem über Funk an. Sein Vorschlag ging dahin, über dem Dorf des Häuptlings das Bord-Boden-Telefon hinabzulassen, damit Frank Drown Santiaku vor den anrückenden Jivaros warnen könne. Nate gab zu bedenken, dass Santiaku doch noch nie in seinem

Leben ein Telefon gesehen habe und nicht wissen werde, was er damit anfangen solle. Stattdessen schlug er vor, einen Lautsprecher am Flugzeug anzubringen. Infolge schlechten Wetters konnten sie an den beiden nächsten Tagen nicht starten. Da die Angreifer nur drei Tage bis zu ihrem Ziel brauchten, blieb ihnen nur knapp ein halber Tag, um das Blutvergießen zu verhindern.

Auch am dritten Tag war der Himmel noch bewölkt, und es sah nach Regen aus. Aber Macuma meldete, dass dort das Wetter aufklare. Um 15.30 Uhr startete Nate. In Macuma nahm er Frank und einen weiteren Missionar, Bill Gibson, an Bord. Sie hängten die Kabinentür aus, installierten den Lautsprecher und starteten. Als sie die ersten Hütten der Achuaras erreichten, warnte Frank die Indianer vor dem Überfall und rief ihnen die Namen der Angreifer zu, damit sie sahen, dass es ernst war.

Während das Flugzeug über dem Dorfhaus der Achuaras kreiste, rief Frank die unten stehenden Indianer einzeln beim Namen. Sie waren wie vom Donner gerührt. Eine Frau ergriff einen Korb mit Nahrungsmitteln, lief über die Lichtung und verschwand im Wald. Andere hüpften begeistert umher, während Frank seine Botschaft mehrmals wiederholte. Als er sie aufforderte, sie sollten zum Zeichen ihres Verstehens alle ins Haus gehen, winkten sie heftig mit den Armen. Als freundliche Geste warfen die Missionare eine Hose ab, worauf die Indianer mit einer Decke winkten.

Da es schon spät war, beschloss man, nach Macuma zu fliegen. Beim ersten Jivaro-Haus hinter der Achuara-Grenze kreiste das Flugzeug, und Frank warnte die Bewohner, die Achuaras seien von dem drohenden Überfall unterrichtet und warteten bereits auf die Angreifer. Nun wussten die Jivaros, dass sie in eine tödliche Falle tappen würden.

In Macuma fragten sich die drei Männer als Nächstes, ob ihr Flug ein Erfolg oder ein Fehlschlag gewesen sei. Sie kreisten über den Missionsstationen im Macuma-Gebiet, und Frank rief die Jivaros mit der gleichen Lautstärke, die er bei den Achuaras gebraucht hatte. Wenn sie ihn hörten, sollten sie sich auf den

Boden werfen, sagte er zum Schluss. Kaum hatte er den Satz beendet, warfen sie sich hin. Als das Flugzeug landete, waren die Jivaros vor Begeisterung fast aus dem Häuschen – sie hatten Frank gehört, als stünde er neben ihnen.

Später erfuhr man, dass Katani, der Medizinmann und Anstifter des Ganzen, Frank vom Flugzeug aus sprechen gehört hatte und wieder brav mit seinen Gefährten nach Hause gezogen war. Merkwürdigerweise schienen sie gegenüber den Missionaren, die ihren Überfall verhindert hatten, mehr Achtung als Groll zu empfinden.

Es mochten zwei Jahre vergangen sein, da trauerte Santiaku um den Tod seines Schwiegersohnes. Plötzlich kam er auf den Einfall, sein alter Feind Katani hätte ihn behext. Santiaku rief seine Krieger zusammen, legte sich bei Katanis Hütte in einen Hinterhalt und verwundete Mankash, einen Verwandten Katanis. Dieser übte daraufhin Vergeltung und verwundete eine Achuara-Frau. Nach ein paar Tagen kam Santiaku voller Rachsucht zurück. Seine Männer erschossen Katanis Frau und das Baby, das auf ihren Rücken gebunden war, während Katani verwundet wurde. Der Medizinmann floh nach Shell Mera und wurde gesund gepflegt.

»Warum habt ihr ihm das Leben gerettet?«, fragte Santiaku, der es nicht verstehen konnte, dass man seinen Feind freundlich aufgenommen hatte.

»Weil wir wollten, dass er mehr von Gott hören und sein Kind werden soll«, antwortete Frank Drown.

»Dann predigt ihm recht viel!«, riet Santiaku.

So trug das Missionsflugzeug mit dazu bei, dass das Jivaro-Land für das Christentum erschlossen wurde. Die Arbeit begann in Sucua, Chupientza und Macuma und hatte sich nun schon nach Wambimi, Cangaime, Pacientza und Cumai ausgebreitet. Nate hatte fünf dieser Stationen als Erster angeflogen.

Zusätzlich zum Landestreifen Tena, von dem aus Dos Rios versorgt wurde, war im Norden ein weiteres Flugfeld in Pano angelegt worden. Ahjuana wurde vorübergehend angeflogen.

Llushin war von Wycliff-Bibelübersetzern eröffnet, später aber wieder aufgegeben worden. Nate hatte auch geholfen, das Rollfeld Montalvo in Betrieb zu nehmen, das der ecuadorianischen Armee und den Wycliff-Bibelübersetzern diente.

Einen nicht zu unterschätzenden Zuwachs bildeten drei junge Missionare, die um diese Zeit als Wycliff-Bibelübersetzer nach Ecuador kamen.

Jim Elliot und Pete Fleming stammten aus gut christlichen Familien, in denen das Wort Gottes und das Gebet ebenso zum Leben gehörten wie das Atmen. Pete hatte in englischer Literatur an der Universität Washington promoviert, wo er Vorsitzender des Studentenausschusses war.

Als Sohn eines Bibellehrers der Brüdergemeinden hatte Jim Elliot in Portland, Oregon, mit zwei Brüdern und einer Schwester eine glückliche Jugend verlebt. Schon auf der Highschool zeigte Jim eine starke rednerische Begabung, später besuchte er das Wheaton College, wo er auch Betty Howard kennenlernte, die nach fünfjähriger Wartezeit seine Frau wurde. Jim legte sein Examen mit Auszeichnung ab. Im Sommer 1950 besuchte er das Summer Institute of Linguistics (SIL), das von den Wycliff-Bibelübersetzern an der Universität Oklahoma durchgeführt wurde. Dort begegnete er Dave Cooper, einem Missionar unter den Ketschuas in Ecuador, und hörte so aus erster Hand von den Aucas.

Als Nate im Frühjahr 1953 aus dem Urlaub zurückkehrte, waren Elliot und Fleming gerade in Ecuador eingetroffen. Ungefähr nach einem Jahr folgte Ed McCully mit seiner Frau Marilou und dem Söhnchen Stevie, um erst einmal in Quito Sprachstudien zu betreiben.

In Wheaton waren Ed und Jim eng miteinander befreundet gewesen. Eds Vater war Geschäftsführer beim Internationalen Verband Christlicher Kaufleute in Milwaukee, wo er früher eine Brotfabrik geleitet hatte. Der Sohn zeichnete sich in Wheaton als Sportler und Redner aus und wechselte später zur Rechtsfakultät an der Universität Marquette seiner Heimatstadt über. Während er als Nachtportier in einem Hotel arbeitete, fand der junge McCully viel Zeit zum Bibelstudium und zum Nachsinnen über das Gelesene. Dabei kam er zu dem Entschluss, sein volkswirtschaftliches Studium aufzugeben und Missionar zu werden. Bevor er nach Ecuador kam, heiratete er Marilou Hobolth, die als Pianistin und Chorleiterin an der Baptistenkirche in Pontiac wirkte.

Schon immer hatte sich Nate für die Idee eingesetzt, dass in Shell Mera eine Krankenstation eingerichtet werden müsse, um dem Oriente ärztlich besser helfen zu können. Schließlich erklärte sich die MAF damit einverstanden, dass HCJB einen Teil ihres Landes für die vorgesehenen Krankenhausbauten übernahm. Dann dauerte es nicht mehr lange, und Dr. Fuller zog mit seiner Frau Elizabeth und seiner Familie von Quito nach Shell Mera.

»Im letzten Jahr«, schrieb Nate, »haben wir viele Gebetserhörungen erlebt, aber eine Segnung übertrifft doch alle anderen: die Stationierung eines Missionsarztes in Shell Mera, wo er gleich neben dem MAF-Stützpunkt seine Arbeit aufgenommen hat.

In den vergangenen Monaten durfte ich Dr. Fuller dabei helfen, sich hier einzurichten. Zusammen mit Roger Youderian, Stan Houghton und anderen Missionsbrüdern habe ich eine kleine Krankenstation gebaut, in der Dr. Fuller arbeiten kann, bis wir ein größeres Haus für ihn errichtet haben.

Die ärztlichen Anforderungen und Leistungen sind gewaltig. Wie in einem unglaubwürdigen Theaterstück sehen wir einen Strom von kranken Menschen aus allen Teilen des Oriente per Auto, mit dem Flugzeug von den Missionsstationen und zu Fuß aus den überall schnell wachsenden Siedlungen ankommen. An einem einzigen Nachmittag wurden 60 Patienten behandelt. Seit Dr. Fuller hier ist, musste er schon mehrere schwierige Operationen unter äußerst primitiven Bedingungen durchführen. So schraubten wir zum Beispiel bei einem unaufschiebbaren Kaiserschnitt eine doppelarmige Fotolampe über dem

Operationstisch fest. Während ich diese Zeilen schreibe, ist er gerade dabei, ein achtjähriges Mädchen zu operieren, das an einer Darmverschlingung leidet …

Unlängst ging bei einem ärztlichen Behandlungsflug einer der Ärzte auf eine Gruppe von sechs Jivaros zu, die in der Nähe des Flugzeugs standen. Er horchte ihre Brust ab und stellte fest, dass drei von ihnen an fortgeschrittener Lungentuberkulose litten! ...

An einer anderen Stelle des ärztlichen Rundflugs landeten wir erstmals auf einem Landestreifen, den die Jivaro-Indianer eine Tagesreise von der nächsten Missionsstation entfernt ganz allein angelegt hatten. Bei ihrer Arbeit wurden sie von einem christlichen Indianer aus Macuma angeleitet, der in diese Gruppe eingeheiratet hat. Mit dem Bau dieses Landestreifens wollte er erreichen, dass die Missionare kämen und das Evangelium verkündigten. Natürlich zog dieses Argument bei seinen heidnischen Stammesgenossen nicht, wohl aber die Tatsache, dass Ärzte kommen würden. Wie es bei den meisten Indianern der Fall ist, sind viele von ihnen krank, und sie hatten davon gehört, dass die Spritzen des weißen Mannes weit besser halfen als die Gesänge der Medizinmänner.

Gestern hatten wir ein interessantes Erlebnis. Ich hatte gerade den ersten Flug hinter mir, als uns ein Hilferuf erreichte. Anscheinend fangen unsere meisten Erlebnisse damit an, dass von irgendwo ein Hilferuf kommt. Diesmal kam er nicht aus dem Dschungel, sondern aus Guayaquil, der größten Stadt Ecuadors.

Die Frau eines dortigen Missionars lag nach einer Fehlgeburt danieder, und der morgendliche Funkbericht lautete nicht gut – sie war ohne Besinnung und ihr Zustand sehr ernst. Dr. Fuller bot sich an, über das Gebirge zu kommen und zu helfen. Als man daraufhin um sein Erscheinen bat, erklärte ich mich bereit, ihn direkt über die Anden zur Küstenstadt zu fliegen. 20 Minuten später starteten wir.

In den Gebirgstälern hingen kaum Wolken, obwohl sich

schon in etwa 4500 m Höhe eine Wetterfront aufbaute. Anscheinend war der Pass von oben bis unten mit Wolken verstopft. Stellenweise waren sie jedoch zerteilt, und nach einigem vorsichtigen Tasten fanden wir heraus, dass wir sicher hindurchkommen konnten. Die Berge dort sind sehr zerklüftet, es ist ein ständiges Auf und Ab. In etwa 4000 m Höhe mogelten wir uns von Wolkenloch zu Wolkenloch, nachdem wir die Wetterlage von Guayaquil abgehört hatten, das jetzt nur noch 110 km nach Westen und 4000 m unter uns lag. Nach etwa 30 km wurden die Wolkenlöcher größer und die Wolkenschichten dünner. Etwa 15 km vor Guayaquil beschlossen wir, durch ein großes Wolkenloch abwärts zu kreisen, um nicht innerhalb der Wolken in den Fluglinienverkehr zu geraten. Als wir unten ankamen, stellten wir fest, dass wir genau auf Kurs lagen und über der Bahnlinie nach Guayaquil flogen. Eine Stunde und 40 Minuten nach dem Start hörten wir Marjs ›Okay‹ aus Shell Mera, mit dem sie unsere Landemeldung aus Guayaquil bestätigte.«

Es war erst wenige Stunden her, dass man Dr. Fuller über die Anden hinweg gerufen hatte. Bevor dieser Arzt nach Guayaquil flog, hatte er über Sprechfunk Dr. Paul Roberts in Quito konsultiert, der daraufhin über Kurzwelle Verbindung mit den Vereinigten Staaten aufnahm, um sich über die künstliche Niere zu informieren. Es gibt nur drei von diesen Maschinen, und sie bildeten anscheinend die einzige Hoffnung, da Mrs. Dyck bereits die Besinnung verloren hatte …

»Nachdem ich den Arzt abgeliefert hatte, startete ich gleich wieder in Richtung Gebirge, um vielleicht noch durch den Pass zu kommen, bevor er völlig wolkenverhangen war …

Über Funk erfuhren wir später, dass Mrs. Dyck außer Gefahr war. Der schnelle Einsatz hat ihr das Leben gerettet ...

Nach all dem brauche ich euch wohl nicht mehr zu sagen, wie sehr wir persönlich an dem Erfolg unseres ärztlichen Versorgungsplans interessiert sind. Unserer Ansicht nach sehen selbst die begeistertsten Missionsfreunde noch nicht, wie stark dadurch die Verbreitung des Evangeliums hier im Oriente beeinflusst wird. Schon haben wir die dicken Mauern der Vorurteile fallen sehen. Vielleicht sind wir besser in der Lage, diesen Gewinn zu würdigen, weil wir die Anlaufzeit mitgemacht haben und gewissermaßen das Vorher und das Nachher überblicken können. Die MAF wird alles tun, um den Lufttransport zu der Brücke auszubauen, über die hinweg den Indianern der ärztliche Dienst im Namen Christi vermittelt werden kann.«

Später erfuhr man, dass der Rundfunksprecher Theodore Epp zu einem Spendenfeldzug zur Errichtung eines richtiggehenden Krankenhauses mit 25 Betten aufgerufen habe.

In dieser Zeit stand Nate vor manchen anderen, sehr wichtigen Problemen. Als sie ihre Arbeit in Ecuador aufnahm, hatte die MAF Wycliff-Bibelübersetzer transportiert, sie an das Dschungelfunknetz angeschlossen, in Krankheitsfällen unterstützt, ihnen die Gastfreundschaft von Shell Merita geboten und auch sonst geholfen, sich im Oriente einzurichten. Doch hinsichtlich des Ausbaus der Missionsfliegerei gingen die Ansichten der beiden Organisationen auseinander. Schließlich eröffnete Wycliff ein eigenes Flugprogramm, das in Anlehnung an den Dschungelflug- und Funkdienst (JAARS) in Peru über eigene Flugzeuge verfügen sollte, wobei man weiterhin mit der MAF und den anderen Missionsgesellschaften zusammenarbeiten wollte.

Schon bald errichtete Wycliff seinen Hauptstützpunkt in Limoncocha im nordöstlichen Teil Ecuadors, unweit der kolumbianischen und peruanischen Grenze gelegen, und flog Shell Mera als Zwischenstation im Vorgebirge an.

Inzwischen wurde Nates Schwester Rachel anfangs mit Catherine Peeke und später mit Mary Sargent auf der Hazienda Ila eingesetzt. Mithilfe von Dayuma, einer jungen Auca-Frau, die einige Jahre davor aus ihrem Stamm geflohen war, hatte sie sich an das Studium des Waorani-Dialekts der Auca-Sprache gemacht.

In seinem unermüdlichen Verlangen, ein sicheres Flugzeug zu entwickeln, wollte Nate nicht von dem Gedanken lassen, seinen kleinen, einmotorigen Eindecker in einen dreimotorigen Doppeldecker umzubauen. Er nahm eines der Probleme in Angriff, das die Flugzeugingenieure aufgeworfen hatten: den vermehrten Luftwiderstand infolge eines zusätzlichen unteren Flügelpaares. Um diese Frage aus der rein theoretischen Erörterung herauszuheben, bastelte er ein paar abnehmbare untere Sperrholzflügel für das MAF-Flugzeug und führte Versuche durch, bei denen er sich nur ganz wenig vom Boden abhob. Dafür erntete er einen Tadel seitens seiner Vorgesetzten, die weniger gegen die Versuche als solche als vielmehr gegen die Art seines Vorgehens waren.

Nate antwortete auf den Brief hin: »Besten Dank für eure freimütigen Äußerungen zum ›Unternehmen Holzattrappe‹. Mit den benutzten Ausdrücken bin ich völlig einverstanden. Mir war klar, was auf dem Spiel stand, wenn es einen Unfall gab. Deshalb beabsichtigte ich auch lediglich schnelle Rollversuche. Zu meiner Verteidigung kann ich nichts vorbringen, und dabei habe ich alles Vertrauen aufs Spiel gesetzt, das ich möglicherweise in den vergangenen Jahren bei euch angesammelt habe. Um die Tragflächen zu bauen und anzubringen, brauchten wir genau zwei Wochen und einen Tag. Am Flugzeug haben wir nichts verändert, außer dass wir am Fahrwerk längere Bolzen anbrachten und die Verkleidung abbauten. Dann dauerte es nur noch 20 Minuten, bis wir die unteren Tragflächen für den Versuch montiert hatten …

Wie die Dinge jetzt stehen, würde ich gern zwei leere, nachgebildete Motorenhauben an den neuen Tragflächen anbringen, um den Luftwiderstand und das übrige Verhalten der Maschine zu prüfen. Wir warten auf Jims Besuch, damit wir ihm die Montage zeigen können und euch so durch ihn selbst einen genaueren Bericht zukommen lassen können. Lasst mich bitte wissen, was ihr davon haltet und wie ihr reagiert – sicher nicht gar zu böse.«

Seinem Vater schrieb Nate: »Eines weiß ich bestimmt, wenn mein Vater einmal zu der Ansicht gekommen wäre, Missionare müssten in sicheren Flugzeugen sitzen, dann wäre er dem Problem auf eigene Gefahr und Verantwortung zu Leibe gerückt. In meiner Jugend habe ich, glaube ich, einiges von deiner draufgängerischen Entschlossenheit gelernt …

Meiner Meinung nach kann diszipliniertes Denken und Planen, das im Kleinen zum Erfolg führt, auch in wichtigeren Dingen von Nutzen sein. Wir wären glücklich, wenn die Zweifler und die Furchtsamen mit uns beteten, aber uns wäre es wie Gideon lieber, wenn diejenigen Leute mit uns gingen, die uns auch auf die Gefahr einer Enttäuschung hin helfen können.«

So sehr Nate der Plan eines sichereren Flugzeugs am Herzen lag, er sollte ihn nie verwirklicht sehen. Doch die Zahl seiner ›Siege‹ übertraf bei Weitem die seiner ›Niederlagen‹.

Dschungelhandwerker

Je mehr sich das Werk im Dschungel ausdehnte, desto öfter gingen Hilferufe ein. Deshalb war es ein Tag der Freude, als die Nachricht eintraf, dass Johnny und Ruth Keenan und ein weiteres Flugzeug für Shell Mera vorgesehen wären. Bis aber das nötige Geld und die Ausrüstung beschafft, die Sprachstudien abgeschlossen und die Visa besorgt waren, wurde es darüber Frühjahr 1955.

»Zunächst muss ich euch berichten, wie gut sich die Keenans einarbeiteten«, schrieb Nate an die MAF. »Wie wir es früher ohne sie geschafft haben, wissen wir nicht. Johnny ist der geborene Flieger, er hat dank einer schnellen Auffassungsgabe die Funktechnik, die Flugrouten und alles Übrige sehr schnell begriffen. Seine starke Seite ist die Ausbesserung der Funkgeräte, und er hat auch schon seine erste selbstständige Lötarbeit hinter sich. Auch Ruth fügt sich sehr gut ein. Sie gibt den Jungen Schulunterricht und treibt fleißig Sprachstudien. Unserer Ansicht nach sind sie genau die Leute, die Gott an diesem Platz braucht. Ich schätze Johnnys Flugzeugwartung sehr – sie ist äußerst methodisch und gründlich.«

In Shell Mera weitete sich die Arbeit immer mehr aus. Sowohl 1954 als auch 1955 waren ereignisreiche Jahre. Von vielen Seiten erhielt Nate Anerkennungen für sein Kreiselflug-Abwurf-System, aber eine besondere Freude war es ihm, als er einen lobenden Brief und ein Geschenk von 250 Dollar von dem Generaldirektor der Beech-Flugzeugwerke erhielt.

Unaufhörlich floss der Strom der Besucher. Dazu gehörte ein junges Mädchen, das eines Tages an der Hand seiner Mutter vor dem Gartentor von Shell Merita stand und sagte, es müsse unbedingt Nate sprechen. Das erste Mal hatte sie ihn gehört, als er 1949 in Puyo mühsam aus der spanischen Bibel vorlas, und später war sie mit anderen Gläubigen in Berührung gekommen. Nate hatte die Freude, ihr mehr von dem Heiland erzählen zu dürfen.

Am 28. Dezember 1954 wurde Philip Jonathan, das dritte Kind der Saints, in Shell Merita geboren.

»Jetzt wartet noch mehr Arbeit auf meine Frau, die ohnehin schon sechs Hände hat«, bemerkte Nate scherzhaft, und der kleine Phil nahm von Anfang an einen großen Platz im Herzen seines viel beschäftigten Vaters ein.

Inzwischen hatten sich die brüdergemeindlichen Missionare auf ihren Stationen unter den Ketschuas gut eingelebt. Einen vorübergehenden Rückschlag erlebten die McCullys durch ein Hochwasser, das Shandia praktisch zerstörte. Sie zogen aber dorthin zurück, um mit Pete Fleming in der wiedererrichteten Station zu arbeiten. Später gingen sie an den Wochenenden nach Arajuno und predigten dort in dem ehemaligen Shell-Lager, das schon auf Auca-Gebiet lag.

Nach ihrer Heirat hatten sich Jim und Betty Elliot südostwärts von Shell Mera in Puyupungu niedergelassen. Später übernahmen sie die Station Shandia zusammen mit Pete Fleming, der 1954 in die Vereinigten Staaten zurückkehrte, um Olive Ainslie zu heiraten. Anschließend brachte er seine junge Frau zu Sprachstudien nach Quito.

Je länger sie zusammenarbeiteten, desto enger wurde Nates Freundschaft mit den Elliots, den McCullys und den Flemings. Für Betty und Jim war Nate ein steter Quell praktischer Hilfe, christlicher Brüderlichkeit und oft auch der Heiterkeit. »Bevor er sie ganz erzählt hatte, lachte Nate schon über seine eigenen Witze«, erinnerte sich Betty. »Er warf den Kopf zurück, wurde rot und hielt die Hand vor den Mund, wenn er lachte.«

Wenn er in Puyupungu übernachtete, konnte Nate sich über Kleinigkeiten freuen. In dem Zimmerchen mit den bambusverkleideten Wänden fühlte er sich ebenso wohl wie in der Zimmerflucht eines teuren Hotels. Besonders gern aß er Bettys Bratensoße. Seiner Gastgeberin sagte er: »Gib mir bitte noch ein paar Kartoffeln. Mit Kartoffeln kann man die köstliche Bratensoße so gut aufwischen.«

Auf dem Landestreifen Puyupungu und Shandia blieb Nate stets so lange, wie es sein Zeitplan erlaubte. Wenn Jim ihm von Gebetserhörungen oder Erfolgen in der Arbeit unter den Ketschuas erzählte, hellte sich Nates Gesicht auf, und er pflegte dann zu sagen: »Dafür musst du Gott danken. Das ist unser Lohn, weißt du. Deswegen sind wir hier. Und wenn das Evangelium die nicht erfasst, denen wir dienen, dann sollten wir lieber unsere Koffer packen.«

Valerie Elliot wurde in Shell Merita geboren, und Nate rannte hin und her, um überall zu helfen. Um drei Uhr nachts stand er auf und warf den Dieselmotor für den Fall an, dass das Wasserkraftwerk ausfiel.

Nach Valeries Geburt sprachen die Familien Elliot und Saint einmal über Babygeschrei. »Nur gut, dass uns das Geschrei sooft stört«, bemerkte Nate. »Wenn es anders wäre, dann würden wir die armen Würmer vielleicht verhungern lassen. Aber glaub mir, Betty, ich denke dabei bestimmt nicht an dein Baby!«

Als die McCullys dahinterkamen, dass sie ihr Klavier nicht in ihrem feuchten Dschungelhaus aufstellen konnten, ließen sie das Instrument in Shell Merita. Nate liebte Musik, und jedes Mal, wenn Marilou kam, bat er sie, ihm seinen spanischen Lieblingschoral »Tierra Bendita de Palestina« (Gesegnetes Land Palästina) vorzuspielen.

Und aus Liebe zur Musik kaufte er sich eines Tages eine Gitarre. In einem Brief an seine Frau, die zu dieser Zeit verreist war, erwähnte er, dass er 220 Dollar für das Instrument bezahlt habe. Marj fragte sich, warum er wohl so viel für sein Vergnügen ausgab, wo doch ihre Mittel recht beschränkt waren. Später erfuhr sie dann, dass sie falsch gelesen hatte. Das Zeichen für den ecuadorianischen Sucre, der sechs Cent wert ist, unterscheidet sich vom Dollarzeichen nur dadurch, dass es einen senkrechten Strich statt der zwei am Dollarzeichen hat. Die Gitarre hatte also nur einen Dollar und 32 Cent gekostet.

Manchmal spielte er auch Mundharmonika. Seinen Eltern schrieb er: »Nachdem ich heute Abend von Davids Bund mit Jonathan und der Flucht vor dem eifersüchtigen Saul gelesen hatte, holte ich meine Mundharmonika hervor. Ich weiß nicht, welche Tonart sie hat, aber anscheinend kann ich nur die Melodien fehlerfrei spielen, die Mutter in der Küche sang. Ich hatte gehofft, auf Marjs Akkordeon spielen zu lernen, aber allmählich wird mir klar, dass mein Dienst an der Musik sich auf die Mundharmonika beschränken wird. Sie hilft mir, die Stille des Dschungels zu vertreiben, wenn ich infolge schlechten Wetters auf einem einsamen Rollfeld übernachten muss. Zwar werde ich wohl bei niemandem Freudenschauer damit hervorrufen, aber mir hilft sie beim Nachsinnen über Gottes Wort und beim Lobpreis, wenn ich mit Gott allein bin. Ich erinnere mich, wie Vater die gleichen lieben, alten Choräle auf seiner kleinen Mundharmonika gespielt hat. Sie verschwand völlig in seinem Bart, und die Musik kam scheinbar dorther, wo seine Hände das Vibrato, oder wie man das nennt, herauszitterten.«

Nate reparierte Marilous Waschmaschine, weil Ed ein besserer Redner als Mechaniker war. Wenn Ed nicht mehr weiterwusste, fragte er Nate über Funk um Rat. Nate gab ihm dann seine Anweisungen und sagte zum Schluss meist: »Wenn du es nicht in Gang bringst, komme ich in ein paar Tagen vorbei.«

Auch auf den anderen Stationen galt Nate als ›Mädchen für alles‹. Mal erteilte er über Sprechfunk genaue Anweisung, wie Zement gemischt wird. Mal half er Dorothy Walker und Marian Lowen, die damals in Macuma arbeiteten, beim Bau einer Duschanlage. Als der Abfluss nicht funktionierte, stellte Nate seine Diagnose per Funk. Daraufhin entfernten die Mädchen die Gelenkknoten aus dem Bambusrohr und lösten so das Installations-›Rätsel‹.

Als Marj mit Blinddarmentzündung im Krankenhaus lag, sagte Nate zu Ed McCully: »Betet für Marj. Wenn ihr etwas zustieße, hätte ich alles verloren.«

Trotz seiner Müdigkeit ließ er sich nicht von Marjs Krankenbett vertreiben. Als sich jemand als Nachtwache anbot, fragte er: »Wollen Sie mich etwa um dieses Vorrecht bringen?« Marjs Krankheit ließ Nate über das zunehmende Tempo ihres Lebens nachdenken. Seine Gedanken schildert er lebendig in einem Brief: »Anscheinend ist das Leben nun einmal zu kurz, um all das zu vollbringen, was wir erstreben – an Liebe und zärtlicher Aufmerksamkeit und an Arbeit und Pflichten. Aber Gott gibt, dass jede Aufgabe vorangetrieben wird von der rechten Mischung aus Rauheit und Lieblichkeit, aus flüchtigen Gedanken und gründlicher Überlegung.«

In den ersten Monaten des Jahres 1955 bereiteten die McCullys sich endgültig darauf vor, von Shandia nach Arajuno überzusiedeln. Zwei Gründe veranlassten Ed zu diesem Wechsel: Er wollte unter den Ketschuas arbeiten, die an den Ufern des Arajuno lebten, und er hoffte, freundschaftliche Beziehungen zu den Aucas aufnehmen zu können. Arajuno war auf dem Auca-Ufer angelegt worden, um möglichst nah beim Rollfeld zu sein. Die Ketschuas respektierten die Flussgrenze zwischen sich und den Aucas genau und übernachteten niemals auf der Seite des Flusses, auf der sich der Landestreifen befand. Nur bei Tageslicht setzten sie über, und dann trugen sie immer Gewehre.

In einem Brief vom 17. April 1955 schrieb Nate an seine Eltern: »In der letzten Zeit führte mein interessanter Flug zum

Landestreifen Arajuno am Rande des Auca-Landes. Ed McCully war nicht dort, aber er hofft, in der folgenden Woche mit seiner Familie umziehen zu können, falls ich genug Aluminiumplatten einfliegen kann, um das Haus zu decken, das die Indianer für ihn gebaut haben.

Als ich hinkam, zog von Osten her schlechtes Wetter auf, und der Anbruch der Dunkelheit war nahe. Für mich bedeutete das, entweder schleunigst zu starten oder die Nacht dort zu verbringen. Wegen eines zu befürchtenden Auca-Angriffs kam eine Übernachtung nicht infrage. Zwar hatten die Ketschuas seit zwei Wochen keine Spur von den Aucas gesehen, aber das war ein schwacher Trost. Zudem musste ich feststellen, dass die Ketschuas bereits in ihre Hütten zurückgekehrt waren.

Da der Pfad zu Eds Behelfshütte breit war, rollte ich dorthin und schob die Tragfläche genau über die Tür, um Schutz gegen den einsetzenden Regen zu haben. Als ich aus der Maschine kletterte, wurde es schnell dunkel, und es war sehr still. Dass Aucas sich in der Nähe aufhielten, war kaum anzunehmen, aber doch möglich. Mir fiel ein, dass die Shell-Arbeiter gesagt hatten, ein Gewehrträger sei noch nie angegriffen worden. Offenbar haben die Aucas einen gesunden Respekt vor diesen fremden Waffen. Ich trug einen kleinen Revolver am Gürtel, der neugierige Zuschauer abschrecken sollte. Von Zeit zu Zeit sah ich immer wieder über die Schulter, während ich das Flugzeug entlud sowie hin und her ging …

Recht wohl fühlte ich mich nicht, während ich praktisch mit einer Hand arbeitete und die andere in der Nähe des Revolvers hielt. Sorge machte mir nur, dass die Aucas dabei den niedlichen kleinen Revolver möglicherweise gar nicht als Schusswaffe erkennen könnten. Selbstverständlich würde ich nie auf einen Menschen schießen, es sei denn auf seine Beine, wenn er mir zu nahe käme und ans Leben wollte …

Nach Möglichkeit musste jede unfreundliche Begegnung und jedes Blutvergießen vermieden werden, damit der Tag schneller herbeikommt, an dem sie vom Evangelium hören. Wenn sie aber nun doch kämen? Wenn ich einem von ihnen eine Beinwunde beibringen müsste und ihn dann in unser Krankenhaus flöge? Dort würden wir ihn bestens pflegen, königlich behandeln und anschließend zu seinem Stamm zurückschicken. In einer solchen Lage schießen einem viele Dinge durch den Kopf. Damit will ich keineswegs mein Verhalten entschuldigen. Ich berichte nur darüber, wie es wirklich war. Letztlich ist es ein tröstlicher Gedanke, dass wir im Dienst des Herrn hier sind und er jeden Augenblick über uns wacht.«

Als Nate das Flugzeug entladen hatte, rollte er zur Startbahn zurück. In der Eile stieß er an einen kleinen Baum, wobei das linke Positionslicht an der Tragflächenspitze zu Bruch ging.

»Wenn ich nachträglich daran denke«, schrieb er seinen Eltern, »dann schwebte ich damals weniger in Gefahr als ihr im Straßenverkehr daheim. Wenn wir jedoch verantwortungsbewusst genug sind, uns zu fragen, ob wir derartige Gefahren auf uns nehmen dürfen, dann kann für uns die Antwort nur folgendermaßen lauten: Es gibt nichts Wichtigeres, als einem Missionsbruder zu helfen, der sich von Gott berufen weiß, in dieser Situation mit seiner Familie zu leben, und Schulter an Schulter mit ihm eine menschliche Brücke zu schlagen, über die hinweg das Evangelium zu diesem wilden Volk gelangen kann …

Jetzt sind die McCullys in Arajuno. Gestern Abend waren sie zum ersten Mal auf der Auca-Seite des Flusses. Wir hoffen zuversichtlich, dass es zu einer freundlichen Begegnung mit den Aucas kommen wird (das wird Rachel interessieren). Inzwischen aber stehen sie – menschlich gesehen – praktisch schutzlos einer wirklichen Gefahr gegenüber. Deshalb habe ich ihnen eine batteriegespeiste Lichtanlage gelegt, damit sie das Gelände um ihr Haus beleuchten können, sobald ihr Hund anschlägt, und außerdem eine große elektrische Alarmglocke angebracht. Wenn sich ein freundlicher Kontakt zu den Aucas ergeben sollte, dann ist das ein klarer Beweis für Gottes Mithilfe, denn was das bisherige Verhalten der Aucas angeht, so besteht kaum Hoffnung.

Betet für die Arbeit unter den Ketschuas und für eine freundliche Begegnung mit den Aucas. Es mag Jahre dauern, aber unserer Meinung nach stehen Ed und Marilou dort an der richtigen Stelle für den notwendigen Kontakt …

Kürzlich flog ich über die Hazienda IIa und warf Post für Rachel ab. Wenn es ihr gelingen sollte, so viel von der Auca-Sprache zu sammeln, dass wir uns verständlich machen können, dann werden wir Ed ein Tonband zur Verfügung stellen, das allabendlich zum Dschungel hin abgespielt wird – nur für den Fall, dass neugierige Augen und Ohren in der Nähe sein sollten.«

So wurden die brüdergemeindlichen Missionare und Nate durch die Alltagsvorkommnisse zusammengeführt. Ihre Freundschaft vertiefte sich noch durch den gemeinsamen Wunsch, die Freundschaft der Aucas zu gewinnen.

Unternehmen Auca

Es war an einem Montagmorgen, genauer gesagt, am 19. September 1955. Die Sonne vertrieb schnell die Kälte der Nacht. Die Luft war ungewöhnlich klar. Auf dem Kies zwischen der Küchentür und dem kleinen, nach der Seite hin offenen Schuppen stand das »moderne Missionsmuli«, wie Nate das kleine gelbe Flugzeug nannte. Bis eben hatte Marj die Post sortiert und Fleisch und Lebensmittel in Büchsen verpackt. Nate war gerade dabei, die Vorräte im Flugzeug zu verstauen, wobei er jedes Paket wog und aufschrieb. Der vierjährige Stevie half ihm dabei. Aus dem Funkraum hinter der Küche kam Marj mit Phil auf dem Arm und gefolgt von Kathy. Zum Abschied gab Nate Marj einen Kuss, hielt Phil kurz in die Höhe und verteilte an Kathy und Stevie liebevolle Klapse. Dann kletterte er in das Flugzeug und drückte auf den Starter. Marj und Phil öffneten das Tor und winkten, während er an ihnen vorbei auf die Straße und auf die lange Startbahn zurollte. Auf dem Rasen neben dem Haus standen Kathy und Stevie und sahen zu, wie ihr Vater in die Morgensonne hineinflog.

Während er an diesem klaren Septembermorgen bei seiner

wöchentlichen Versorgungstour auf Arajuno zuhielt, schlug Nate das letzte Kapitel seines Lebens auf. Drei Monate und 20 Tage blieben ihm noch zum Leben.

Unter der Bezeichnung »Unternehmen Auca« kennen Millionen Menschen die Ereignisse, die an jenem Morgen ihren Anfang nahmen. Die Geschichte lief um die Erde – in »Reader's Digest«, in »Life« und in vielen anderen Zeitschriften. In zehn Sprachen erschien Elisabeth Elliots Buch »Durchs Tor der Herrlichkeit«[18] mit der Geschichte der fünf Missionare, die starben, als sie den Aucas das Evangelium bringen wollten. Sie braucht deshalb hier nicht in allen Einzelheiten wiederholt zu werden. Die Glanzpunkte dieses letzten und größten Ereignisses in Nates Leben müssen jedoch als Hintergrund für die persönlichen, bisher noch nicht erzählten Geschehnisse während seiner letzten Lebensmonate festgehalten werden.

Als Nate an jenem Montagmorgen hoch über dem Dschungel dahinflog, war er mit dem Herzen in dem düsteren Wald, in dem irgendwo die Aucas auf ihren unbekannten Lichtungen wohnten. Erst müssen wir sie einmal finden, dachte er. Heute ist es so klar, und ich habe etwas Zeit übrig, vielleicht …

Er war in Arajuno noch nicht aus dem Flugzeug gestiegen, da begrüßte er Ed mit den Worten: »Hast du Lust, einmal nach deinen Nachbarn zu schauen?« Der große Ed McCully war sofort Feuer und Flamme. Nach einer halben Stunde waren beide in der Luft. Sie suchten so lange, bis ihnen fast der Treibstoff ausging. »Dann«, um es in Nates Worten zu sagen, »wurde aus einem winzigen, kaum erkennbaren Pünktchen eine deutlich umrissene Pockennarbe und schließlich eine ziemlich große Lichtung mit in Ordnung gehaltenen Maniokfeldern. Das war es, was wir suchten! Wir hatten noch genug Treibstoff, um ein paar Minuten in der Nähe zu bleiben, also blieben wir … Alles in allem stellten wir etwa 15 Lichtungen

---

18 Elisabeth Elliot: »Durchs Tor der Herrlichkeit«, überarbeitete Auflage, 2009. CLV, Bielefeld.

und ein paar Häuser fest. Auf diese Entdeckung hatten wir schon immer gewartet.«

Zehn Tage später entdeckten Nate und Pete Fleming eine weitere Gruppe von Lichtungen. »Wir flogen einem kleinen Fluss entlang und sahen ein halbes Dutzend größerer Häuser, die von kleineren umgeben waren. Dort waren sie, genau vor unserer Nase, und nur 15 Flugminuten von Eds Station Arajuno entfernt.«

Nach weiteren zwei Tagen, am Abend des 1. Oktober, drängten sich Nate, Ed, Jim und Johnny Keenan um eine große Karte, die auf dem Fußboden des Wohnzimmers von Shell Merita ausgebreitet lag. Bis tief in die Nacht hinein unterhielten sich die Freunde, und bei einer Tasse Kakao in der Küche kamen sie überein, dass die Zeit reif sei für einen Versuch, die Verbindung zu den Aucas aufzunehmen. Gleichzeitig beschlossen sie, ihren Plan streng geheim zu halten: denn falls er bekannt werden sollte, würde ein Ansturm der Ethnologen, Anthropologen und anderer Interessenten einsetzen, der die Möglichkeit, die Aucas allmählich zu gewinnen, zunichtemachen würde.

Lange sprachen die vier Männer darüber, wie sie sich am besten den Aucas nähern könnten. Im Allgemeinen lernt man die Sprache eines Stammes am besten, wenn man Zugang zu ihm gefunden hat, hier aber bildete ihre mangelnde Kenntnis der Auca-Sprache ein erhebliches Hindernis. Damals kannte Nates Schwester Rachel mehr Worte und Sätze der Aucas als jeder andere außerhalb des Stammes. Die Kameraden überlegten, ob sie Rachel ins Vertrauen ziehen sollten, kamen aber schließlich davon ab.

Im Zwiespalt zwischen der Liebe zu seiner Schwester und seinem Versprechen setzte sich Nate am nächsten Tag hin und schrieb seiner Schwester einen Brief, auf dem er vermerkte: »Erst bei weiterer Nachricht öffnen.« Im Auszug lautete er:

»Liebe Schwester,

gestern Abend gelangten Jim, Ed, Johnny und ich zu einer schweren Entscheidung. Wir sahen einen Fingerzeig Gottes darin, dass Du nicht herkommen kannst, damit wir persönlich mit Dir sprechen. Deshalb wollen wir den Plan ausführen, mit dem wir uns schon lange beschäftigen, und das vor uns liegende Unternehmen möglichst geheim halten …

Du weißt ja, wie sehr uns seit Langem am Herzen liegt, die Aucas zu erreichen. Es ist Mut machend, zu wissen, dass Gott Dir diesen Wunsch auch besonders ans Herz gelegt hat und Du gegenwärtig mit ihrer Sprache beschäftigt bist. Deshalb fiel es uns schwer, Dich von unserem Vorhaben auszuschließen. Ich schreibe Dir dies, damit Du es besser verstehst und ich Dir nicht später mühsam alles erst erklären muss, wenn die Geheimhaltung nicht mehr nötig ist …

Unter Umständen könntest Du Dich verpflichtet fühlen, diese Mitteilung weiterzugeben, um mich vor der damit verbundenen Gefahr zu bewahren. Deswegen und im Bewusstsein, dass Du bereits dafür betest, dass die Angehörigen dieses Volks vom Evangelium erreicht werden mögen, bauen wir darauf, dass Gott uns in unserem Vorhaben und Dir in Deiner Arbeit voranhelfen wird, damit am Schluss Christus bei ihnen bekannt wird.

In Liebe Nate«

Da Jim Elliot schon die Indianerin kennengelernt hatte, die Rachel als Sprachquelle diente, beschlossen die Männer, dass er Dayuma besuchte. Dabei sollte er möglichst viele einfache Auca-Sätze aufschreiben, die sie bei der ersten Berührung mit dem Stamm verwenden wollten. Jim besaß eine natürliche Sprachbegabung, zu der eine sprachwissenschaftliche Grundausbildung hinzukam, vor allem sprach er fließend Ketschua – die Sprache, die Dayuma gebrauchte, seit sie vor zehn Jahren aus ihrem Stamm geflohen war. Die Auca-Sätze, die Dayuma ihm sagte, schrieb Jim säuberlich auf kleine weiße Karten.

Schon immer ist es eine erfolgreiche Methode gewesen, primitiven Völkern, mit denen man in Verbindung treten wollte, Geschenke zu überreichen. Daher war es ganz selbstverständlich, dass die Freunde beschlossen, aus dem MAF-Flugzeug

Geschenke hinunterzulassen und dabei Nates Kreisel-Technik anzuwenden. Diese Methode hielten sie für besser als den bloßen Abwurf, denn die Würfe hätten missverstanden werden können. Vielleicht würden die Indianer glauben, die Geschenke seien nur versehentlich aus dem Flugzeug gefallen, aber mit dem heruntergelassenen Eimer konnte ein engerer Kontakt hergestellt werden, der kaum falsch zu verstehen war. Es blieb nur die Frage: Würden die Indianer an den Behälter herangehen, um die Geschenke herauszunehmen oder sie loszubinden? Da die vier glaubten, dass sie es zumindest anfangs nicht tun würden, ging Nate am nächsten Morgen gleich an die Arbeit und bastelte eine automatische Auslösevorrichtung. Sein Mechanismus war ebenso einfach wie praktisch: Zwei Drahtschleifen wurden von einem Haken zusammengehalten, der durch das Gewicht eines an ihm befestigten Besenstiels in seiner Lage gehalten wurde. Wenn der Besenstiel den Boden berührte, fiel der Haken herunter, und der an der unteren Schleife befestigte Behälter löste sich von der Leine.

In der Nacht, die dem ersten Geschenkflug mit Ed voranging, schlief Nate nur wenig. Als sie über dem Dorf ankamen, machte es einen recht verlassenen Eindruck. Nachdem sie den Besenstielmechanismus in Gang gesetzt hatten, ließen sie das Geschenk hinunter. Es bestand aus einem großen Aluminiumtopf, an dem farbenfroh leuchtende Bänder hingen. In den Topf hatten sie eine Anzahl bunte Knöpfe und ein Päckchen Steinsalz gelegt.

»Wir kreisten so lange«, schrieb Nate, »bis das Geschenk träge unter uns hing, wobei die Bänder lustig flatterten. Einmal glaubte ich zu sehen, wie sich die Bänder in einem Baum verfingen und einen Augenblick hängen blieben. Wir hielten den Atem an, während sich der Topf langsam dem Boden näherte. Knapp einen Meter vom Fluss entfernt blieb er liegen, genau in der Verlängerung des Pfades zu dem Haus. Endlich war die Leine frei, und etwa 400 m unter uns auf einer Sandbank lag der Bote unseres guten Willens, unserer Liebe und unseres Glaubens. Damit hatten wir sozusagen die erste Botschaft vom Evangelium in Zeichensprache einem Volk überbracht, das der Strecke nach durch 80 km, in seinem Wesen aber durch Kontinente und Meere von uns getrennt war.«

Am Freitag, dem 14. Oktober 1955, saß Nate wieder vor seiner alten Schreibmaschine und spannte gelbes Durchschlagpapier ein. »Ich kam nicht dazu, meine Aufzeichnungen auf dem Laufenden zu halten«, schrieb er, »bevor jedoch die aufregendsten Erlebnisse der Zwischenzeit in mir abklingen, muss ich die letzten Geschehnisse berichten.«

Beim zweiten Besuch nahmen sie eine Machete als Geschenk mit, die für jeden Dschungelbewohner den kostbarsten Besitz darstellt. Zuerst suchten sie das Ufer ab, um zu sehen, ob der große Aluminiumtopf gefunden worden war. Er war nicht mehr da. Das Fernglas beseitigte alle Zweifel. Sie sahen niemanden und ließen wieder ihr Geschenk über Bord. Während sie kreisten, verhielt sich die fliegende Machete völlig einwandfrei. »Ed klebte am Fernglas«, fährt Nates Bericht fort. »Plötzlich stieß er einen lauten Ruf aus und lehnte sich weit aus der offenen Tür hinaus, um besser sehen zu können. Wir bekamen unseren ersten Auca zu Gesicht! Er lief offen und frei umher. Sehr bald schon standen drei von ihnen vor ihrem großen Haus mit dem Blätterdach. Keinen Augenblick ließen sie das in der Luft baumelnde Paket aus den Augen. Zuerst sah es aus, als würde unsere Gabe auf das Haus fallen, aber dann schwebte sie auf den Fluss zu ...

Platsch! Unmittelbar darauf spritzte das Wasser ein zweites Mal auf. Ein Auca tauchte nach dem Schatz. Wenige Minuten später war ein gutes halbes Dutzend Männer am Ufer zu sehen, die das Geschenk untersuchten. Mit dankerfüllten Herzen schauten wir zu, denn wir hatten damit gerechnet, dass es vielleicht Monate dauern würde, ehe wir ein Lebewesen zu sehen bekamen. Was mochten die da unten denken?«

Nach dem zweiten Besuch wurde die Auslösevorrichtung überflüssig. Wenn das Geschenk noch über ihren Köpfen schwebte, kamen die Aucas bereits angerannt und drängten sich wie »Frauen beim Ausverkauf«. Beim sechsten Besuch banden sie einen wunderhübschen Federkopfschmuck als Gegengabe an die Leine. Von nun an gehörte zu jedem Besuch ein Geschenkaustausch. Auf den Lichtungen dort unten gab es auch noch andere Anzeichen für eine freundliche Gesinnung. Die »Nachbarn« rodeten Land auf dem Hügel, damit das Flugzeug dichter heranfliegen konnte. Dann bauten sie ein hohes Gerüst, eine Art »Anstand«, von dem aus der »Verkehrsleiter« einen besseren Überblick hatte. Nate und Ed waren verblüfft, als sie bei einem ihrer Flüge auf dem Dach eines Auca-Hauses ein Flugzeugmodell mit einer Spannweite von fast einem Meter entdeckten. Angesichts dieser unerwartet raschen Entwicklung gingen die Freunde daran, Pläne für den nächsten Schritt zu schmieden.

Nate berichtete, dass bei den Teilnehmern von Zurückhaltung bis zur Ungeduld alles vertreten war. Am meisten drängte Jim Elliot auf eine baldige echte Begegnung mit den Aucas. Pete war als der Bedächtigste in der Gruppe dafür, erst noch länger mit Dayuma zu arbeiten, um über einen größeren Auca-Wortschatz zu verfügen. Ed schlug vor, etwa zehn Kilometer von den Wohnlichtungen der Aucas entfernt, einen Landestreifen am Curaray anzulegen. Nate empfahl, noch einige Zeit bei den Geschenkabwürfen zu bleiben. Als wie immer Vorsichtiger glaubte er, dass neue Schritte nicht zu plötzlich unternommen werden sollten.

Bei den weiteren Geschenkabwürfen suchte Nate systematisch nach einer Landemöglichkeit in der Nähe der »Terminal City« (Endziel-Stadt), wie die Freunde das Auca-Dorf mit Decknamen nannten. Es bot sich aber nichts als der Uferstreifen des Curaray, der in etwa sieben Kilometer Abstand an der Auca-Siedlung vorüberfloss.

In einem Brief vom 31. Oktober an Grady Parrott von der MAF waren Andeutungen über das Unternehmen enthalten.

»Die Sache eilt, weil nach Meinung der Freunde die Zeit gekommen ist, zu den Nachbarn zu gehen. Sie wollen den Fluss hinabfahren und ein paar Hügel von ihnen entfernt einen kleinen Landestreifen anlegen, von dem sie ausgeflogen werden können, wenn ihre Begegnung nicht freundlich verläuft. Ihrer Ansicht nach ist es wichtig, gemeinsam mit dem Flugzeug zu operieren, das diesen Menschen Geschenke gebracht hat. Mir missfällt der Gedanke, die Nächte mit dem Flugzeug auf jenem Landestreifen zuzubringen, und so will ich lieber täglich von Arajuno, das etwa 20 km entfernt liegt, hin und her fliegen ...

Die bis zum Hals hinauf barfüßigen Burschen kommen uns regelmäßig zu Gesicht. Sie nehmen unsere Geschenke mit offensichtlichem Zutrauen von der Leine und freuen sich riesig über das, was wir ihnen bringen. Anscheinend warten sie schon immer auf unseren wöchentlichen Nikolausflug. Wir schreiben regelmäßig Berichte über unsere Besuche. Wenn wir sie gut schreiben und Gott die Arbeit weiterhin segnet, sodass sie letztlich zum Erfolg führt, könnte eines Tages ein bebildertes Büchlein daraus entstehen. So viel nur jetzt schon: Es ist das reinste Abenteuer, so unwirklich wie ein Erfolgsroman ...

Augenblicklich sind wir auf 15 m an diese Leute herangekommen. Sie zeigen weder Furcht noch Feindseligkeit. Es ist einfach fantastisch. Hierbei bietet sich dem Flugzeug eine einzigartige Gelegenheit, eine verschlossene Tür zu öffnen, Gefahren für das Leben der Missionare herabzusetzen und sie obendrein noch in einer sonst fast unhaltbaren Lage zu versorgen. Für uns gibt es ein doppeltes Ziel: Was unsere hiesige Arbeit betrifft, so wollen wir den Stamm zu Christus führen. Daneben aber möchten wir, dass andere Missionen erfahren, wie viel risikoloser die ersten Berührungen mit gefährlichen, primitiven Völkern durch die Hilfe von Piloten sind ...

Zwar kann sich unsere Umgebung einen Reim auf das machen, was wir treiben, aber sie hat keine Ahnung, wie weit wir gekommen sind. Wir glauben, unsere guten Gründe für die Geheimhaltung zu haben. Seit den letzten Auca-Angriffen wird von einer Expedition geredet, die bis an die Zähne bewaffnet in den Dschungel eindringen soll. Möglicherweise würde sie die Indianer nicht einmal finden. Anderenfalls käme es aber bestimmt zu Blutvergießen, und danach würde sich die Gefahr für diejenigen erhöhen, die geduldig auf eine freundschaftliche Kontaktaufnahme im Geist des Herrn hinarbeiten.«

Inzwischen ging der regelmäßige wöchentliche Geschenktausch weiter. Einige Abschnitte aus Nates Tagebucheintragung vom 10. Oktober sind es wert, wiederholt zu werden.

»Wir flogen über die neue Lichtung auf dem Hügel. Dort sahen wir zwei Frauen. Wir warfen ein kleines Messer ab. Der Führer der Gruppe stand unten am Haus auf seinem ›Anstand‹ und regelte den Verkehr. Er trug das schwarz-rot karierte Hemd, das wir vorige Woche abgeworfen hatten. Wir riefen ihm eine Begrüßung zu und forderten ihn durch Zeichen auf, den Hügel zu ersteigen. Während wir noch einige Kreise zogen, verschwand er von seinem Verkehrsturm. Einige Minuten später entdeckten wir das karierte Hemd des braven Burschen oben auf dem Hügel. So überflogen wir ihn zweimal, und beim zweiten Mal warfen wir ihm eine Hose zu, die er schon in der Luft ergriff.

Anschließend ging es zur Hauptvorstellung nach Haus Nummer 4. Die Honoratioren – es waren vier – in weißen Polohemden, die Jugend und die Frauen in ihrer üblichen ›Uniform‹. Als wir im Tiefflug über die Gruppe hinwegbrausten, sahen wir, wie einer der Honoratioren ein rundliches braunes Päckchen hochhielt. Wir nahmen an, dass es für uns bestimmt sei. Ed fühlte sich nicht wohl. Es war auch ein ungewöhnlich anstrengender Tag gewesen. In dieser Woche hatten wir ihnen ein paar Rollen Bindfaden mitgebracht, einige kleinere Gebrauchsgegenstände und vier Vergrößerungen von den Köpfen unserer Gruppe. Sie waren farbig ausgeführt und trugen das Zeichen unseres Unternehmens, das kleine gelbe Flugzeug. Wir hatten sie auf starke Pappe geklebt …

Als das Paket in der Nähe der Bäume niederging, schleppten sie es schnell zur Mitte der Lichtung. In einem unentwirrbaren Knäuel stürzten sie sich auf den weißen Postsack, in dem wir die Gegenstände verpackt hatten, nur einer war emsig damit beschäftigt, das für uns bestimmte Geschenk festzuknoten. Ich sah, wie er es freiließ und es träge an der Leine baumelte. Daraufhin unterbrach ich das Kreisen und gab Gas.

In Arajuno setzten wir das Paket am Rand des Landestreifens ab. Als ich den Bastkorb erreichte, bewegte er sich. Nachdem wir den Aucas vorige Woche ein Huhn gebracht hatten, dachte ich zuerst an einen Vogel. Doch als ich gerade hineingreifen wollte, kam mir plötzlich der Gedanke an eine Schlange. Der Inhalt entpuppte sich indessen als ein hübscher Papagei mit seinem restlichen Reiseproviant in Form einer angeknabberten Banane!«

Bei diesem Flug hatten Nate und Ed, bevor sie nach »Terminal City« kamen, auch einen Sandstrand am Curaray gefunden, der genau sieben Kilometer vom Dorf entfernt lag. Nachdem er die Anflugmöglichkeit genau überprüft hatte, fegte Nate im Tiefflug über den Strand und warf Papiersäckchen mit trockenem Farbpulver ab. Durch sorgfältige Zeitmessung zwischen den Farbabwürfen bestimmte er die benutzbare Länge des Strandes. Bei einem letzten Anflug setzte er kurz mit den Rädern auf und überzeugte sich davon, dass der Boden hart genug war. Von diesem Augenblick an konzentrierten sich alle Pläne darauf, wie man den Uferstreifen, den sie »Palm Beach« (Palmenstrand) getauft hatten, für eine erste Landung im Auca-Gebiet nutzen könnte. Den ursprünglichen Gedanken, zu Fuß einzudringen und einen Landestreifen zu schlagen, ließen sie fallen. Die Planung wurde rasch vorangetrieben, da sie die nächste Vollmondperiode für den richtigen Zeitpunkt hielten. Im Monat darauf würde die Regenzeit einsetzen und so der Strand vielleicht unbrauchbar werden.

Als Erstes machten sie sich an den Bau eines zusammensetzbaren Baumhauses, das eingeflogen werden konnte. Im Einverständnis mit den anderen hatte Nate auch Roger Youderian gebeten, sich der Gruppe anzuschließen. Roger wollte gern mitmachen, während Pete Fleming noch unentschlossen war.

Die Sandbank am Curaray

Es war Adventszeit in Shell Merita, und der Duft von Weihnachtsgebäck zog durch das Haus. Nate holte die Schreibmaschine hervor und schrieb einen Brief an seine und Marjs Eltern:

»Liebe Farrises und Saints!

In Shell Mera liegt Weihnachten in der Luft. Wir stellen das Bäumchen im Wohnzimmer auf, und die Kinder sind schon ganz aufgeregt. Es ertönen die vom Tonband abgespielten, vertrauten Weihnachtslieder und -choräle, und schaudernd fühlen wir, wie uns das große Geheimnis überkommt – die Tatsache, dass Gott seinen einzigen Sohn gesandt hat. Philip, der überall herumwatschelt und uns aufhält, ist gerade alt genug, um zu begreifen, dass etwas Besonderes vor uns liegt.

Im Krankenhaus drüben liegt ein zehnjähriger Junge mit Knochenmarkentzündung im rechten Bein. Als er unlängst besonders starke Schmerzen hatte, fragte uns die Krankenschwester, ob wir nicht den Jungen besuchen wollten. Seine Mutter war in Tränen aufgelöst, weil sie ihn schon für den Rest seines Lebens lahm sah. Er schrie genau wie ich damals, als ich die gleiche Krankheit hatte. Wir versuchten, ihm zu zeigen, dass Gott mit allem, was er uns schickt, einen ganz bestimmten Zweck verfolgt. Mit echter Freude erzählte ich ihm, wie ich in meinen Schmerzen damals zu Gott gebetet hatte, dass er mich aus dieser Welt nähme oder mich heile, und wie ich dabei versprochen hatte, mein Leben solle fortan ganz ihm gehören. Wie sehr danke ich Gott für diesen Tag! Wie oft habe ich mein Versprechen vergessen, und mit welcher Geduld erinnerte der Herr mich wieder und immer wieder daran, bis wir durch seine Gnade die unaussprechliche Freude erfuhren, ihm hier dienen zu dürfen …

Möge Gott euch alle reich segnen. Wir danken für eure herrlichen Geschenke. Was kann man sich Besseres wünschen als gute Eltern, die den Herrn lieben und uns früh gelehrt haben, dass wir uns hingeben müssen, wenn wir Friede in unseren Herzen und Hoffnung auf die endgültige Errettung haben wollen.

Möge die Adventszeit euch eine segensreiche Besinnung schenken.

In Liebe Nate und Marj«

Als der Brief an die Eltern beendet war, bat Marj ihren Mann, beim Schmücken des Weihnachtsbaums zu helfen. Stevie bestand nämlich darauf, dass jedes Stück mit seiner elektrischen Eisenbahn zum richtigen Entladeplatz gebracht werden müsse. Kathy schalt ihn dagegen, weil er die Räder des Fortschritts aufhielt, während die Fäuste des kleinen Philip von den bunten Kugeln wie von Magneten angezogen wurden. So hatte Marj alle Hände voll zu tun und brauchte dringend die Hilfe ihres Mannes. Doch Nate wehrte ab und sagte, es warte noch ein weiterer Brief, der unbedingt geschrieben werden müsse. Er saß – die Schreibmaschine auf den Knien – im Schlafzimmer auf der Bettkante, von woher immer wieder Tastengeklapper durch die Tür drang. Endlich erschien er entspannt und lächelnd im

Wohnzimmer. Er gab Marj den Brief und sagte: »Hier, Liebes, vielleicht kannst du ihn lesen, bevor du ihn ablegst – unter die Auca-Sachen für später.«

Als er diesen Brief schrieb, hatte Nate noch 21 Tage zu leben. Das Schreiben sollte erst veröffentlicht werden, wenn die Geheimhaltung nicht mehr nötig war. Darin hieß es:

»Lieber Bruder in Christus!

Fast sah es so aus, als sollte man um die Adventszeit herum versuchen, den Fluss hinabzufahren und unsere ›Nachbarn‹ zu besuchen. Es hätte gut sein können, dass wir auf einer einsamen Sandbank einem Haufen nackter Wilder mit stummen Gesten unsere Freundschaft angeboten hätten, während die übrige Welt sich in Glanz und Geschäftigkeit überschlug.

In all unseren Gesprächen über dieses merkwürdige Volk tauchten immer wieder eigenartige Probleme und ulkige Situationen auf.

So merkten wir zum Beispiel, dass die Aucas den Begriff der Woche gar nicht kannten. Dies stellten wir fest, als wir sie regelmäßig besuchten, um sie an einen bestimmten Tag zu gewöhnen. Darüber kann man in unbeschwerten Augenblicken wohl seine Scherze machen.

Doch als die Weihnacht nahte, fiel mir auf, dass keiner von uns zum Scherzen aufgelegt war; und zwar nicht, weil uns unsere christlichen Freunde und Mitarbeiter am Evangelium fehlten, sondern weil diese Zeugen von 200 stummen Generationen, die durch Mord an Feinden überleben und durch Blutrache sterben, keine Weihnacht haben! …

Ich wollte, wir könnten das Los dieses in der Steinzeit lebenden Volkes verstehen, das in tödlicher Furcht vor Überfällen im Dschungel lebt und für das der Knall eines Gewehrs plötzlichen, geheimnisvollen Tod bedeutet. Die Angehörigen dieses Volkes glauben, alle Menschen auf der Welt seien Mörder wie sie. Schenkte Gott uns dieses Verstehen, dann würde das Wort ›Opfer‹ nie wieder über unsere Lippen und in unsere Gedanken kommen; wir würden hassen, was uns jetzt teuer scheint; unser Leben wäre plötzlich zu kurz, wir würden jede Ablenkung verachten und mit aller Kraft den Feind im Namen Christi angreifen …

Herr, Gott, sprich zu meinem Herzen, gib mir, dass ich deinen heiligen Willen erkenne, und schenke mir die Freude, in ihm zu wandeln. Amen.«

Am Weihnachtsabend schrieb Nate einen weiteren und zugleich letzten Brief an die Elternpaare der Familie.

»Es war ein sehr schönes Weihnachtsfest für uns. Gestern (am Heiligen Abend) war es eine Zeit lang völlig ruhig – gewöhnlich geht es bei uns zu wie auf dem Time Square am Samstagabend. Rachel hatte sich früh hingelegt, und die Kinder spielten friedlich mit ihren Spielsachen irgendwo im Haus. So saßen Marj und ich auf der Couch im Wohnzimmer, schauten in die Kerzen des Weihnachtsbaums und dachten über die Güte Gottes nach. Es dauerte nicht lange, da tauchten Kathy und Stevie auf und legten ihre Köpfe bei uns auf den Schoß.

VERTRAULICH: Bezieht ein besonderes Unternehmen am 3. Januar in euer Gebet ein. Bitte erwähnt es nicht einmal in euren Briefen an uns, denn wir reichen sie manchmal herum, und es könnte etwas durchsickern. Wir wollen mit einer primitiven Indianergruppe Verbindung aufnehmen, und wenn etwas schiefgeht, kann das Leben der beteiligten Missionare in Gefahr sein. Ich werde die Ausrüstung des Unternehmens einfliegen. Vier weitere Missionare sind daran beteiligt, und ich darf mit ihnen arbeiten …

Wir vertrauen auf Gottes Hilfe, wobei wir nur schrittweise vorwärtsgehen und währenddessen ständig nach seinem Willen Ausschau halten werden. Seit Monaten schon leisten wir die Vorarbeiten, und alle Anzeichen sind ermutigend. Wir haben sowohl finanziell als auch geistig viel darangesetzt, den Weg vorzubereiten.

Für heute kann ich nur bitten: Betet ernsthaft, besonders in der Woche nach dem 3. Januar. Wir brauchen um diese Zeit dringend Gebetshilfe. Eine plötzliche Bewegung oder ein unbedachtes Wort können in diesem Stadium alles zunichtemachen …

Wir genießen ein großes Vorrecht, und wir glauben, dass Gott uns eine Annäherungsmöglichkeit gegeben hat, bei der die Gefahr gering ist; eine Möglichkeit, die vielleicht auch noch anderen Missionaren hilft, Stämme zu erreichen, von denen wir glauben, dass sie vor dem Ende dieser Zeit erreicht werden müssen …

Möge das neue Jahr uns allen reichen Segen und vermehrte Erkenntnis des Herrn Jesus bescheren. Möge uns allen seine Gegenwart und seine bevorstehende Wiederkunft so deutlich werden wie noch nie. Lasst uns die Zeichen sehen und wachsam sein.

Maranatha – Unser Herr, komm!

Alles Liebe von uns fünf Nate«

Dann schrieb er am 29. Dezember 1955 an die MAF-Leitung in Kalifornien.

»Vorweg: Dies ist die letzte Gelegenheit zum Schreiben, bevor wir uns daranmachen, die wilden Burschen zu erreichen. So Gott will, wird das Unternehmen am nächsten Dienstag oder Mittwoch beginnen. Wir freuen uns alle, dass es losgeht. Die Warterei zehrt an den Nerven. Bitte, betet mit aller Kraft für uns. Betet um Sicherheit, um einen guten, festen Kontakt, um die Aufnahme des Sprachstudiums und um die Schaffung eines Landestreifens, über den alle eingeflogen werden können, die künftig unter diesem Stamm wirken werden.

Zahlenmäßig ist der Auca-Stamm nicht stark, aber wir sind ziemlich sicher, dass er für die jüngsten Morde verantwortlich ist. Nebenbei bauen wir darauf, dass uns eine erfolgreiche Arbeit unter ihm erlauben wird, zu gegebener Zeit auch mit anderen Gruppen dieses Gebiets in Verbindung zu treten.«

Im weiteren Verlauf dieses Briefes schrieb er über Schwierigkeiten mit einem ratternden Ventil am Flugzeugmotor und über die Reparatur eines gerissenen Motorenrahmens. Dann fügte Nate hinzu:

»Wir wollen immer daran denken, wie viel Schweiß, Anstrengungen und Tränen es euch in Kalifornien kostet, dass unser Unternehmen in Shell Mera stattfinden kann. Möge euch ebensolche Freude beschert werden wie uns, wenn wir die Früchte dieser Mühen jubelnd einbringen.«

Am Dienstag, dem 3. Januar, bot der Landestreifen Arajuno morgens den Anblick eines Miniaturheerlagers vor einer Invasion. Lebensmittelvorräte, Funkgeräte, Einzelteile des Baumhauses, Bekleidung, Geschenke für die Indianer, Werkzeug und Medikamente lagen da, für die einzelnen Flüge separat aufgestapelt.

Beim ersten Flug zum »Palm Beach« nahm Nate nur Ed mit, da ihm die Landung mit mehr als einem Passagier zu riskant vorkam. Um 8.02 Uhr, nur zwei Minuten später als ursprünglich vorgesehen, waren sie in der Luft. Nach 15 Minuten befanden sie sich über dem Ziel.

»Der Nebel lichtete sich, sodass wir ohne Weiteres darunterschlüpfen und zum Anflug ansetzen konnten«, schrieb Nate am Abend dieses Tages. »Wie bei einer richtigen Landung flogen wir an, untersuchten die ganze Länge nach Hindernissen und zogen wieder hoch. Als wir das zweite Mal anflogen, rutschten wir steil seitlich zwischen den Bäumen ab. Es war ein gutes Gefühl, als wir nach einer letzten Kurve auf den Sand aufsetzten. Als das ganze Gewicht des Flugzeugs auf den Rädern lag, merkte ich, dass der Sand weich war … aber zu spät, um wieder anzuheben. Ich zog den Steuerknüppel fest an mich und wartete. Eine noch weichere Stelle, und wir hätten auf der Nase gelegen – vielleicht sogar auf dem Rücken.«

Das war die erste Landung auf Auca-Boden. Während Nate zurückflog, um Jim und Roger zu holen, blieb Ed allein auf der Landebank. Fünf Flüge waren an dem Tag nötig, um ihren Brückenkopf auszubauen. Bei Einbruch der Dunkelheit waren alle Arbeiten an ihrem Fertighaus hoch oben in einem Eisenholzbaum, der den Strand überragte, beendet. Nun begann das lange Warten auf Besucher. Tagsüber waren Nate und Pete bei den anderen am Curaray, abends flogen sie jedoch nach Arajuno zurück, weil sie befürchteten, dass das Flugzeug bei einem plötzlichen Regen auf der Sandbank festsitzen könnte.

In Nates Tagebuch lassen zwei Absätze die Tage des Wartens auf dem Sandstreifen am Curaray lebendig werden:

»Die drei Musketiere haben die Nacht über in ihrem Baumhaus gut geschlafen. Um neun Uhr abends war starker Wind aufgekommen und hatte so laut in den Bäumen geheult, dass die drei davon wach wurden. Aber sie schliefen bald wieder ein. Sie hatten eine brennende Laterne mit hinaufgenommen, damit ihr Aufenthaltsort deutlich zu erkennen war. Um fünf Uhr morgens leuchteten sie den Strand mit einer Stablampe nach einem Buschmesser ab, das sie am Vorabend dort als Geschenk niedergelegt hatten. Es war verschwunden. Die nächsten 15 Minuten hallte der Dschungel von Auca-Sätzen wider, wenn auch vielleicht mit dem Akzent des Mittleren Westens. Dann strahlten sie den Platz noch einmal genauer an. Ein großes Blatt war auf die Machete gefallen und verdeckte sie. Welch ein Pech! …

Tagsüber halten sie sich unten auf dem Sand in der Sonne auf. In seinem langärmeligen Hemd, den verbeulten Hosen und dem alten Strohhut sieht Pete wie ein Landstreicher aus. Die Fliegen sorgen dafür, dass wir anderen uns mit Polohemden, Hosen und Tennisschuhen bekleiden. Der ›Panzer‹ (ein Brust- und Bauchschild), den Roj sich aus einem Benzinfass gebaut hat, gibt einen ausgezeichneten Herd ab. Wenn wir für unser Schmorfleisch Feuer machen, werfen wir nach Indianerart Termitennester in die Glut, um die Mücken zu vertreiben.«

Einen großen Tag erlebte der »Palm Beach« am Freitag, den 6. Januar. Um 11.15 Uhr erschienen plötzlich drei nackte Aucas – ein junger Mann, ein Mädchen und eine ältere Frau – an dem gegenüberliegenden Flussufer. Als sie zögerten, watete Jim durch den Fluss und führte sie zum Lager. Nach wenigen Minuten atmeten alle auf; die Atmosphäre war durchaus freundlich.

Die Aucas blieben den ganzen Nachmittag, aßen Buletten, tranken warme Limonade und schwatzten drauflos, als könnten die Fremden jedes ihrer Worte verstehen. ›George‹, wie die Freunde den jungen Mann nannten, äußerte den Wunsch, mit dem Flugzeug zu fliegen, woraufhin Nate mit ihm über seine Siedlung flog, wo er sich zum Flugzeug hinauslehnte (die Tür war ausgehängt) und zum Erstaunen seiner unten stehenden Freunde hinunterschrie.

Nachdem die Indianer wieder im Wald verschwunden waren, ließen die fünf Freunde ihrem Jubel freien Lauf. Diese erfolgreiche erste Begegnung war das, was sie erhofft und worum sie gebetet hatten.

Der Samstag war für die Männer ein Tag der Ruhe und des Wartens. An diesem Abend nahm Nate alle bisher belichteten Filme mit nach Arajuno zurück. Bevor Nate und Pete am Sonntagmorgen zum »Palm Beach« aufbrachen, forderten sie die Missionarsfrauen auf: »Betet für uns. Heute ist der entscheidende Tag!«

In Shell Mera herrschte der übliche Sonntagmorgenbetrieb. Olive Fleming führte die Kleinen zum Kindergottesdienst in die Bibelschule, damit Marj am Funkgerät bleiben und Nates Meldungen aufnehmen konnte. Mittags kam Olive zu Marj in den Funkraum … Nate hatte gesagt, er wolle um 12.30 Uhr rufen. Genau zur verabredeten Zeit ertönte Nates Stimme durch das Knistern und Knacken im Lautsprecher von Shell Mera.

Er befand sich in der Luft, als er rief. Gerade hatte er »Terminal City« überflogen und stand im Begriff, auf dem Palm Beach zu landen. »Ich sichtete eben eine Abordnung von zehn Aucas«, erzählte Nate den Frauen mit unterdrückter Begeisterung. »Wahrscheinlich werden sie gerade zum Nachmittagsgottesdienst hier sein. Betet für uns! Heute ist der Tag! Ich rufe euch um 16.30 Uhr wieder.«

Um 15.12 Uhr wurde Nates Armbanduhr gegen einen Stein geschleudert, und die Zeiger blieben stehen, als das lehmige Wasser des Curaray in das zerbrochene Gehäuse sickerte.

Nachwort

75 Minuten nach dem brutalen Angriff auf den Palm Beach kam den Frauen, die auf ihren Missionsstationen an den Funkgeräten warteten, die erste leise Vermutung, dass etwas Schlimmes passiert sein musste. Um 16.30 Uhr, zur Zeit der angekündigten Sprechverbindung, blieben die Empfänger stumm.

In Shell Mera unterdrückte Marj eine leichte Besorgnis. Das Funkgerät wird gestört sein, dachte sie, während sie in ihrer Tagesarbeit fortfuhr. Als die Abenddämmerung einsetzte, war Nate noch nicht in Arajuno eingetroffen. War auch das Flugzeug beschädigt? Das konnte kein bloßer Zufall mehr sein.

Dann folgten fünf schreckliche Tage der Ungewissheit. Noch immer in der Hoffnung, dass nichts Schlimmes geschehen sei, beschlossen die Frauen, bis zum Morgen zu warten. Es wurde eine lange, dunkle Nacht. Beim ersten Morgenlicht startete Johnny Keenan und flog direkt zum Palm Beach. Bei seinem Funkbericht nahmen die ungewissen Befürchtungen der Nacht plötzlich Gestalt an. Er hatte gesehen, wie Nates Flugzeug mit abgerissener Bespannung mitten auf dem Uferstreifen stand. Von den Missionaren fehlte jede Spur.

Schlagartig war die Geheimhaltung aufgehoben. Die Nachricht verbreitete sich in Windeseile. Missionare sowie ecuadorianisches und amerikanisches Militär stellten eine Suchexpedition auf, die zu Fuß in das Auca-Gebiet eindringen sollte.

Bei der ersten Pressemeldung beschlossen die Herausgeber der Zeitschrift »Life«, einen ihrer besten Fotografen, Cornell Capa, nach Ecuador zu schicken. Aus New York kamen die Leiter zweier christlicher Missionsgesellschaften, während der Präsident der MAF gleichfalls an den Ort des Geschehens eilte.

Nates Bruder Sam ließ ein Bündel Papiere auf einem Konferenztisch in Washington im Stich und war wenige Stunden später auf dem Weg nach Ecuador.

In den Vereinigten Staaten klingelte bei den betroffenen Familien unaufhörlich das Telefon. Eltern, Schwestern und Brüder wurden mit Fragen bestürmt, auf die sie keine Antwort wussten.

Im ganzen Land bauschten die Zeitungen bruchstückhafte Nachrichten zu dramatischen Schlagzeilen auf.

Inzwischen war Shell Mera zum Hauptquartier der Rettungsmaßnahmen geworden. Große Militärmaschinen flogen einen auseinandergenommenen Hubschrauber herbei. Im geräumigen Haus der Saints wurden ständig Besprechungen abgehalten und Pläne geschmiedet. Auf dem Klavierschemel saß Abe van der Puy vom Sender HCJB in Quito und gab laufend Pressemeldungen für die beunruhigte Welt heraus.

Die Frauen der vermissten Missionare brachte man nach Shell Mera, wo sie gemeinsam auf das Ergebnis der Expedition warteten. Auch Nates Schwester Rachel wurde mit dem Flugzeug geholt. Dann flog man Marilou McCully nach Arajuno zurück, damit sie bei der dortigen Arbeit helfen konnte.

Bis zum Mittwochmittag waren zwei Leichen aus der Luft gesichtet, aber nicht identifiziert worden. Bei der quälenden Ungewissheit hätte man erwarten können, dass in Shell Merita unterdrücktes Schluchzen durch die dünnen Wände gedrungen wäre. Vom rein menschlichen Standpunkt aus hätte man erwartet, dass sich jemand in diesen Stunden um die Ehefrauen und Rachel kümmerte. Aber nichts von alledem. Sicher wurden nachts Tränen in die Kissen geweint, aber in den Herzen dieser Frauen herrschte eine wunderbare Ruhe – eine stille Bereitschaft, alles Kommende als den Willen ihres himmlischen Vaters hinzunehmen.

Während die schreckliche Woche sich dahinschleppte, sorgten die fünf Frauen und Rachel weiter für die Kinder und bereiteten die Mahlzeiten für die vielen zusätzlichen Hausbewohner. Marj saß Tag für Tag von morgens bis abends am Funkgerät. Sie nahm die Wetterberichte der Außenstationen auf, verfolgte den Kurs der eingesetzten Flugzeuge und übermittelte einen nicht abreißenden Strom von Meldungen von Shell Mera in die Außenwelt.

Am Mittwochabend schrieb Betty Elliot an ihre Eltern. Dieser Brief gibt einen Einblick in ein Herz, in dem der Glaube stärker war als menschliche Angst:

»Ihr sollt wissen, dass eure Gebete, soweit sie mich betreffen, augenblicklich erhört werden – ich bin mir wie eh und je der ewigen Arme bewusst. Wie ich vertraute auch Jim auf Gottes Führung. Es gibt nichts zu bedauern. Sein Herz war völlig von dem Wunsch erfüllt, dass Christus bei den Aucas bekannt werden möge. Durch Leben oder durch Tod soll Gott verherrlicht werden …

Betet dafür, dass ich das Notwendige ertrage, wie immer es auch ausgehen möge. Ich will Gott auch in Zukunft dienen, deshalb betet um seine immerwährende Gnade und Führung. Was ich tun werde, wenn Jim tot ist, weiß ich nicht, aber weil der Herr es weiß, bin ich beruhigt.

Morgen erwarten wir endgültige Nachricht. Dabei vertrauen wir unserem liebenden Vater, der nichts Vergebliches tut.

In ganzer Liebe, Betty«

Die Geschichte der Rettungsaktion, das Auffinden der Leichen in den lehmigen Wassern des Curaray, die hastige Beisetzung in einem gemeinsamen Grab unter dem Baumhaus (während ein heftiges Tropengewitter die Szene verdunkelte), all das wird in Elisabeth Elliots Buch »Durchs Tor der Herrlichkeit« eingehend geschildert.

Die endgültige Nachricht vom Tod der fünf Männer nahmen Marj und die anderen Frauen im gleichen Geist auf, den sie während der endlosen Tage des Wartens bewiesen hatten. An diesem Abend versammelten sie sich mit den Kindern im Wohnzimmer, wo einige der anwesenden älteren Männer die Bibel aufschlugen und Worte des Trostes und der Zuversicht daraus vorlasen. Die Offiziere und übrigen Gäste des Hauses saßen dabei und hörten zu. Danach setzte sich Marilou ans Klavier und spielte den Choral, den die Freunde an dem Morgen gesungen hatten, als sie zum Palm Beach aufbrachen. (Es war das Lied »Wir bau'n auf dich, du unser Schild beim Streiten«, vom dem die Frauen hier die 2. und 3. Strophe sangen.) Sofort fiel Bettys klarer Sopran ein:

»Herr, wir sind dein, und du wirst uns behüten,
in unserm Kampf lässt du uns nie allein.
Du gibst uns Kraft, hüllst uns in deine Güte.
Für dich nur leben wir, Herr, wir sind dein.

Sind wir auch schwach, der Glaube gibt uns Stärke,
wir spüren täglich deiner Gnade Schein,
und unser Herz preist jubelnd deine Werke.
Für dich nur leben wir, Herr, wir sind dein.«

Als Betty und Marilou geendet hatten, schüttelte einer der amerikanischen Offiziere den Kopf und murmelte: »So etwas habe ich noch nie erlebt.«

Mit der Geburt beginnen und mit dem Tod enden die Lebensgeschichten der meisten Menschen. Ausnahmen bilden Männer wie Nate Saint und seine vier Gefährten, die früh gelernt haben, in der Furcht des Herrn zu wandeln und in den Dimensionen der Ewigkeit zu leben.

Für Nate und seine vier Kameraden gab es keine scharfe Trennungslinie zwischen ihrer völligen Lebenshingabe und der Dahingabe ihres Lebens als Märtyrer. Ihr Zeugnis hörte nicht mit dem auf, was die Menschen den Tod nennen. Ihr Werk lebt fort und fand Nachfolger, und es kam der Tag, da ihre Mörder die frohe Botschaft von Jesus aus dem Munde ihrer Stammesgenossin Dayuma vernahmen.

Es würde den Rahmen dieses Buches sprengen, wenn wir hier die Geschichte der ersten Auca-Christen erzählen wollten, zumal sie an anderer Stelle[19] bereits veröffentlicht wurde. Hier soll abschließend nur noch der Brief wiedergegeben werden, den Marj Saint ihren Kindern schrieb, nachdem sie die vorstehenden Kapitel durchgesehen hatte:

»Liebe Kinder!

Nun ist die Lebensgeschichte eures Vaters geschrieben. Vor ein paar Jahren wäre es nicht nötig gewesen, diese Dinge schriftlich festzuhalten. Aber dann kam der Tag, an dem ich euch sagen musste, dass euer Vati nicht zurückkommen würde, um mit uns zu leben: Mit vier Freunden war er in den Himmel gegangen, um dort mit Jesus zu leben.

Oft habt ihr gebettelt, Vati möchte euch aus seiner Jungenzeit erzählen. Und heute – mehr noch als damals – möchtet ihr alles wissen: Was er mir sagte, wenn ihr schlieft, wie er fliegen lernte, und warum wir nach Ecuador gegangen sind. Seine Geschichte gehört nun euch. Für euch und andere, die etwas über unseren

19 Ethel E. Wallis: Dayuma – Ein Leben unter Aucaspeeren, 1961. Christliche Verlagsanstalt, Konstanz.

›Dschungelflieger‹ wissen möchten, ist sie aufgeschrieben worden.

Du bist schon ein großes Mädchen, Kathy, Muttis Helferin und Gefährtin. Du hast die klaren blauen Augen deines Vaters mit dem Blinzeln darin. Dein goldblondes Haar sieht genauso aus wie Vatis Kinderlocke, die Großvater Saint mir an unserem Hochzeitstag schenkte.

Du, Stevie, bist zwar erst acht, aber du bist der Mann im Haus. Wenn ich dich gehen sehe oder sprechen höre, denke ich jedes Mal: Er ist eine verkleinerte Ausgabe des lebensgroßen Mannes, den Gott mir geschenkt hat. Manchmal ist dein kleines Gesicht ernst – in solchen Augenblicken denkst du anscheinend an Dinge, die weit über dein Alter hinausgehen. Und dann wieder bringst du uns alle zum Lachen, wie Vati es oft tat.

Und Philip, mein vierjähriges geliebtes Bündel: Es ist nicht schwer zu erraten, wessen Sohn du bist. Alles lässt du wie ein Flugzeug fliegen, vom Stückchen Mohrrübe auf deiner Gabel bis zur Seife in der Badewanne.

Eines Tages werden eure Herzen noch empfänglicher, wird euer Verstand noch wissbegieriger sein als heute. Dann werdet ihr fragen: ›Warum ist unser Vater zu diesen wilden Aucas gegangen?‹ Als beste Antwort darauf erinnere ich euch an den Abend, an dem Vati euch die Geschichte von Noah vorlas und anschließend darum betete, dass er so gläubig wie Noah alles tun möge, was Gott ihm gebieten würde.

Genau einen Monat vor seinem Tod schrieb euer Vater einen Brief an unsere Freunde, die Michaels. Den ganzen Brief könnt ihr erst verstehen, wenn ihr älter seid, aber einen Absatz möchte ich euch doch abschreiben: ›Die besten Wünsche zur Ankunft eines weiteren Mannes, der die Festung Michael verstärkt. Gott möge ihn segnen und gebrauchen in dieser seit der Sintflut wohl schwersten Zeit, in die sich die Menschheit gestellt sah. Wenn ich unsere Kinder betrachte, denke ich oft, dass diese Kleinen besonders von Gott gesegnet sind, denn vielleicht wird es ihr Vorrecht sein, ihr Leben für die Sache Christi zu lassen. Unsere

Tage sind furchtbar und doch wundervoll, wenn man sie als Zeuge auf der Weltbühne erleben kann.‹

Seht ihr: Vati hatte bestimmte Vorstellungen, wie Gottes Plan für euch aussehen könnte. Sie wurden nun zu Gottes Plan für ihn selbst. Lange habt ihr Kinder für die Aucas gebetet. Nun leben Tante Rachel und Tante Betty bei ihnen im Dschungel. Eines Tages, vielleicht schon bald, werdet ihr den Menschen begegnen, die Vati töteten. Euer Vater würde sich wünschen, dass ihr sie liebt und unserem himmlischen Vater dafür dankt, dass unsere Gebete für diese Menschen erhört worden sind.

Es ist mein Herzenswunsch, dass diese Lebensbeschreibung euch – Kathy, Stevie und Philip – und allen anderen Lesern zeigen möge, wie wichtig es ist, Gottes Führung in unserem Leben zu erkennen und ihm in schlichtem Gehorsam zu folgen.

In Liebe, Eure Mutter«

Elisabeth Elliot

Durchs Tor der Herrlichkeit

224 Seiten, Paperback
ISBN 978-3-86699-215-3

Unendlich viel Mühe, Opferwille, Einsatzbereitschaft und Hingabe kennzeichnen den Lebensweg von fünf jungen Männern, die gemeinsam dem Ruf Gottes folgen und den jahrhundertelangen, erbitterten Widerstand der berüchtigten Auca-Indianer gegen das Eindringen des weißen Mannes durchbrechen möchten.
Beim »Unternehmen Auca« werden alle Errungenschaften der aktuellen Technik eingesetzt, um sie mit dem Evangelium zu erreichen: Flugzeuge, Sprechfunk, Lautsprecher usw. Über den im Dschungel entdeckten Siedlungen werden Geschenke und Medikamente abgeworfen, die den guten Willen und die Friedfertigkeit der Fremden zeigen sollen. Da die Zeichen des Einverständnisses sich mehren, soll das große Wagnis beginnen.
Doch gerade in dem Augenblick, als sie sich nach monatelanger, mühsamer Vorarbeit am Ziel ihres Lebens sehen, bricht der uralte Hass der wilden Aucas wieder durch. Die fünf jungen Männer geraten in einen Hinterhalt und werden alle grausam ermordet.
E. Elliot hat als Frau eines der Opfer aus der Nähe eigenen Erlebens und unter Verwendung von Briefen und Tagebüchern der ermordeten Missionare dieses eindringliche, ergreifende Drama aufgezeichnet und damit ein Zeugnis von seltener Eindringlichkeit geschaffen.

Auf dieser und den folgenden Seiten finden Sie eine Leseprobe aus dem Buch »Durchs Tor der Herrlichkeit«.

Wir gehen nicht allein

Neujahrstag 1956. Wir hatten Ed und seine Familie sowie Pete und Olive Fleming in Shandia zu Besuch.

Roger und Barbara Youderian weilten im Haus der McCullys in Arajuno, um zur Stelle zu sein, falls die »Nachbarn« einen Besuch machen sollten.

Nate schloss seine verantwortungsvollen Vorbereitungen ab, die dem Transport der Missionare und der Ausrüstung nach »Palm Beach« galten.

Inzwischen hatte sich Pete zum Anschluss an unser Unternehmen entschlossen. Nate hatte daher vorgehabt, am 2. Januar Pete und Olive und die McCullys von Shandia nach Arajuno zu fliegen. Jim sollte einen Tag später folgen. Bei der morgendlichen Funkverbindung meinte Nate aber: »Ich halte es für besser, wenn du heute nach Arajuno kommst, Jim. Wir haben noch einiges zu besprechen, und es dürfte ratsam sein, das gute Wetter auszunutzen.«

Während die McCullys und die Flemings nach Arajuno geflogen wurden, machte sich Jim daran, seine Sachen in ein indianisches Tragnetz zu packen. In den Beutel kam alles, wovon er glaubte, dass es den Aucas helfen oder Freude machen könnte: eine Mundharmonika, eine Tasche mit Mitteln gegen Schlangenbisse, eine Taschenlampe, ein Vorführgerät mit Filmrollen und ein Jo-Jo-Spiel. Vor allem vergaß er nicht das kostbare Heft mit dem vielen Material über die Auca-Sprache, zu dem eine sorgfältig ausgearbeitete Formenlehre gehörte. Ich half Jim beim Packen, und ganz unwillkürlich kam mir der Gedanke: »Wird dies das letzte Mal sein, dass ich für ihn etwas tun kann? Wird dies das letzte Mittagessen sein, das ich ihm zubereiten darf?«

Als das kleine Flugzeug heranbrummte, über dem Rollfeld kreiste und zur Landung ansetzte, um Jim, das Gepäck und die letzten wenigen Teile des von ihm vorgearbeiteten Baumhauses an Bord zu nehmen, gingen wir gemeinsam nach draußen. Jim sah nicht zurück. Auf dem Landestreifen küsste er mich zum Abschied, und das Flugzeug startete.

An jenem Abend in Arajuno setzten die fünf Männer einen genauen Zeitplan für ihre Landung auf »Palm Beach« fest. Sie wollten sich ganz sicher sein, dass dort alle notwendigen Arbeiten bis zum Abend geschafft sein konnten. Nichts wurde außer Acht gelassen. Sie fertigten Listen der für jeden Flug vorgesehenen Ladungen an, und jeder der Beteiligten bekam eine Kopie ausgehändigt. Nach dem Abendessen wurde die gesamte Ausrüstung bereitgelegt. Bald sah der Platz vor dem Haus wie ein Kai einige Stunden vor der Abfahrt eines Dampfers aus. Jeder überprüfte seine Ausrüstungsliste und vervollständigte sie.

Nachts konnte Nate, auf dem die Hauptverantwortung lag, schwer Schlaf finden. Er war in Arajuno geblieben, um am folgenden Morgen sofort bereit zu sein. In sein Tagebuch schrieb er:

»Ich war sehr bald eingenickt, sah aber das Leuchtzifferblatt meiner Uhr um 0.30 Uhr und dann wieder um 2.00 Uhr. Von diesem Zeitpunkt an lag ich gleichsam auf Horchposten. Ich betete, versuchte Verse aus dem Gedächtnis aufzusagen und zu zählen. Alle meine Gedanken schienen sich um den ersten Start und die erste Landung zu drehen. Ich hatte den Freunden gesagt, dass ich beim ersten Flug nur einen mitnehmen würde. Das bedeutete, dass einer von ihnen zunächst allein auf der Sandbank bleiben musste. Roger kam dafür nicht infrage, weil er nur den Dialekt der Jivaros sprach. Ed und Jim stritten darum, wer mitkommen sollte, und Jim führte ins Feld, dass er leichter sei. Als ich dann sagte, dass ein Unterschied von 15 Pfund schon entscheidend sein könnte, holten sie die Waage aus dem Baderaum. Ed war nur sieben Pfund schwerer als Jim.«

Nate fuhr dann in seinem Tagebuch fort: »Wenn ich jetzt unsere Möglichkeiten nicht richtig eingeschätzt habe, dann sitzen Ed und ich tatsächlich schön in der Klemme. Wird das Flugzeug bei der Landung beschädigt, ist es bei einer Überschwemmung so gut wie verloren. Vielleicht werden wir es sogar abmontieren und einen neuen, höher gelegenen Landestreifen herrichten müssen: und das alles in einem von Aucas bevölkerten Urwald! Aufgrund der früheren Erfahrungen haben wir das alles berücksichtigt und sind doch bei dem Entschluss geblieben, auf dem einmal beschrittenen Weg weiterzugehen. Es ist immer noch ein schwerer Entschluss.

Zum letzten Mal nickte ich gegen 4.00 Uhr früh ein. Ich schlief dann durch, bis sich um 5.45 Uhr das Leben im Haus zu regen begann.«

Der Morgen des 3. Januar brachte klares Wetter. Irgendwie hat Nate später noch die Zeit gefunden, über die Ereignisse jenes Tages zu berichten, an dem sie zum ersten Mal auf Auca-Gebiet landeten:

»Roj und ich gingen sofort zum Flugzeug. Die rechte Bremse hatte Flüssigkeit verloren. Mit einer Zehn-Kubikzentimeter-Spritze saugten wir Bremsflüssigkeit aus dem linken Hauptzylinder ab und spritzten sie in den rechten ein. Kein Erfolg. Es genügte nicht. Es war gestern Abend beim Anbringen der Bremsvorrichtung zu viel verloren gegangen.

Die anderen schleppten Bretter, Ausrüstungsgegenstände und Aluminium auf den Landestreifen und legten dort alles der Reihe nach hin.

Beim Funkanruf um sieben Uhr früh sagten wir Marj, sie möge Johnny bitten, uns so schnell wie möglich Bremsflüssigkeit herauszubringen. Im Übrigen hatte Olive eine schlechte Nacht gehabt – sie war krank – und wollte mit Johnny nach Shell zurückfliegen. Durch diese Verzögerung gewannen wir Zeit, in Ruhe zu frühstücken und gemeinsam zu beten.«

Zum Abschluss ihrer Gebete sangen die fünf Männer eines ihrer geistlichen Lieblingslieder »Wir bau'n auf dich« nach der mitreißenden Melodie von »Finlandia«. Jim und Ed kannten dieses Lied seit den gemeinsamen Tagen auf dem College. Beim letzten Vers klang tiefe Überzeugung aus ihren Stimmen:

Wir bau'n auf dich, du unser Schild beim Streiten,
dein ist die Schlacht und dein sei auch der Ruhm,
wenn durch das Tor der Herrlichkeit wir schreiten,
um ewig bei dir auszuruhn.

Nates schlichter Bericht fährt dann fort:

»Es war ein herrlicher Tag. Die Sandflöhe sorgten dafür, dass wir ständig etwas zu tun hatten. Um 7.40 Uhr landete Johnny. Wir verabredeten, dass er sich hier bereithalten sollte, bis klar war, wie die erste Landung verlaufen war. Drei Minuten nach acht waren Ed und ich in der Luft. Das entsprach fast genau unserem Zeitplan. Als wir den ersten Hügelrücken überflogen hatten, wurde es uns angesichts des Flussnebels, der über dem Curaray lagerte, klar, dass wir keinesfalls früher hätten starten dürfen. Der Nebel wurde beunruhigend dick, doch immer wieder auftretende Löcher ermöglichten es uns, den Fluss im Auge zu behalten. Da die Sonne schien, hielten wir es für gut, weiterzufliegen und wenn nötig zu warten, bis sich der Nebel gesenkt hatte.

Als wir uns bis auf etwa zwei Flugminuten ›Palm Beach‹ genähert hatten, wurde der Nebel dünner, sodass wir zum Anflug abgleiten konnten. Wir setzten wie zu einer richtigen Landung an, überprüften die ganze Rollstrecke auf irgendwelche Hindernisse und zogen dann wieder hoch.

Ich hatte drei Anläufe vor der endgültigen Landung geplant, aber wir trafen alles genau so an, wie wir es schon mehrmals zuvor gesehen hatten. Beim zweiten Mal drückten wir das Flugzeug zwischen den Bäumen steil hinunter. Da alles in bester Ordnung schien, setzte ich die Maschine auf. Das rechte Rad landete knapp zwei Meter neben dem Wasser. Als sich das Gewicht auf beide Räder verlagert hatte, merkte ich, dass der Sand doch recht weich war, aber es war zu spät, die Maschine nochmals hochzuziehen. Ich stellte den Steuerknüppel zurück und wartete. Noch eine weichere Stelle, und wir würden auf der Nase liegen – oder auf dem Rücken. Aber alles ging gut. Wir sprangen aus dem Flugzeug und atmeten erleichtert auf. Ich war froh darüber, dass wir dieses Hindernis hinter uns hatten, und ich dachte kaum noch an die drohende Möglichkeit, dass mir der Start nicht glücken könnte. Jedenfalls war es ein herrlicher Erfolg, dass wir nun hier Fuß gefasst hatten.

Wir liefen auf dem Sandstreifen hin und her, um die beste Strecke für einen Startversuch zu finden, und beseitigten Hindernisse, die einen der Reifen hätten beschädigen können. Dann ging Ed mit der Filmkamera an das andere Ende, während ich in Startstellung rollte.

Etwa 25 Meter vor dem Ende der Bahn bemerkte ich, dass das rechte Rad einsank – und auch mein Herz begann zu sinken. Ich stellte den Motor ab, und Ed kam herbeigelaufen. Er hob den Flügel an und schwenkte das Schwanzstück herum. Mithilfe des Motors und während Ed den Flügel abstützte, kamen wir los und stellten den Motor wieder ab. Dann suchten wir aufs Neue nach festerem Boden. Schließlich schoben wir das Flugzeug rückwärts in die Büsche am Ende des Strandes. Das bedeutete den Verlust von etwa 25 der insgesamt verfügbaren 180 Meter: bei dem beinahe überall recht weichen Boden ein schmerzlicher Verlust. Da das Flugzeug jetzt aber leichter war und wir uns in einer Höhe von etwa 300 Metern über dem Meeresspiegel befanden, würden wir mehr Windauftrieb haben.

Während ich in das Flugzeug stieg, ging Ed wieder an das andere Ende des Strandes. Mir war nicht ganz wohl zumute, wenn ich daran dachte, was seine Filmkamera jetzt festhalten würde. Noch ein prüfender Blick über den Startstreifen, und ich brauste los. Der Sand schien die Räder an sich reißen zu wollen, da aber die Beschleunigung befriedigend war, wagte ich, das Höhensteuer zu betätigen, und befand mich nach etwa 120 Metern in der Luft und nach weiteren 40 Metern über dem Wasser. Ich flog mit etwa 50 Stundenkilometern. Zunächst hielt ich mich dicht über dem Wasser, um die Geschwindigkeit zu steigern, dann zog ich die Maschine steil aus der mit Hartholz bestandenen Schlucht heraus. Noch einmal kreiste ich, grüßte Ed und nahm dann Kurs auf Arajuno, nicht ganz im Klaren darüber, wie es das nächste Mal klappen würde. Immerhin wusste ich, womit ich zu rechnen hatte.

In Arajuno herrschte allgemeine Freude, als man das Flugzeug zurückkommen sah, aber mein Bericht dämpfte die Feststimmung beträchtlich. Wir setzten die Liste für den zweiten Flug außer Kraft. Stattdessen nahm ich Jim und Roj sowie besonders dringend benötigte Dinge – so das tragbare Sprechfunkgerät – und einigen weiteren Proviant an Bord. Wenn etwas beim Landen schiefging, dann waren wir zumindest zu viert. Johnny blieb weiter in Bereitschaft. Er gab uns den Rat, die Luftreifen des Fahrgestells nicht so stark aufzupumpen, dann würden sie weniger tief in den Sand einsinken. Auf den Gedanken war ich noch gar nicht gekommen, und ich fühlte mich schon wohler, als ich den Luftdruck auf etwa zweieinhalb Atmosphären je Rad verringert hatte.

Drei Minuten später als vorgesehen starteten wir. Der Nebel war fast völlig verschwunden. Wir kreisten vor der Landung noch einmal, überprüften die Sicherungsgurte und glitten dann zwischen den Bäumen in die Anflugschneise. Die weichen Räder hielten sich weit besser auf dem Sand, der inzwischen durch die Sonne trockener geworden war.

Jubelnd begrüßten sich die ›drei Musketiere‹. Sie machten sich sogleich ans Werk und säuberten den Platz von allen Hindernissen, während ich die Maschine in Startstellung brachte. Alles verlief dann wie beim ersten Mal: zunächst über das Wasser und dann steil hoch.

Flug Nummer drei brachte weiteres Werkzeug und die wichtigsten Bretter für das Baumhaus mit. Ich glaube, wir waren etwa zehn Minuten gegenüber der angesetzten Zeit im Verzug.

Die ›drei Musketiere‹ hatten bereits einen geeigneten Baum ausgesucht, der – ein wenig schräg gewachsen – nahe an der offenen Sandfläche stand. Als Erstes nagelten sie die Leiter an. Es ging etwas langsam, denn man hatte sich ausgerechnet einen Eisenholzbaum ausgesucht, der obendrein seinem Namen besondere Ehre machte. Mit den nächsten Flügen wurden persönliche Gebrauchsgegenstände, weitere Lebensmittel sowie die letzten Bretter und Aluminiumplatten herangebracht.«

An Sicherheitsgurten arbeitend und von Myriaden von Schweißfliegen sowie winzigen Mücken geplagt, gelang es den Männern, die beiden Plattformen festzunageln, auf denen sie in nächster Zeit schlafen würden. – Als Nate den fünften Flug durchgeführt hatte, nahm er Kurs auf »Terminal City«, wo er den Aucas über die Lautsprecheranlage zurief: »Kommt morgen an den Curaray.« Den Indianern machte diese Botschaft offenbar Kopfzerbrechen. Nate flog noch einmal an »Palm Beach« vorbei und rief den Kameraden zu, dass er den Aucas die Botschaft überbracht habe, dann flog er weiter nach Arajuno zur Nachtruhe.